현대 국가와 복지행정학

이 인 희

도서출판 대영문화사

머리말

사람은 누구나 건강하고 행복한 상태를 희구하기 위해 노력한다. 현대 복지국가에서 복지행정의 대상인 '복지'를 흔히 "행복이 보장된 상태"라고 개념 정의한다. 그런데 복지를 이와같이 규정하게 되면 행복 내지 행복의 조건이 무엇인가를 생각해 볼 필요가 있다. 인간의 행복은 지극히 가치판단적인 주관적 개념이다. 더욱이 현대와 같은 다양성의 사회에서는 개인들이 느끼는 행복의 주관성의 범위는 더 넓을 것이다.

현대 사회에서 국가와 공동체는 개인이 그러한 주관적인 생각과 감각을 피부로 느낄 수 있도록 여러 객관적인 제도적 장치를 마련해 주어야 하는데, 그 가운데 하나가 바로 국가의 복지행정이다. 사회복지가 잔여적 개념에서 제도적 수준으로 이행되고 있는 현대 복지국가에서 복지행정의 역할은 실로 막중하다고 하겠다. 국가의 복지행정은 기본적으로 복지국가를 구현하기 위한 목표이며 도구다. 그러나 단순한 목표와 도구적 수단이 아니라 합목적성을 가진 실천철학(philosophy in action)의 체계를 가져야 한다는 것이다.

이것이 이 책 『현대 국가와 복지행정학』을 쓰게 된 동기다. 현대의 복지행정은 단순한 비이윤・비동기의 서비스를 제공하기보다는 고객에게 급부를 위한 자발적인 동기와 인센티브를 창출해 주는 적극적인 역할을 해야 한다. 이러한 맥락에서 볼 때, 현대 국가의 복지는 개인과 국가 간에 반응적 노력이 교환되는 과정을 통해 실현된다고 본다. 따라서 개인과 국가를 연결시켜 주는 복지행정의 이론 영역도 좀 더 적실성의 관점에서 새롭게 접근해야 할 것으로 생각된다.

이러한 의도에서 이 책을 구성하고 있는 핵심 논지는 다음과 같다.

오늘날과 같이 산업사회화가 고도로 진전되어 가고 있는 현대의 복지행정은 복지 현상에서 제기되는 욕구(need)와 반응(response)의 관계를 진단·관리하는 제도적·정책적 기제다. 욕구는 복지행정의 객관적 대상이 되는 클라이언트의 기호와 기대의 정형화된 산물이다. 반응은 복지 시스템이 복지환경에 대한 기능적 활동의 양상을 의미한다. 복지행정이 통상적으로 접근하는 진단(diagnosis)과 관리(management)는 각각의 독자적 목표와 수단 및 방식을 가지게 된다.

진단은 욕구를 매개로 클라이언트를 대상 목표로 하는데, 여기에는 가치판단적 방식을 채용한다. 반면 관리는 서비스 시스템에 대한 운영 능력을 대상 목표로 설정하고 이를 가치중립적·기능적 수단에 의존하여 이행한다. 복지행정의 이 같은 진단과 관리의 운영 기제는 결국 사회복지의 목표 이행에 활용하기 위한 것이다. 이 같은 사회복지의 목표 이행을 위해 복지행정이 관여해야 할 범위와 영역이 설정·할당된다. 그 범위와 영역은 사회보장정책의 형성, 서비스 전달조직체의 관리, 그리고 사회를 위한 서비스의 실시다. 즉, 복지행정은 복지환경으로부터 위임받은 임무를 수행할 정책을 수립하고, 이 정책을 이행할 조직체를 구성·관리하고 그 공익사업을 사회 현장에서 실천하는 것이다.

기본적으로 복지행정은 목적가치로서 사회적 이념 및 정책을 해석하여 적합한 실행계획으로 전환시킨다. 반면에 복지행정은 수단적 가치로서 목적가치의 산물을 조직·관리한다. 이 과정은 복지행정이 가치(value)와 사실(fact)의 맥락에서 복지 현상을 진단·관리하는 것을 의미한다.

현대의 복지행정은 복지 현상의 다면성으로 인해 통합 개념을 채용한다. 복지 현상은 클라이언트(client)와 워커(worker), 그리고 복지의 정치적·경제적·사회적·문화적 조건을 망라한다. 클라이언트의 욕구는 복지행정의 중요한 외생변수에 속한다. 이것은 복지행정이 형성·수행하는 서비스와 재화에 대해 다양한 평가를 하게 되며, 그 결과 기존 복지 시스템의 유지와 변화에 영향을 준다.

현대의 제도적 복지(institutional welfare)에서는 서비스에 대한 클라이언트의 지위가 시민권·정치권·사회권으로 수용되고 있다. 따라서 욕구에 대한 행정의 반응방식 및 양태가 중요한 이슈가 되고 있다.

워커의 전문적 자질과 기술성은 복지행정의 성과에 직접적으로 관련된다. 특히 사회복지 서비스 분야의 경우, 복지행정은 워커의 전문적 기술성을 통해 관리 기능을 수행해야 하기 때문이다. 따라서 워커의 전문성과 복지행정의 진단 및 관리 기능이 유기적 관계를 유지하는 것이 무엇보다 중요하다.

복지의 정치적 조건은 복지자원의 합리적 동원과 배분을 둘러싼 사회 세력 간의 역동적 과정을 의미한다. 현대 복지 현상에서 정치환경은 기득 계층과 소외집단 간의 사회복지에 대한 기대와 인식의 차이로 제기되는 갈등과 긴장 해결을 중요 문제로 다룬다. 경제적 조건은 한 사회의 경제적 수준이 복지자원 공급의 절대량과 서비스 수요에 영향을 미친다고 전제하고, 유동적인 경기 변동과 중앙 및 지방정부의 재정 증감을 면밀하게 분석해 내야 한다. 사회적 조건은 복지문제에 대한 전체 사회구성원의 인식과 합의의 정도를 중시한다. 사회복지가 잔여적 수준에서 현대의 제도적 차원으로 전이되는 추세도 사회적 합의 정도의 반영이라고 본다. 문화적 조건은 사회의 가치와 규범에 관한 문제로, 복지행정조직들의 목표와 방법에 영향을 준다. 예컨대, 현대 사회에서는 문화복지의 가치가 삶의 질, 여가, 자아 실현, 공익시설 등에 관심을 가지게 함으로써 복지행정의 방향도 급속도로 바뀌고 있는 것이다. 그 밖에 기술적 조건으로 사회기술의 진보로 인해 복지행정의 운영 관리기법이 발전하고 있음을 알 수 있다.

이와같이 복지 현상이 복합적·다면적으로 전개되고 있기 때문에 이에 대응하는 복지행정의 개념도 목적-수단으로 통합화되고 있는 것이다. 이러한 목적-수단의 연계 내지 통합 개념으로서 복지행정은 목적(ends)으로서 정책(policy)과, 수단(means)으로서 관리(management)라는 연속선상에 존재하는 것으로 보인다. 정책 영역에서는 조직체와 복지환경과의 상호 관계가 주요 관심사다. 주요 관심의 내용은 복지 이념, 복지행정조직의 가치와 운영 목표, 복지재원의 확보, 관리전략, 서비스 기술의 개발, 지역사회의 인구학적 변동, 조직체와 환경과의 변동 예측 등이 포함된다. 이와 같은 정책의 영역은 복지행정의 목표와 가치로서 구성될 것이다. 관리의 영역에서는 주로 복지행정조직 내부의 업무 내용이 다뤄지게 된다. 복지 서비스 프로그램의 설계 및 수정, 작업의 평가, 프로그램의 기획, 운영, 그리고 클라이언트의 관리(수혜 상태 파악, 욕구 측정 등)가 여기에 포함된다. 이와 같은 관리의 영역은 수단으로서 복지행정의 기능적 실천 기제가 되는 것이다.

자본주의 복지국가에서 복지정치를 둘러싸고 다양한 복지 논쟁이 날로 치열해지고 있다. 자유와 평등, 성장과 복지의 가치는 더 이상 대립적 논리로 접근될 수 있는 문제가 아니다.

성장과 복지는 현대 자본주의 시스템의 두 축이다. 이러한 관점에서 앞으로 현대 국가의 복지행정이 새로운 수요를 적극적으로 예측·대응해야 할 분야로서 생산적 복지를 전제로 하고, 이 틀 속에서 자원복지, 노인복지, 지역복지의 이론 체계를 해석학적 방법을 통해 다뤄 보았다.

그동안의 연구와 강의를 통해 틈틈이 모아진 자료와 구상의 편린들을 막상 정해진 프레임에 담아보고 나니 여러 감정이 교차한다. 문득 안고수비(眼高手卑)라는 말이 생각난다. 지금의 심정을 잘 대변해 주는 듯하다.

끝으로 출판을 맡아 수고해 주신 대영문화사 관계자 여러분께 감사드린다.

2012년 8월

호서대학교 연구실에서

저자 씀

차 례

Part

01

기본 전제 영역

현대 국가의 복지행정은 철학적 · 이론적 담론의 대상으로서 제도적 복지(institutional welfare)의 개념과 수준을 상정하고 있다. 그러나 개별 국가의 현실 경험적 입장에서 볼 때, 사회복지는 잔여적 수준(residual level)에서 제도적 맥락(institutional context)으로의 부단한 점진적 전이를 통해 관리 · 운영하게 된다. 이성적 관점에서 인간의 실존적 삶의 모습은 이상과 현실 간에 놓여진 불가피한 괴리를 일생 동안 스스로의 노력을 통해 좁혀가는 과정으로 이해할 수 있다. 특히 여러 분야에서 심각한 격차가 드러나고 있는 현대의 자본주의 시스템에서는 이 과정을 개인과 사회 및 국가가 어떻게 합리적으로 관리해 갈 것인가의 문제가 날로 중요하게 부각되고 있다.

따라서 개인이 사회적 단위로서 자신을 근간으로 한 여러 집단공동체와의 유기적인 상호 의존의 관계를 갖기 위한 사회적 연결망이 필요한데, 이것이 바로 사회복지를 관리하는 복지행정 시스템이다.

이러한 맥락에서 제1편에서는 복지행정을 이해하기 위한 기본적 전제 영역으로서 사회복지가 본질적으로 인간의 역사 속에서 생성되어 온 일련의 과정적 분야들을 살펴보고자 한다. 이를 위해 제1장에서 현대 국가의 사회복지에 대한 관점과 개입 동기를, 제2장에서 복지행정의 대상인 사회복지의 본원적 요소들을, 제3장에서 사회복지의 역사를 검토해 보고, 끝으로 제4장에서는 사회복지가 시대 및 환경적 맥락에서 자기정체성과 적실성을 확보하기 위해 스스로 기울여 온 다양한 변신의 노력들을 거시적으로 패러다임의 변화라는 관점에서 고찰해 본다.

제 1 장 현대 국가와 사회복지

역사적으로 국가의 역할과 책임은 다양한 변화를 거쳐 왔다. 야경국가, 입법국가, 발전국가, 행정국가, 복지국가, 근래의 시장국가에 이르기까지 국민생활에 국가가 어느 정도 개입(intervention)해야 하는가의 문제는 중요한 이데올로기적 이슈가 되기도 했다.

현대 국가의 개입적 복지활동은 기본적으로 경제 발전과 자본주의의 중요한 생산양식인 노동력 재생산과 비노동 인구의 부양에 있다고 보는 것이다.

20세기에 들어와서 민간기업과 시장 메커니즘이 높은 고용 수준을 유지하는 데 실패함에 따라 일자리 창출을 위해 수요관리, 공공사업 발주, 산업의 국유화 같은 방식으로 국가가 경제에 개입하는 결과를 가져왔다. 경제 변동과 국가 개입이 반드시 직접적이고 결정적인 관계에 있다고 단정할 수는 없다. 그러나 결과적으로 경제 변동의 상황이 국가 개입을 야기했다는 면에서 국가의 중요한 복지활동은 경제적 요인에 의해 영향을 받게 되었던 것이다.

동시에 현대 국가의 복지활동은 자본주의 생산 양식과 연계되어 있다고 하겠다. 국가의 복지활동은 자본주의 사회에서 노동력의 재생산을 수정하고, 비노동 인구를 부양하기 위해 국가 권력이 개입되는 것이다. 현실적으로 국가에 의해 활용될 수 있는 중요한 수단은 제반 급여와 사회복지 서비스의 직접적인 국가 공급과 조세제도의 활용, 그리고 개인과 기업체의 사적 복지활동에 대한 국가의 규제가 있다(Gough, 2009).

이와같이 현대 국가는 자본주의의 안정적인 성장을 위한 동력으로서 복지문제에 좀 더 적극적으로 접근하고 있다. 이를 위해 현대의 산업복지 국가는 자유시장의 활력과 한계를 촉진·보완하는 역할에 관심을 집중하게 되는 것이다.

이러한 맥락에서 제1절에서는 현대 국가들이 사회복지에 대해 어떠한 입장과 관점을 가지는가, 제2절에서는 국가가 사회복지에 개입하게 된 배경적 요인과 동기를 살펴보고자 한다.

제 1 절 현대 국가의 사회복지에 대한 관점

현대 국가에서 복지(welfare)라는 용어는 이제 많은 사람에게 별다른 부담 없이 매우 친근하고도 희망적인 어휘로 자주 쓰이는 다의적 개념이 되었다. 작게는 개인복지 · 집단복지 · 직장복지 · 공무원복지 · 근로복지 · 학교복지 · 청소년복지 · 노인복지 등이 있으며, 이러한 수준의 개념들이 복합 · 확대 · 보편화되어 산업화된 현대 국가를 복지사회 또는 복지국가라고 부르고 있는 것이다.

그렇다면 이 같은 복지에 대한 우리 모두의 필요와 관심이 증대하게 되었고, 또한 현대 국가의 대명사가 되다시피 한 복지국가의 표현대로 복지문제를 현대 산업민주주의 사회에서 국가정책적 과제로 인식하게 된 기본적 동기와 요인은 무엇인가? 이것은 한마디로 사회의 산업화와 도시화 그리고 자본주의의 고도화에 따른 다양한 사회문제(social problem)를 국가가 직접 나서서 예방하고, 해결해 나가지 않을 수 없게 된 데 있는 것이다.

과거 전통적인 의미의 복지에서는 복지의 국가무간섭주의의 원칙을 고수했다. 그러나 현대 국가에서 복지는 국가가 개입해야 할 적극적인 사회문제의 해결 기제로서 인식하게 되었다. 현대 사회는 더불어 사는 공유의 사회이며, 상호 주관적 가치(intersubjectivity value)가 존중되는 공존의 사회다. 그러나 실제적으로는 가치와 이해 충돌이 심한 배타적 구조에 우리는 살고 있다. 이러한 상황에서 우리 의식(we feeling)의 연대를 형성해 주는 제도적 복지가 바로 국가의 여러 사회문제에 대한 해결 장치인 것이다.

제 2 절 국가 개입의 사회복지 대두 요인

18세기 중반 영국에서 시작된 산업혁명과 프랑스혁명 이후 대중민주주의가 폭넓게 확산되었다. 이러한 영향으로 시민사회는 적극적으로 국가에 대한 시민권, 정치권, 사회권 등을 요청하게 되었다.

기본적으로 국가 책임에 의한 사회복지는 크게 보아 두 가지 목적과 당위를 가진다.

첫 번째는 국민 개개인의 입장에서 볼 때, 인간의 기본적 욕구를 충족시켜 주기 위한(meeting human basic needs) 제도로서 역할이다. 현대 산업 자본주의 국가에서 개개인의 삶은 그 구조상 사회구성원 간에 상호 의존적으로 연결되어 있다. 그러므로 그들의 생활을 사회적으로 보장하는 책임은 국가가 지게 된다는 것이다. 물론 개인의 행위적 요인들로 인한 불행이 있을 수 있지만, 개개인이 경험하게 되는 행·불행의 가장 중요한 부분은 사회적 원천으로부터 비롯된다고 볼 수 있다(Jones, 2000). 따라서 개개인이 공통적으로 직면하게 되는 사회적 불안(social anxiety)과 사회적 위험(social risk)을 공동의 노력으로 해결하기 위해서는 국가를 중심으로 하여 개개인이 가진 위험뿐만 아니라 자원까지도 결집하거나 사회화할 수밖에 없는 상황이 되었다.

두 번째로 사회 전체적 입장에서 사회적 통합과 사회 안정을 도모하기 위한 제도로서 역할이다. 현대 국가에서 자본주의의 구조적 모순과 한계를 조정·극복할 수 있는 주체는 사적인 이해관계를 가지고 있는 민간기관이 아니라 공적인 이해관계를 대표하는 국가이기 때문이다. 이론적으로 국가는 단지 어떤 특정 계층에만 혜택을 주는 것이 아니라 빈곤의 퇴치, 최저 소득의 보장 등 전체 국민들에게 보편적 이익을 배분하며, 심지어 불평등의 문제까지도 관심을 가져야 하는 것이다.[1] 현대 국가에서 사회복지가 가족, 교회 등 민간기관에 의해 잔여적(residual)으로 이뤄지기보다는 국가에 의해 제도적(institutional) 수준에서 제공되는 것도 바로 이와 같은 이유에서 비롯되

1) 빈곤이나 경제적 불평등이 개인의 책임이라기보다 사회구조나 경제 체제에 원인이 있다고 생각될 때 사회적 형평의 문제는 심각하게 대두되며, 국가는 이것을 해결할 책임과 의무를 갖고 있다. 설령 빈곤이나 경제적 불평등이 개인의 책임이라 하더라도 이를 방치하지 말고 국가가 적극적으로 개입하여 사회복지의 재화나 서비스를 국민들에게 제공해야 한다.

는 것이다. 다시 말해, 국가는 배분적 정의와 사회적 형평(social equity), 그리고 비효율성과 시장실패(market failure)를 해결할 수 있는 능력을 가지고 있다고 보는 것이다.[2] 따라서 국가 개입의 제도적 사회복지를 통해 상부상조함으로써 모든 국민을 하나로 묶어 주고, 나아가 안정된 사회를 도모할 수 있다는 것이다.

일반적으로 현대 국가에서 사회복지는 물질적·정신적인 면에서의 안정화 및 보편화된 가치를 추구하는 데 관심을 두고 있다. 이러한 가치를 지향하기 위해 구체적으로 현대 사회에서 국가 개입 하의 사회복지가 필요하게 된 요인은 다음과 같다.

1 산업화 과정에서 제기된 사회문제

1) 일상생활 면에서 산업화에 따른 가족제도의 변화

공업화를 통해 경제가 발전되는 과정에서 전통적인 대가족제도가 점차적으로 소가족제도로 전이되는 현상을 경험했다. 대체로 대가족제도에서는 빈곤·질병·재해·실업 등과 같은 사회적 위험을 모든 가족이 공동으로 부담해 왔다.

그러나 현대의 소가족제도에서는 개인이 각종의 위험들을 독자적으로 감수하게 됨으로써 그들이 일상 사회생활에서 경제적·사회적·정신적 불안이 상대적으로 증대하게 되었다. 따라서 개인 생활의 균등, 사회생활의 안전을 보장해 주기 위한 장치로서 국가 수준의 사회 보장 혜택이 제도적으로 필요하게 되었다.

2) 산업 현장 및 사회생활 면에서 제기된 위협적 요소의 증대

경제구조와 생산 양식이 변화함에 따라 근로자 수가 증대하고, 이들이 근로 현장에서 각종 질병, 상해, 사망, 실업 등의 우발적인 사고로 인해 심각한 생활의 위협(threat)을 받게 되었다. 또한 급속한 산업화의 부수 산물로 예기치 못한 사회적 위험이 전체 사회구성원을 대상으로 광범위하게 자리해 가고 있다. 현대 사회에서 이 같

2) 시장의 실패 없이 효율적인 면에서 최적의 소득 분배가 이뤄졌다 하더라도 소득의 계층별 분배의 정도는 여러 가지 형태로 존재할 수 있으며, 이것이 정도를 지나치게 되면 이의 시정을 위한 국가 개입의 정당성이 요구된다.

은 산업 내지 안전재해는 국가 개입의 필요성을 촉진시키는 중요한 사회문제로 대두하게 된 것이다.

3) 산업화에 따른 인구 이동 현상에 의한 사회구조의 변화

특히 신흥공업국가권(NIC's)의 경우, 급격한 산업화로 이농향도(離農向都) 현상을 가져와 도시 인구를 팽창시켰고, 그 결과 도시는 산업시설과 기술집단을 집중적으로 육성시켜 도시 발전을 가속화했다. 반면 농촌에서는 노동력 부족 사태 등이 발생하여 자생력이 취약한 농촌경제를 더욱더 어렵게 했다. 따라서 도농(都農) 간의 경제적·문화적 격차가 심화되는 현상을 초래하게 되었다. 이와 같은 구조적 문제를 근본적으로 해결하기 위해서는 그 대안으로서 국가복지 차원의 장기적 정책 접근이 불가피하다는 인식이다.

4) 도시환경 문제

도시의 팽창과 급속한 공업화는 필연적으로 교통, 수질, 공해, 오염, 각종 사건 등 도시환경 문제를 야기했다. 이러한 문제들은 적극국가에서와 같이 더 이상 수익자 부담의 원칙에 의해서만 해결할 수 없는 규모의 한계를 가지게 되었다.

5) 산업화로 인한 인간관 및 가치관의 변화

인간의 생활 양식면에서 볼 때, 근대화의 급속한 진전 과정을 거치면서 대체로 전통사회에서와 같은 사회의 연대 의식이 희박해지고, 물질 본위의 인간관계가 성립됨과 동시에 자기 중심적 사고 방식이 보편화되었다. 즉, 산업화로 이한 인간관 및 가치관의 변화로 인해 풍요 속의 형이상학적 빈곤 현상을 초래하게 되었다.

이러한 맥락에서 모든 사람이 삶의 가치와 의미를 공유하는 국가 및 사회 수준의 문화복지정책과 활동이 요청되기에 이른 것이다.

2 자본주의 고도화에 따른 사회문제

사회복지는 1930년대 세계 경제공황에 따른 뉴딜정책 시 본격화되었다. 즉, 자본주의의 모순에 대처하기 위한 자본주의 국가들의 자기수정의 장치(self-correction mechanism)로 등장한 것이 초기 국가 개입의 사회복지로 이해할 수 있다. 자본주의 경제의 진전에 따라 개인의 책임과 의지와는 무관하게 생활이 불안정한 위기에 직면하게 됨에 따라 국가에 대해 그 보상과 생활 보장의 요구를 하게 되는 여러 현상이 대두되었다.

보상의 차등화에 따른 경제적 이해의 상충, 빈부 격차, 배분적 구조의 모순 등에 대처하기 위한 국가 개입의 복지 역할이 요청되었다.

따라서 현대 국가는 주요 국가 목표로서 국민의 복지 증진과 삶의 질을 향상시키기 위해 사회 보장, 사회복지를 통해 복지국가를 지향하게 되었다. 이와 같은 복지국가를 사회구성체적 입장에서 정의하면, 첫째, 경제적으로는 혼합경제를 유지한다. 둘째, 정치적으로는 자본주의 이념인 개인의 자유, 자율, 능력, 창의성 및 경쟁과 그리고 사회적 형평을 강조한다. 셋째, 사회적인 면에서는 사회 보장과 복지정책의 확충을 위해 국가가 국민생활에 대한 개입을 시도한다.

이와같이 복지국가는 국민의 복지 증진을 위해 국가가 적극적으로 생활 전반에 개입하는 것을 그 특징으로 한다. 제도의 내용으로는 소득, 교육, 주택, 대인적 서비스 등이 그 핵심을 이루고 있다. 동시에 이러한 제도로부터 제공되는 서비스의 정신은 자선, 박애, 구제와 같은 잔여적 복지 개념(residual welfare concept)이 아니라, 국민의 권리로서 당연히 제공되어야 한다는 제도적 수준의 복지(institution welfare)를 표방하고 있다.

제 2 장 사회복지의 본원적 요소

여기에서는 주로 복지행정의 대상인 사회복지의 이론을 구성하는 본원적 요소에 대해 알아본다. 사회복지는 인간의 이상과 현실 간의 괴리를 좁혀가는 노력의 과정으로 볼 수 있다.

따라서 사회복지의 개념을 논의하자면 자연 복지철학의 관점과 복지 이념 및 기능적 측면을 언급하게 된다.

동시에 다양한 기능을 가지는 사회복지를 논거의 차원에서 접근하려고 할 때 합리성과 타당성이 확보되어야 할 필요성이 제기된다. 이러한 토대를 마련해 주는 것이 사회복지의 기준에 관한 문제다. 사회복지는 개인적·제도적 수준에서 복합적으로 다양하게 이뤄질 수 있다. 이러한 경우 여러 서비스의 주체와 대상에 따라서 상이한 생각과 의도를 가지게 되는데, 이를 형성해 주는 규범적 원천이 되는 것이 사회복지가 지향하는 목적에 관한 가치들이다.

제 1 절 사회복지의 개념

사회복지는 인간의 실존적 문제들을 도와 주고 해결하는 데 중요한 기능을 해 왔다. 이제까지 사회복지가 인간 생활에 영향을 준 정신과 가치들은 인문학과 사회과학

등의 분야에서 숱한 담론의 대상이 되어 여러 유형의 연구 소재와 영역을 제공해 주게 되었다.

이같이 다양한 연구 소재 및 영역 가운데에서 사회복지에 대한 개념 정의는 매우 다의적인 성격을 띠고 있다는 것이다. 대체적인 이유는 사회복지가 시대의 흐름과 관련된 사회철학, 이념 그리고 특정 사회의 환경적 요인에 따라 그 의미와 내용이 다르게 사용되고 있기 때문이다. 전통적인 사회복지의 개념은 상호 부조, 자선사업, 구제사업 등으로, 그리고 현대적 사회복지의 개념은 사회사업, 사회봉사, 사회 보장, 사회개발, 사회정책, 사회복지 등으로 변천되어 왔다.

이러한 일련의 변천 과정에 담겨 있는 가치 내용의 경향을 볼 때, 사회복지는 인간의 이상과 희망을 대상 주제로 설정하고, 이를 현실 여건에 내재화시키려는 노력의 활동으로 정의할 수 있다. 따라서 여기에서는 사회복지의 개념을 복지철학과 복지 이념 및 기능적 관점에서 접근하려고 한다.

1 복지철학의 관점

사회복지는 언어적 의미에서 사회(social)와 복지(welfare)의 합성어다. 이 두 용어는 사회복지의 개념은 물론 그 성격, 그리고 복지사상 및 철학적 함의를 발견하는 데 중요한 동기를 제공해 주게 된다.

첫 번째로 복지란 말의 영어권 개념인 welfare는 쾌적한 상태, 안녕((well-being)과 관련된 상태 내지 조건, 특히 건강(health) · 행복(happiness) · 번영(prosperity)과 같은 상태를 내포하고 있다고 하겠다. 이러한 상태는 인간의 삶에서 대단히 이상적이며, 동시에 누구나 요람에서 무덤까지(from cradle to grave) 향유하고 싶은 지극히 현실적인 의미를 가지는 것이다. 따라서 사회복지는 우리에게 놓여 있는 이상과 현실간의 간극(gap)을 좁혀가는 노력의 과정으로 볼 수 있다.

복지철학의 입장에서 사회복지는 이들 상태를 대표하는 가치 개념으로서 특히 '행복'에 대한 이념을 의미한다고 보고 있다.[1] 복지철학의 사상사에는 대체로 두 가지

1) 복지철학에서 행복이 보장된 상태를 복지라고 규정한다. 그런데 복지를 이와같이 규정하게 되면 기

흐름이 병존한다. 하나는 개인의 행복과 책임이 강조된 것이고, 다른 하나는 사회의 행복과 책임을 중시하는 것으로서 복지사상에서 '사회적(social)'이라는 용어가 가지는 의미가 또한 깊이 있게 다뤄지고 있는 것이다.

두 번째로 이와 같은 '복지'라는 개념 앞에 형용어구로 붙여지는 '사회적'이라는 개념의 의미를 살펴본다. 복지철학의 분야에서 논의되는 '사회적'이라는 개념에 대한 견해를 정리해 보면 대체로 다음과 같은 것이 있다. ① 인간에게 영향을 미치는 모든 행위 내지 삶 자체를 의미하는 것으로 보고 있다(Macarov, 2000). ② 일반적으로 주권을 집단적으로 행사하면서 일정한 공간에 사는 상호의존적인 인간의 집단으로 이해하고 있다(Gil, 2003). 사회학의 관점에서 본래 사회구성원들은 공통의 문화를 공유하며 일체감을 갖게 되어 있는 것이다. 따라서 사회는 스스로를 유지하고 영속성과 생태학적 생존을 위해 기능하도록 되어 있다고 본다.

이 같은 맥락에서 사회적이라는 의미는 사회 안에서 삶의 질과 생활환경, 그리고 개인·집단·사회 전체 간의 사회내적(intra-societal) 관계와 유의미성을 갖게 된다. 따라서 사회복지에서 쓰는 '사회적(social)'이라는 개념은 ① 상호작용(interation) 내지 상호의존적(interdependence)인 관계에 있는 집단적인 활동과 ② 사회적 연대성(social solidarity)을 의미한다고 보는 것이다.[2]

이와 같은 맥락을 종합해서 볼 때, 사회복지란 사회적으로 행복한 상태를 지칭하

본적으로 행복의 조건이 무엇인가를 검토할 필요가 제기된다. 행복은 고도로 주관적인 가치판단의 영역이다. 따라서 인문철학에서도 행복의 조건에 대해서는 고대 철학자로부터 오늘날의 현인에 이르기까지 다양한 견해를 보이기 마련이었다. 따라서 차선책으로 레셔(Nicholas Rescher)가 체계적으로 정리한 행복의 요소를 중심으로 복지의 상태를 추론하고자 한다. 그런데 행복의 조건보다는 덜 주관적이겠지만, 행복의 요소마저도 개인의 가치관에 따라 공감의 정도가 다소 달라질 수 있을 것이다. 아무튼 각 차원의 행복의 요소에 대한 만족도를 기준으로 복지의 상태를 상정하는 개념이다. 행복의 요소는 ① 개인적 안녕: 건강, 부, 안전, 자존심, 교육과 자기개발, 출세와 사회적 지위, ② 대인관계에서의 만족감: 상호관계(애정, 우정, 동질감), 자기 지향(자아 표현, 여가와 취미오락), 타인 지향(사회적 인정, 타인에 대한 사회적 관심 내지 적극적 영향력), ③ 환경적 요소: 자유와 권리, 개성과 도덕적 가치의 존중, 평등과 사회적 가치의 인정, 사생활의 비밀 보장, 미적 환경의 조성과 자연환경의 보존 등을 들고 있다. 즉, 복지란 인간이 생활하는 삶의 상태가 안녕(well-being)과 행복(happiness)에 근사한 것으로 보고 있다.

2) 사회적(social)이라는 개념은 ① 개인 대 개인, 개인 대 집단, 개인 대 전체 사회, 집단 대 집단, 집단 대 전체 사회의 상호작용 관계, ② 과도한 개인주의 가치(경쟁, 자율, 완전시장경제 등)보다는 이웃과의 희망을 공유하는 우리 의식(we-feeling)을 토대로 한 사회적 연대(social tie) 등을 의미한다.

는 개념이 된다. 특히 현대의 사회복지는 산업사회의 발전과 더불어 발생한 여러 사회문제와 관련하여 사용하게 되었다. 현대 사회는 산업화와 도시화가 급격하게 진전되면서 사회적 욕구에 대응하기 위한 방편으로 사회복지에 대한 관심이 증대되고 있는 것이다.

결론적으로 사회복지는 쾌적하고 안녕과 행복된 생활을 성취하기 위한 사회구성원들의 공통적인 행위와 노력의 체계를 의미한다. 다시 말해, 사회복지는 앞에서 언급한 대로 건강 · 행복 · 번영과 같은 인간 생활의 이상적인 상태를 의미하는 개념인 동시에 그것을 달성하려는 현실적인 실천 노력과 관련된 활동이다. 따라서 사회복지는 이러한 이상을 실현하기 위해 연대성 · 평등 · 개발과 성장의 가치를 지향하고 있으며, 한편으로는 사회구조적 시스템을 통한 여러 실천적 장치들을 마련해 놓고 있다.[3]

2 복지 이념 및 기능적 관점

사회복지는 이념과 실천의 합리적 조합에 의해 향상 · 발전한다. 현대 자본주의 국가에서 사회복지 이념은 사회복지에 대한 국가 개입의 범위와 방법 등을 규범화한 것이다. 따라서 그것은 실행을 위한 필수 전제가 되는 가치다.

이러한 사회복지 이념은 국가와 사회의 가치 등에 따라 매우 상이할 수 있다. 따라서 사회복지의 이념적 성격에 따라 각국의 사회복지에 대한 성격, 의지, 내용, 접근방법 등이 달라짐은 물론 사회복지 체제와 복지정책을 수립하는 데 중요한 기준이 될 수 있다.

조지(Vic George)와 와일딩(Paul Wilding)은 한 나라의 사회가치와 정치 이데올로기를 고려하지 않고서는 사회복지에 관한 각 견해를 이해하기가 불가능하다고 했다(George & Wilding, 1986). 앞으로 산업화와 도시화가 고도로 진전되어 가는 과정에서 분배문제를 다루는 사회복지와 그 이념상의 문제는 더욱 중요하게 부각될 것으로 보인다.

---

3) 인간은 기본적 욕구를 충족시키기 위해 심리적 · 물질적으로 풍부하기를 바라며, 대인관계를 통한 사회적 욕구의 실현을 위해 사회적으로 평등하기를 희구하는데, 이러한 욕구들은 정치적 · 사회적 · 경제적 개발계획의 집행으로 가능하다는 것이다.

국가가 무엇보다도 우선 선진화된 사회복지 이념을 정립함으로써 이에 입각한 사회복지의 제도 및 정책을 수립하게 될 것이고, 이의 집행을 통해 비로소 한 나라의 복지 수준이 실제적으로 향상될 수 있기 때문이다. 즉, 한 나라의 사회복지 수준을 결정하는 여러 요인 가운데 가장 기본적인 문제가 바로 복지 이념이라고 볼 수 있다.

사회복지의 이념을 전체 사회와의 맥락 속에서 그 기능을 중심으로 하여 정립하고자 한 고전적인 노력의 전형은 윌렌스키(Harold Wilensky)와 르보(Charles N. Lebeaux)가 제시한 잔여적(residual)·제도적(institutional) 이원론(ideological dualism)이라 할 수 있다.[4] 이러한 이원론적 패러다임은 특정 국가나 사회에서 현실적으로 이뤄지고 있는 사회복지 활동의 변화 추세와 기능적 성격을 규정하는 데 적절한 준거 틀(framework of reference)이 되고 있다.

1) 잔여적 사회복지

잔여적 개념은 사회에는 개인의 욕구를 적절히 충족시켜 주는 두 개의 '자연적'인 공급구조(supply structures)가 있다는 전제에 기반을 두고 있다. 그것은 일반적으로 자본주의 사회에서 가정과 시장경제인데, 이것이 우선권을 가진 복지 공급 매개체인 것이다. 그러나 때때로 이러한 제도들이 적절히 기능하지 않는 수가 있게 된다. 가령 가정생활이 파괴되거나, 불경기가 닥치거나, 또는 개인이 노령이나 질병 때문에 그러한 통상적인 매개체를 이용할 수 없을 경우다.

이러한 경우에 잔여적 관점의 사상에 따르면, 제3의 욕구 충족 메커니즘이 활동하기 시작해야 하는데, 그것이 사회복지 구조다. 이것은 보통 잔여적 기관(residual agency)이라고 표현된다. 이러한 기관은 주로 응급 조처의 기능을 수행하며, 정규적인 공급 구조인 가정과 경제 체계가 다시 적절히 기능을 회복했을 때에는 철수하게 된다. 이러한 개념은 미국의 전통적인 개인주의 이념과 맥락을 같이하지만, 산업화가

4) 이 같은 복지 이념을 토대로 하여 전체 사회와의 맥락 속에서 그 기능을 중심으로 사회복지 개념을 설명한 학자들로는 길버트와 스펙트(Gilbert & Specht), 핑커(Robert Pinker), 티트머스(R. M. Titmuss), 윌렌스키와 르보(Wilensky & Lebeaux) 등이 있다. 이 중에서 특히 윌렌스키와 르보가 제시한 이원론은 비록 1950년대 말의 미국 사회를 설명하고 있는 것이지만, 산업화의 이행 과정에 있는 모든 현대 국가에서 이뤄질 사회복지 활동의 변화 추세와 기능적 성격을 규정하는 일정한 준거 틀로서, 사회복지의 본질과 특성을 밝히는 데에도 유용성이 크다는 견해가 지배적이다.

진전되면서 수반하는 급격한 사회 변화를 제대로 반영하지 못하기 때문에 현대 사회복지활동의 다양한 면모를 설명하는 데 한계를 갖고 있다.

잔여적 사회복지 개념은 사회복지를 하나의 독립된 제도가 아니며, 응급적이고 일시적인 지원 체계로 간주하는 것이다. 그래서 사회복지기관을 이용하는 사람들은 자신의 욕구를 충족시키는 '정상적인' 통로(방법)를 다시 이용할 수 있게끔 힘이 미치는 한 무엇이든지 해야 할 도덕적 책무를 지는 것이다. 보통 사회복지기관을 욕구 충족의 정상적인 방법이 붕괴된 다음에 활동하기 시작하는 것으로 보기 때문에, 그런 기관을 이용하는 사람들을 비정상적으로 보는 것이다. 따라서 그들은 다른 사람들보다 더 무기력하고 쓸모없는 사람으로 보이고, 이러한 상황에서 도움에 응하는 것은 자비나 동정이라는 낙인(stigma)을 짊어지는 것이다. 이러한 잔여적 관점이 바로 전통적으로 사회복지를 불우한 계층(disadvantage class)을 도와 주는 노력으로 생각해 온 방법이다.

이러한 상황에 대해 국가는 사회복지 이념의 수준에서 볼 때, 가급적이면 최저 수준의 개인적 안녕과 사회적 기능을 유지시키기 위해서 사회복지에 부분적으로만 개입한다는 것이다. 따라서 잔여적 개념에서 수혜자는 사회적 약자 내지 요보호 대상자 계층에 한정되며, 사회복지의 정신은 자선, 박애, 구제, 원조 등 부정적 의미로 인식된다.

2) 제도적 사회복지

제도적 관점은 사회복지를 개인의 자아성취를 도와 주는 것으로서 현대 산업사회에서 널리 인정받은 정당한 기능으로 보는 것이다. 따라서 국가가 적극적으로 사회복지에 개입하여 사회구성원 누구든 일정한 조건만 갖추게 되면 복지 혜택을 받을 수 있도록 사회권, 복지권, 행복추구권 등과 같은 제도화된 권리를 인정한다.

이 같은 인식은 현대 산업사회에서는 개인이 가정과 직장의 능력만으로는 자신의 모든 욕구를 충족시킬 수 없다는 것이다. 즉, 현대 사회에서 전체 사회구성원이 생활의 정상적인 한 부분으로서 사회복지의 급부와 서비스를 활용하는 것이 유용하고 필요한 것으로 보는 것이다. 이것은 사회문제의 원인이 개인에게뿐만 아니라 사회구조에도 있다는 인식이 전제되기 때문이다.

따라서 사회복지는 선택적으로 일시적인 응급 기능에 그칠 것이 아니라, 보편적 수준에서 사회의 정규적인 혹은 제도적인 위치를 차지하여 수행되어야 한다고 본다. 이것은 사회복지를 사회적 효용(social utilities) 또는 사회계획(social planning)이라는 관점에서 접근하고 있기 때문이다.

이상의 두 개념은 서로 대립된 진공 상태 속에 존재하는 것이 아니라, 현실적으로는 이것이 놓여 있는 좀 더 넓은 사회문화적 상황을 반영하고 있으며, 산업화가 진전됨에 따라 제도적인 개념으로의 전이가 더욱 촉진될 것이다.[5)]

제 2 절 사회복지의 기준

현대 산업사회에서 사회복지제도는 상호 의존의 문제를 다루고 있다. 사회복지의 잔여적 · 제도적 관점은 이러한 의존의 문제를 어떠한 수준에서 해결해야 할 것인가가 중요한 과제다. 오늘날 사회복지가 지향하는 바는 잔여적 관점에서 제도적 수준에 목표를 두고 있다. 따라서 의존의 문제를 다루는 주체와 경로도 개인 · 가족 · 이웃 · 종교 · 시장에서 사회 및 정치제도로 폭넓게 중첩 · 이행되고 있다. 여기에서는 현대 복지환경에서 이처럼 광범하게 다뤄지는 사회복지의 성격과 영역을 개념화하는 기준을 제시하고자 한다.

1 공식조직

현대 복지환경에서 사회복지 활동은 반드시 공식적인 규정과 절차를 통해 조직되어야 한다. 개인적인 기부나 자선에 의한 활동은 복지를 일시적으로 증진시킬 수는 있을지 모르나 조직적인 체계성을 가진 기제는 아닌 것이다.

5) 일반적으로 사회복지는 관점의 변화를 여러 각도에서 시도하고 있다. 예컨대, ① 기회 균등의 가치에 토대를 둔 복지국가에서 인간의 존엄성과 공동체 가치에 역점이 두어지는 복지사회로, ② 잔여적 개념에서 제도적 개념으로, ③ 자선에서 시민의 권리로, ④ 특수성에서 보편성으로, ⑤ 최저 수준에서 적정 수준으로, ⑥ 개인으로부터 사회개혁으로, ⑦ 자발적 자선에서 공공으로, ⑧ 빈민에 대한 복지로부터 복지사회로의 이행을 시도한다.

따라서 가족이나 친구, 이웃 등과 같은 상부상조의 관계에 있는 사람들 간에 주고 받는(give and take) 서비스나 도움은 사회복지 구조의 정의에 포함되지 않는다. 사회복지에서 공식조직(formal organization)이란 구분은 원칙적으로 분명한 것이고 매우 중요한 개념이다.

참된 의미의 현대 사회복지는 사적(private)인 인연을 가진 개인에 대한 도움이 아니라, 낯선 타인(stranger)에 대한 원조라고 생각해야 한다. 사회복지는 도움을 주는 자와 받는 자 사이에 어느 정도의 사회적인 간격(social distance)이 존재해야 하는데, 이것은 공식조직에 의해 연결된다.

2 사회에 대한 책임성

사회복지는 그 서비스의 결정 및 전달에서 공식적으로 책임(accountability)을 져야 한다. 이러한 책임을 맡는 조직은 크게는 정부행정(복지행정), 작게는 민간 사회복지기관으로서, 이것은 결국 상징적으로 볼 때 전체 사회에 대한 것이다.

3 이윤 동기의 부재

원칙적으로 수수료를 받는 서비스(fee-for service) 활동과 이윤을 추구하는 활동(profit motive asdominant program purpose)은 사회복지의 개념에서 대부분 제외된다. 예를 들면 민간기업이 사원들을 위해 연금제도를 수립하거나 탁아소 및 레크리에이션 시설 등을 설치할 때와 같은 경우다. 기업의 이윤 창출은 비복지(nonwelfare)이지만, 기업의 연금이나 탁아소 등은 기업의 후원을 받는 사회복지 프로그램이라는 견해가 있다. 반면에 기업의 후원을 받는 복지 프로그램은 단순히 고용 조건의 일부로서 임금의 대용물이라는 견해도 있다. 즉, 노동 공급시장에서의 경쟁력과 직원들의 사기와 효용을 높이기 위한 수단이라는 것이다. 이 견해는 연금도 일종의 거치임금(deferred wage)으로 본다. 따라서 기업의 복지 프로그램을 사회복지로 보아야 하느냐의 여부는 노사 간의 계약 관계에서 어디에 더 강조를 두느냐 하는 정도에 따라 달라질 수 있다. 그러나 분명한 것은 기업 복지 프로그램이 사회복지제도의 발전에 영향을 준다는 사실이다.

또한 수수료를 받고 서비스를 해 주는 전문직에도 분류하기 어려운 면이 있다. 전문직도 장사나 소기업과 마찬가지로 생계를 유지하는 수단이기 때문에 성격상 비복지가 아니냐는 관점도 존재한다. 그러나 의사, 변호사와 같은 전문 직업인들은 어느 정도까지는 환자나 사건 의뢰인의 지불 능력에 따라 수수료를 받는데, 이것은 전문적인 규범이다. 따라서 전문직의 수수료란 그 의미와 성질이 이윤 추구와는 다른 맥락에서 나온 것임을 이해해야 한다. 그러나 물론 아무리 전문직이라 해도 무차별하게 이윤만 추구한다면, 그 활동은 분명히 비복지가 되는 것이다.

4 기능적 보편성

기능적 보편성(functional generalization)은 인간의 욕구를 부분적으로 보는 것이 아니라 통합적으로 이해하는 개념이다. 인간의 충족되지 않은 욕구는 다양하다. 따라서 이러한 욕구를 증진시키기 위한 복지 서비스 역시 다양해야 한다는 것이다.

이러한 맥락에서 복지 서비스는 '충족되지 않는 욕구'가 있는 곳이면 어디든지, 그것이 의료기관이든, 가정이든, 교육기관이든, 산업장이든 간에 그러한 장소에 소속되어 역할을 수행해야 한다는 것이다. 즉, 사회복지는 욕구에 대응하기 위해 기능적으로 보편성을 띠어야 한다는 의미다.

제 3 절 사회복지의 목적

현대의 사회복지는 기본적으로 개인의 욕구 충족과 사회적 통합 및 안정을 도모하는 데 목적이 있다. 이러한 목적을 구성하는 내용들을 좀 더 구체적으로 제시하면 다음과 같다.

1 정상화 이념의 실현

정상화 이념(normalization ideology)은 모든 사람이 누구나 사회적 위험으로부터 벗어나 지극히 정상적인 삶을 영위할 권리를 가지고 있다는 것이다. 즉 빈곤자, 실직자, 심신장애자, 노령으로 인한 여러 고통을 겪고 있는 사람도, 같은 사회의 일원으로서 다른 사람과 변함 없는 정상적 생활을 향유할 권리가 보장된다는 것이다.

2 인간의 존엄성 확보

인간이 가지는 존엄성(worth and dignity of individual)의 문제는 민주주의 체제에서 국민의 기본권으로 규정하여 보장하고 있다. 개인은 그 활동가치와는 무관하게 존중되어야 하고, 이러한 개인의 존엄성에 대한 깊은 신념은 생존권의 보장과 직결된다.

사회복지는 기본적으로 인간의 생존권을 보장하는 것이다. 생존권은 기본적 인권의 하나로서 인간이 인간답게 살아갈 권리이며, 국가에 대해 인간의 생존을 유지할 수 있는 생활에 필요한 서비스를 요구하는 권리를 의미한다.

우리나라 헌법도 인간의 존엄을 확보하기 위해 사회복지의 관련 규정을 설정해 놓고 있다. 헌법 제34조 제1항에 따르면 "모든 국민은 인간다운 생활을 할 권리를 갖는다"라고 명시하고 있다. 사회복지에서 가장 기초적인 사상과 가치는 인간다운 생활을 통해 인간의 존엄성이 확보되는 것이라고 볼 수 있다.

3 자립적인 생활의 촉진

사회복지의 중요한 목표는 모든 사람이 '자기 결정 원칙(self-determination principle)'에 의한 자립적(self-reliance)인 생활을 영위해 갈 수 있게 촉진하고 그와 같은 생활의 조건을 확보하는 데 있다. 즉 이것은 자기 능력과 판단에 따라 행동을 결정할 권리를 갖게 하는 것으로 사회복지철학 및 사회복지 실천의 목표가 된다.

예컨대 공공부조 제도를 통한 서비스도 현물이나 현금보다는 교육과 고용의 적절한 기회를 제공하는 방법이 개인의 경제적 자립성을 조장하는 데 도움이 될 것이다. 또한 사회사업 실천의 경우 워커(social worker)의 개입 역할도 클라이언트(client)가 자신의 문제 원인과 그 의미를 스스로 인식하여 해결할 수 있도록 도와 주는 것으로 한정하고 있는 것도 자기 결정에 의한 자립 능력을 촉진하는 데 있다.

4 사회 통합과 안정

사회복지는 시장에서의 낙오자나 사회적 위험에 처한 계층들을 위한 장치다. 특히 현대 산업사회에서는 이 같은 장치가 어떠한 수준에 초점을 맞추고 있느냐에 따라 사회통합력과 안정성에 영향을 미친다. 결과적으로 사회복지는 개인을 도와 사회구조 및 기능에 적응하게 함으로써 그것이 가족, 집단 및 지역공동체, 나아가 전체 사회의 통합과 안정에 기여하게 되는 것이다.

제 3 장 사회복지의 역사

사회복지는 규범성과 실천성을 근간으로 학문적 영역을 구축해 왔다. 인간의 동기와 욕구는 사회복지가 지향하는 규범적 가치의 대상이다. 한편 사회복지는 이러한 욕구에 대한 적절한 반응의 기제를 갖추게 되는데, 이것은 서비스 형태로서 실천적 산물이 된다.

이와같이 사회복지가 응용 실천과학으로서 현실 문제 해결에 좀 더 민감하게 반응하기 위해서는 무엇보다 그 역사성이 강조되어야 한다. 역사는 일월(日月)이 조명하는 법정이라고 한다. 그러나 그 판결은 언제나 늦게 이뤄진다는 것이다. 이러한 역사 개념과 속성이 사회복지의 역사를 미래 지향적 관점에서 조망하게 한다.

종교적·자선적 동기에서부터 현대 사회에 이르기까지 사회복지의 생성 및 발달 과정을 통해 인간 가치와 서비스 실천 간에 나타났던 수많은 문제와 그 원인을 규명할 수 있다. 이것이 바로 사회복지를 역사적 관점에서 고찰하고자 하는 중요한 의도가 된다. 즉, 사회복지제도의 역사성을 토대로 개인 욕구와 사회문제에 대응해 왔던 일련의 결과적 현상들에 대한 경험적·이성적 분석을 통해 미래의 전망을 도출해 내자는 것이다.

이를 위해 전체 사회복지의 역사를 일정한 경향성의 맥락에서 구성하여 거시적으로 고찰하는 것이 더욱 유용할 것이다. 따라서 여기에서는 사회복지의 변천 과정을 제1절 자발적 원조 체계의 시기, 제2절 국가 개입의 시기, 제3절 복지국가의 발전과 재편의 시기로 구분하여 그 역사성을 검토한 다음, 제4절에서 우리나라 사회복지의 전개 상황을 살펴보게 된다.

제 1 절 자발적 원조 체계의 시기

사회복지는 기본적으로 인본주의를 근간으로 한다. 유사 이래 인간의 집단생활은 보호와 안전을 확보하기 위한 투쟁의 연속이었다고 할 수 있다. 그러나 이 투쟁의 장에서는 약육강식의 법칙에 의해 스스로를 지킬 수 없는 의존 인구집단이 항상 존재하기 마련이다. 따라서 이러한 의존 인구집단에 대한 자발적인 보호와 원조가 필요하게 되었는데, 그 제공의 일차적인 주체가 바로 혈연으로 맺어진 무조건적인 가족이었다. 가족의 역할이 어려운 경우에는 그 사회 내의 뜻있는 집단이 자선과 박애의 형태로 보호와 원조를 맡게 되었다.

동시에 집단구성원들 사이에 자연스럽게 스스로 돕는 상부상조의 관행이 생겨났고, 여기에 국가기구의 출현과 함께 사회적 약자에 대한 좀 더 구조화된 보호의 책무가 수반되었다. 이러한 일련의 현상적 과정들을 하나로 엮어 보면 인본주의를 토대로 한 사회복지의 기능으로 이해할 수 있는 것이다.

이와같이 자연스럽게 전개되어 온 의존 인구집단에 대한 보호의 관행들이 이른바 자발적 원조 체계 시기에 해당하는 사회복지의 시작으로 볼 수 있다.

자선(charity)과 박애(philanthropy)의 형태를 띤 보호와 원조는 종교적 사회복지의 출발이 된다. 사회과학적 관점에서 종교의 중요한 사회적 기능은 사회 통합과 사회 변화라고 할 수 있다. 사회 통합의 기능은 종교가 사회의 지배적인 가치와 규범을 정당화하면서 사회구성원들 사이에 공통된 집단 의식을 마련해 주고, 이에 따라 사회 질서와 안정에 기여하는 것을 말한다. 그러나 다원주의 종교 체계 속에서 종교의 사회 통합의 기능은 종교적 활동만으로는 이뤄지기 어렵다. 복잡한 사회 관계 가운데서 분열과 갈등이 팽배한 상황을 화합과 일치로 이끌어 내기 위해서는 소외계층에 대한 구체적인 활동이 필요한 것이다. 개인적·집단적으로 소외된 사람들에 대해 물질적·정신적 도움을 제공함으로써 사회 통합과 함께 인도주의적 방법으로 사회 변화를 추구할 수 있다. 이러한 활동들이 하나로 결집되어서 종교사회 복지를 구성한다.

자선과 박애는 주는 자와 받는 자 사이의 분명한 지위 차이(status difference)를 기반으로 한 사회복지의 형태로 자리매김하게 되었다. 보통 자선은 궁핍하거나 의존적인 자에 대한 개인적인 소규모의 도움 형태를 말한다. 따라서 주는 자와 받는 자 사이의 불평등한 관계를 어느 정도 전제하며, 자선을 받는 자가 이를 기부하는 자보다 덜 가치 있는 사회구성원이라는 것을 의미한다. 자선을 행한다는 것은 고귀함, 관대함, 종교적 의무의 이행 등과 같은 관념을 갖게 한다.

이에 반해 박애는 어떤 대의(causes)에 공감하여 비교적 대규모로 이뤄지는 기부(giving) 행위를 의미한다. 오늘날 박애적 기부는 사회복지 이외의 목적을 위해 이뤄지기도 하는데, 예컨대 박물관, 오케스트라, 극장, 대학을 지원하기 위한 것 등을 상정할 수 있다. 자선과 박애는 산업화를 거치면서 과학성과 전문성으로 새롭게 변용되어 그 역할을 확장해 가고 있다. 산업화가 초래한 새로운 사회문제에 대처하기 위해 많은 자선단체와 박애조직이 전문성을 갖는 사회사업(social work)을 운영해 가고 있다. 지역사회 문제를 해결하기 위한 시민들의 자발적 기부가 공동모금의 형태로 나타나고 있다. 이러한 현대 공동모금은 그리스, 로마 시대의 박애 전통을 이어받고 있다는 것이다.

오늘날 서구 복지국가에서의 민간복지는 중세 이전의 자선과 박애의 전통을 계승하고 있다. 따라서 서구의 자선과 박애는 여전히 공공복지와 더불어 다양한 사회문제의 대응 양식으로 중요한 위상을 차지하고 있다.

상부상조(mutual aid)는 사회복지의 역사에서 볼 때, 인류가 집단생활을 영위한 이래 하나의 생존 방식으로 발전해 왔다. 또한 상부상조는 오늘날의 사회보험제도와 운영 원리를 공유하고 있다. 동시에 이것은 사회행동이나 자조집단(self help group) 등의 사회복지 방법 또는 실천과도 관련되고 있다. 호혜성의 원리에 입각한 상부상조의 전통은 한국의 품앗이나 두레, 그리고 서양에서는 로마 시대의 협회(collegia)나 중세의 길드(guild)에서 그 형태를 찾아볼 수 있다.

근대 사회에 접어들면서 새로운 사회문제들이 출현했다. 산업화에 따른 도시빈민(urban slum)에 대한 국가의 구빈법적 조치들은 과도하게 제한적이었다. 종교적 자선과 이타주의적 박애는 대량 빈곤문제에 무기력했다. 이러한 상황에서 빈곤한 노동자들이 스스로를 보호하기 위한 다양한 상부상조 기제들을 발전시키게 되었다. 이 때

중세의 길드와 같은 상부상조제도들 역시 다소의 변형을 거치게 되었는데 그 중 대표적인 것이 우애협회(friendly societies) 조직이다. 우애협회는 18세기 영국의 빈민들이 상호부조를 위한 단체로 결성되었으나 나중에는 유복한 계층의 사람들이 관심을 갖게 되었다. 따라서 대부분의 우애협회는 사교와 상부상조를 결합하기에 이르렀다. 그들은 회원으로부터 회비를 걷고, 불행에 처한 회원들을 돕기 위해 적립되었다. 우애협회의 사회적 서비스는 주로 질병, 노령, 과부, 고아 등 불행한 회원이나 그들의 피부양자를 위한 소득 보장에 초점이 맞춰졌다. 이 같은 상부상조제도들은 대부분 호혜성의 원리를 근간으로 하여 근대 사회보험제도의 기본 원리를 제공하는 데 기여했다. 또한 상부상조는 오늘날 비슷한 문제를 안고 있는 사람들 사이에서 문제 해결의 경험을 공유함으로써 서로 간에 도움을 주는 자조집단의 운영 원리를 형성하는 토대가 되기도 했다.

시원적 의미에서 공공복지(public welfare)의 역사는 구빈법 시기보다 훨씬 앞선 시점에 형성되었다. 국가가 존재한 이래 어떤 형태이든 공공복지가 존재해 왔다고 본다. 물론 고대국가의 공공복지가 현대 복지국가의 공공복지와 비슷한 것은 아니다. 국가가 구성원에게 복지를 제공한 동기나 방법, 그리고 그 결과에서 현격한 차이가 있기 때문이다. 이러한 면에서 볼 때, 현대적 의미의 공공복지는 사실상 구빈법 이후 발전해 온 것으로 이해되고 있다.

공공복지는 정부를 통해 사회의 의존 인구, 즉 빈민뿐만 아니라 아동, 노인, 장애인 등을 보호하는 사회복지의 한 형태다(Hall, 1982). 공공복지는 빈민의 처우와 관련하여 상당한 정도 자선을 계승한 것이다. 그러나 그 내용이나 범위에서 자선보다 훨씬 그 폭이 넓다. 공공복지는 다양한 보호 형태를 지닌다. 역사적으로 볼 때 소득 제공이 주요 보호 형태이며, 이는 공공부조로 지칭된다. 공공복지는 또한 특별한 서비스 형태로 발전되어 왔다. 예컨대 위탁가정보호 같은 것들을 들 수 있다.

공공복지는 소득과 서비스를 국가가 의존 인구에게 제공하는 것인데, 그 자원은 자발적 기부보다는 시민의 조세수입으로 이뤄진다. 결국 공공복지에서는 국가가 중요한 기능을 담당하게 된다. 여기서 말하는 국가란 사회구성원들에게 적법한 결정을 강제할 수 있는 조직된 공공 권위(public authority)를 의미한다. 정부에는 중앙정부, 지방정부 등 다양한 수준의 행정부가 포함된다. 공공복지와 자선과의 차이점을 보면, 공공복지는 국가라는 공공의 권위에 의해 궁핍한 자에 대한 의무를 받아들이는 것을

의미하고, 자선은 임의적 기부에 주로 의존한다.[1)]

제 2 절 국가 개입 시기

빈곤문제를 해결하기 위한 최초의 국가 개입의 근간이 된 것은 1601년 구빈법과 1880년대의 비스마르크의 사회보험법이다. 구빈제도는 절대왕정기의 중상주의적 빈민관에 토대를 두고 빈곤 구제에 대한 국가 책임의 수용성을 강조하고 있다.[2)] 그러나 이것은 시대적 상황의 변화에 따라 억압적 성격과 인도주의적 성격을 번갈아 띠어가는 과정에서 비판과 개정, 소멸, 그리고 다양한 사회입법의 필요성으로 이어지게 되었다. 사회보험제도는 산업화의 진전에 따른 각종의 사회적 위험(social risk)에 대응하기 위한 본격적인 국가 개입의 장치로서 19세기 후발산업국가인 독일에서 먼저 대두했다.

---

1) 때로는 공공복지와 자선과의 구분이 분명치 않은 경우도 있다. 공공복지는 20세기의 용어이고, 그 이전에는 공공자선(public charity)으로 지칭했다. 이는 사적 자선과 구분되는 의미에서 사용된 용어다. 현대 서구의 공공복지는 영국 튜더왕조 특히 엘리자베스(Elizabeth I) 여왕 시의 구빈법에서 유래한 것이다.

2) 절대왕정기의 지배적 경제정책의 기조는 중상주의였다. 중상주의의 관점에서 빈곤은 사회악이 아니었다. 오히려 일정 수의 빈민들이 유지되는 것이 사회적으로 유용한 것으로 인식되었다. 이 점이 오늘날의 복지국가가 궁극적으로 빈곤의 퇴치를 지향하고 있는 것과 대조를 이룬다. 노동력을 국부의 기반으로 생각했으며, 따라서 인구의 감소보다는 증가에 정책의 비중을 두었다. 그리고 노동하는 자들을 관리하거나 보호하는 일을 정책의 중요 과제로 간주했다. 임금 수준을 되도록 낮게 유지하는 것이 국제 경쟁력 면에서도 유리하며, 또한 빈민들을 근면하게 만드는 길이라 여겼다. 가난이 반드시 나태에서만 비롯된다고 보지는 않았지만, 나태는 노동 습관과 기술에 악영향을 줌으로써 빈곤의 주요한 원인이 되고, 따라서 자신은 물론 나라에도 해를 끼치게 된다고 보았다. 그래서 그들은 빈민의 나태심을 매우 혐오했고, 빈민의 나태심을 제거하는 것이 통치자의 의무라고 보았다(Rimlinger, 1990). 바로 이 점이 중상주의자가 빈곤의 유용성을 주장하면서도 빈민구제를 위한 정책을 펴는 일견 모순적 모습을 보인 주된 이유라고 본다. 그들의 빈민구제 정책은 빈곤의 제거나 빈민의 고통을 완화시키는 데에 목적이 있었다기보다는, 빈민의 나쁜 노동 습관을 고침으로써 국부의 근원인 노동력이 훼손되지 않도록 하려는 데 있었다고 볼 수 있다.

1 구빈법

엘리자베스 1세의 집권 43년 째인 1601년에 제정된 구빈법(Elizabethan Poor Law)은 종전에 내려오던 빈민구호에 관한 산발적인 법률들을 집대성하여 성문화시킨 것이다. 이 법은 실제로는 1598년의 법을 개정한 것이었으나, 종종 「구구빈법(Old Poor Law)」으로 지칭되기도 한다(Higginbotham, 2000). 이 법은 정치적·경제적·종교적인 변화의 시기에 빈곤에 대한 정부의 조치를 3세대에 걸쳐 일반 국민의 여론을 수렴한 영국의 구빈 입법이다. 이 법은 가족이나 친족들에 의해 부양되지 못하는 빈곤한 사람들의 생활 유지를 위해 그 지방의 공동체인 교구가 책임을 지는 것을 확인하는 것이라고 생각할 수 있다. 빈곤한 자를 돕는다는 것이 교구의 책임이라는 것과 그 지역에서 태어난 사람들과 적어도 그 지역에서 3년 이상 거주한 사람의 생활보호는 그 교구가 책임져야 한다는 것이다. 공적인 구호를 받는 데 가장 중요한 요건의 하나가 바로 주거(residence) 또는 정주권(settlement right)으로서 이것은 오늘날의 공공부조에서도 가장 핵심적인 이슈로 남아 있다.

구빈법의 가장 중요한 특징은 빈민의 유형을 노동 능력의 유무를 중심으로 분류했다는 것이다. 첫째, 일할 수 있는 건강한 빈곤인(the able-bodied poor)으로 이들은 교정원(house of correction)이나 노역장(work house)에서 강제로 노동을 시켰다. 일반인들의 이들에 대한 자선은 금지되었으며, 이주도 제한했다. 또한 교정원에서 작업을 거부하는 걸인이나 완강한 부랑자들은 유치장에 감금시켰다. 이것은 종전의 구빈 관계법들이 지녔던 징계적 성격이 그대로 재현되고 있음을 알 수 있는 대목들이다. 둘째, 일할 수 없는 무력한 빈곤인(impotent poor)은 구빈원에 수용되어 제한된 도움(indoor relief)을 받게 하되, 거처할 집이 있으면 빈민 감독관들은 그들을 원외구제(outdoor relief) 형태로 음식과 의류 및 난방을 위한 현물들을 그들의 집으로 보내는 것을 허용했다. 셋째, 의지할 곳 없는 요보호 아동(dependent children)은 시민에게 무료 위탁보호를 시키거나, 유료로 위탁할 경우에는 최저 입찰자에게 위탁보호시켜 도제로서 활용하도록 했다.[3]

---

3) 8세 또는 그 이상의 연령 아동으로서 가사 또는 기타 일을 할 수 있는 아동들은 도제계약을 맺게 했다. 소년의 경우 24세의 생일까지 주인의 기술을 배워 일하게 했으며 소녀의 경우 21세 또는 결혼

이와같이 구빈법은 빈민을 체계적으로 분류하여 노동력을 조직적으로 활용하고자 한 것으로서 생산력 향상과 관리의 편의를 도모한 제도였다.[4] 엘리자베스 구빈법의 역사적 의미는 비록 중상주의적 발상에 기초한 것이기는 하지만, 빈민에 대한 공적 구제를 중앙정부의 책임으로 인정했다는 사실이다. 이러한 점에서 이것이 복지국가의 태동과 전혀 관련이 없는 것은 아니다. 그러나 구빈법이 수급자의 권리에 대한 인식보다 이들의 통제에 목적이 있었으며, 잔여적 성격이 지배적이었다는 점에서 복지국가의 정신으로 이해하는 데는 한계가 있다.

1) 구빈법의 통제·억압적 성격

구빈법의 통제적·억압적 성격은 중상주의적 영향 하에 등장한 여러 새로운 법률 가운데 특히 「정주법」과 「작업장법」 등에서 살펴볼 수 있다. 1662년의 「정주법(Settlement Act)」은 빈민 감독관의 의견에 따라 치안판사가 장차 일반 대중에게 부담이 될 것으로 생각되는 새로운 이주자들을 그의 이전의 거주지로 돌려보내는 권한을 부여한 것이다.[5] 이러한 사람들은 교구에 도착한 이후 40일 이내에 빈민 감독관들의 조사를 받게 되었으며 치안판사로부터 추방 명령을 받게 된다. 그러나 새로 이사온 가정이 1년에 은화 10파운드에 해당되는 자산을 빌릴 수 있거나 저축이 있으면 추방의 위협은 면제받게 했다. 이 법은 하나의 극단적인 형태의 지방 파벌주의의 한 표현이라고 할 수 있다. 이것은 1년에 은화 10파운드를 저축할 수 없거나 그러한 액수에 상당하는 자산을 빌릴 수 없는 일반 노동자들을 처벌하는 것으로 간주된다. 이 법은

할 때까지 집안일을 돌보는 하녀로서 도제생활을 하게 했다.

4) 지역별로 징계방을 두어, 노동을 거부하거나 도망을 치거나, 구걸 혹은 게으른 생활을 목적으로 다른 지역으로 옮긴 사람을 가두게 했다. 이 제도의 운영을 위해 필요한 재원은 교구 주민들에게 능력에 따라 부과하는 구빈세(poor rate)로써 충당했다. 초기에는 지방소득세의 성격을 띠었으나, 차츰 부동산에 대한 재산세의 형태로 전환되었다. 이 때 문제는 토지의 소유자에게 세금이 부과된 것이 아니라, 그 소작인에게 부과되었다는 점이다. 구빈세를 납부하지 않으면 치안판사에게 소환당하여 벌금, 차압, 수감 등의 벌을 받게 되어 있었다.

5) 구빈행정의 역사는 빈곤에 대한 도덕적인 책임과 재정적인 책임 간의 갈등이다. 각 교구는 자기 교구 내의 빈민 보호의 책임을 갖고 있기 때문에 각 교구는 다른 지역으로부터 이주해 오는 빈민으로 말미암아 구호의 부담이 증가되는 것을 원치 않았다. 반면에 상류귀족 사회는 그들의 사유지 경작에 필요한 농촌 노동자 확보와 그 유지를 항상 염려하고 있었다. 교구민과 상류 귀족사회 양측의 압력에 따라 찰스 2세는 1662년에 이 같은 정주법을 제정하게 된 것이다.

그 지역의 산업 발전이 그들에게 커다란 꿈을 약속하는 것이었지만 봉건제도가 붕괴된 이후에도 농촌 노동자들을 그 마을에 묶어 두려고 시도한 것으로 볼 수 있다. 어느 교구에서는 빈민 감독관들이 걸인을 일소하기 위해 그들에게 뇌물을 주고 몰래 다른 지역으로 가게 하는 문제까지도 야기되었다.

결국 이 법의 핵심적 사항은 구빈의 대상이 될 수 있다고 판단되는 새로운 전입자를 그들의 출생 교구로 추방할 수 있도록 한 점이다. 더 나은 구제를 찾아 빈민들이 떠도는 것을 막음으로써, 노동력을 안정적으로 확보하고자 했던 농업 자본가들의 이해가 반영된 제도였다(김동국, 1994).

1723년의 「작업장법(Workhouse Test Act)」은 빈민의 정주, 고용 및 구제에 관한 법률들을 개정한 것으로서 영국의 구빈법상 중요한 의미를 지니고 있다. 구빈법은 부랑을 금지하고 노동력이 없는 사람들을 위해 교정원과 구빈원을 설치했다. 교정원과 구빈원은 엄격히 구분되는 시설이지만, 실제적으로는 그 구분이 모호했을 뿐만 아니라 대부분의 구빈원에서는 작업장을 운영했기 때문에 작업장은 빈민에 대한 일종의 수용시설로 일반화되어 졌다. 당시의 작업장은 실질적인 강제노역장으로서 가혹한 처벌과 노동력 혹사가 일상적으로 일어나는 곳이었다. 당연히 궁지에 몰린 빈민 이외에는 가능한 수단을 다해서라도 입소를 기피하려는 공포의 대상이기도 했다.

2) 구빈법의 인도주의적 성격

18세기 중반 이후 작업장 중심의 구빈행정이 실패하면서 이에 대한 개혁의 필요성이 대두했다. 작업장의 비참한 생활과 착취 현상에 대한 인도주의적 관심이 증대되는 경향을 보이기 시작했는데, 이러한 변화를 반영한 것이 「길버트법(Gilbert's Act)」과 스핀햄랜드제도(Speenhamland System)다. 이들의 내용은 구빈의 인도주의적 성격을 잘 나타내고 있는데, 이 인도주의 측면은 다시 1834년의 「신구빈법」에 의해 사라지게 된다.

「길버트법」은 작업장법을 비판한 것으로 그 주요 내용은 고용 대책과 거택보호다. 노동빈민(workpoor)에 대해서는 빈민위원이 취업 알선을 할 뿐만 아니라 시설의 구조 방식인 거택보호(out-door relief: 시설수용이 아니고 집에 머문 상태에서 구제함)를 실시하며, 노인·고아 및 병자 등에 대해서는 구빈원(poor house)에서 수용 보호하는 시설구제(in-door relief)를 했다. 또한 일부 나태자는 교정원(house of correction)에 수용되었다. 이 「길버트법」의 시행 과정에서 최초로 근대적 의미의 실업자에 대한 인식이 생겼으며 고용과 실업 대책이 시작되었다.

스핀햄랜드제도는 노동빈민대책(거택구호)을 한층 더 보급한 것인데, 임금보조제도(allowance system)로 잘 알려져 있다. 임금이 최저 생활에 못 미치는 자들에게 물가 등귀만큼 노임을 보조해 주는 종가임금(sliding scale)제도이고 재원은 구빈세에서 충당했다. 이 제도는 산업혁명 과정에서 숙련직에 종사하던 사람들이 몰락하여 구빈법의 부조 대상이 된 데 대한 대책으로 마련된 것인데, 구빈법을 저임 노동자에까지 적용함으로써 노동을 기피하고 노동 의욕을 상실하여 부조에 의존하려는 부정적인 경향을 낳게 되었다. 1834년의 개정 구빈법은 이에 대한 반발로 마련된 것이다.

3) 신구빈법

18세기 후반부터 19세기 초반에 나타났던 구빈법의 인도주의적 경향은 여러 반발에 직면하게 되었다. 그 반발의 직접적 동기가 된 것은 스핀햄랜드제도에 따른 구빈비용의 현저한 증가, 임금의 감소, 독립심과 근로 의욕의 저하 등을 들 수 있다. 여기에 산업혁명으로 인한 경제적·사회적 혼란과 나폴레옹 전쟁 시대에 따른 많은 가정 파괴, 조세 부담 및 물가 등귀 등의 초래로 구빈법 개정의 필요성이 제기되어 왔다(Queen, 1981).

1834년의 「개정 구빈법(The Poor Law Amendment Act)」은 노동 능력이 있는 자들의 빈곤에 대한 원외구제를 중단하는 대신, 노동 능력이 없거나 노동의 대가로는 생계 유지가 불가능한 상태에 대해서만 구제를 제공했다. 그런데 이러한 구제에는 중요한 원칙이 적용되었다. '열등 처우의 원칙(the principle of less-eligibility)'이 그것인데, 국가에 의한 구제 수준은 최하층에 속하는 독립 노동자들의 생활 수준보다 낮게 유지되어야 한다는 것이었다.[6] 이와 같은 열등 처우의 원칙은 이 법에 의해 부활

---

6) 이 원칙에는 몇 가지 배경이 복합적으로 작용한 것으로 보인다. 우선, 노동력의 상품화와 값싼 노동력의 확보라는 산업자본가 계급의 필요와 빈민에 대한 정치적 통제력의 확보를 통한 국가 권력의 강화라는 정치적 필요가 크게 작용한 것으로 보는 견해(김태성 외, 2003)가 설득력이 있다. 그런가 하면, 다른 한편으로는 구제에 대한 의존도를 낮춤으로써 구빈세의 부담을 줄이고자 하는 현실적 필요와, 구빈제도의 폐해에 대한 자유방임론자들의 주장들이 수용된 결과라고 볼 수도 있다.

된 작업장 선서(workhouse test)와 표리의 관계를 가졌다. 엄격하게 관리되는 작업장은 노동 능력이 있는 빈민들이 국가로부터 구제를 받는 최후의 수단이 되도록 한 것이다(감정기 외, 2001).

2 사회보험법

자본주의는 농촌의 노동력을 대거 흡수함으로써 구빈법의 주요 대상이었던 부랑자 문제를 해소했다. 그러나 산업화가 진전됨에 따라 실업, 재해 등과 같은 새로운 형태의 노동문제에 대한 대응 수단이 필요하게 되었다. 대체로 19세기 종반에서 20세기 중반에 걸쳐 자본주의의 구조적 특성에서 제기되는 여러 사회문제에 대한 국가의 개입이 본격화되는 첫 출발점이 바로 강제적 사회보험제도의 도입이다.

독일에서 처음 출현한 사회보험제도는 유럽 여러 나라에 확산되었다. 사회보험제도의 근간이 되는 내용은 산업재해보상보험, 질병보험(의료보험), 연금보험 등이었는데, 이것은 제1차 세계대전 이전까지 거의 모든 유럽 국가에 도입되었다. 사회보험의 도입과 확대는 비시장활동(non-market activities)의 영향력을 강화했다. 산업화는 복잡한 산업기술을 지닌 숙련 노동자를 요구했다. 이들은 수준 높은 문화, 교육, 자율성을 지녔다. 이들의 확보를 위해 자본과 국가는 사회보험제도의 필요성을 인식하게 되었다.

제 3 절 복지국가의 발전과 재편의 시기

대공황과 세계대전을 거치면서 자본주의 체제는 구조적 모순이 나타나기 시작했다. 이러한 구조적 모순의 현상들은 일련의 사회문제로 확산되었다. 이 과정에서 노동자 계급과 더불어 시민 세력의 영향력이 점차 강해졌고, 이들의 다양한 요구를 제도적으로 수용하면서 복지국가가 태동하게 된 것이다.

1 복지국가의 발전

복지국가는 제2차 세계대전 직후 영국에서 처음 등장해 점차 서유럽 전체로 확산되었다.[7] 사회민주주의 이념에 토대를 둔 복지국가는 먼저 시장의 한계에 도전하는 대안으로 소득과 부의 평등, 사회적 위험에 대한 공동체의 연대와 보장을 추구했다. 이로써 사회복지는 잔여적 형태에서 제도적 성격으로 전이되었다. 따라서 사회복지의 대상이 선택주의에서 보편주의를 지향하게 되었고, 서비스 프로그램도 소득 보장과 보건의료, 주택, 교육 등에 이르기까지 다양화되었으며, 재정 투입도 더욱 강화되었다. 자연 복지 서비스의 정신도 자선이나 구빈이 아닌 클라이언트의 욕구(needs) 충족을 강조하는 시민의 권리로 인정받게 되었다.

복지국가는 세계적인 경기 호황에 따른 자본 축적과 시민 세력의 정치적 성장에 힘입어 꾸준히 확대·발전할 수 있었다. 이후 대체로 복지국가는 제도적 확충과 복지 수혜자 범위의 확대, 그리고 복지예산의 증대와 같은 양상으로 나타났다(김태성 외, 2003).

2 복지국가의 위기와 재편

복지국가는 1970년대 중반 이후 신우파(the new right)와 네오-마르크시스트(neo-Marxist)들로부터 도전과 공격에 직면한다. 신우파가 제기하는 복지국가 위기의 핵심은 국가 혹은 정부의 실패에 초점을 맞추고 있다. 즉, 국가 혹은 정부의 과도

---

7) 영국 복지국가의 청사진이 되었던 1942년의 「베버리지 보고서(Beveridge Report)」에는 현대 국가의 주요 사회문제를 이른바 '5대 거인(Five Giants)'으로 묘사하고 있는데, 그것들은 궁핍(want), 질병(disease), 무지(ignorance), 불결(squalor), 나태(idleness)다. 궁핍은 빈곤을 의미하며 소득 보장 정책을 통해 해결이 시도되었다. 질병에는 의료 보장, 즉 영국이 자랑하는 국민보건서비스(National Health Service: NHS)를 통해, 그리고 나태(즉 실업)에는 고용정책이 강구되었다. 이들 5대 거인 가운데 가장 중요한 해악은 궁핍이었으며, 사회정책은 직·간접으로 궁핍의 문제에 대한 대응과 관련되어 있었다. 베버리지는 자신의 계획이 성공하기 위한 세 가지 전제 조건으로 완전고용과 아동수당, 그리고 무상 국민보건 서비스를 강조했다. 「베버리지 보고서」에 담긴 구상들은 제2차 세계대전 종전 이후 실제 제도와 프로그램으로 실현되었다.

한 개입과 역할이 재정 위기, 경제의 약화, 시장의 왜곡, 자유의 제한 등을 초래한다고 주장했다. 이 같은 복지국가 위기에 대한 근거는 행정적·관료적인 배분(allocation) 방법이 시장에 의한 배분보다 열등하며, 복지의 수혜자나 후원자 모두에게 도덕적 정당성이 낮아질 수 있다는 것이다. 또한 복지 소비자들의 실제적 선택을 제한하고 막대한 자원의 투입에도 불구하고 복지국가는 빈곤과 기회의 불평등을 제거하지 못했다는 것이다(Gamble, 1988). 구체적으로 신우파는 복지국가를 다음과 같이 규정하고 있다(Pierson, 1991).

첫째, 복지국가는 투자 요인과 노동 유인을 감소시킴으로써 시장의 질서와 유인을 대체시키는 등 비경제적이다. 둘째, 비생산적인 공공 부문이 생산적인 민간 부문의 자본과 인적 자본을 박탈하여 총량적으로 비생산성을 낳는다. 셋째, 급여 제공을 독점함으로써 소비자보다 공급자의 이익에 기여하고 정부활동 영역이 확대되면서 정책 실패가 증가하는 비효율성을 초래한다. 넷째, 사용한 자원에 비해 빈곤과 박탈을 제거하지 못함으로써 비효과적이다. 다섯째, 전제적(despotic) 관료제도가 복지의 실현 과정에서 시민들을 과도하게 통제한다. 여섯째, 강제적인 복지 서비스 제공은 개인의 선택의 자유를 부정 내지 박탈하는 것이며, 지나친 누진세제는 사유재산의 몰수적(confiscatory) 성격을 초래할 우려를 낳게 된다.

신우파는 이러한 국가 실패를 초래한 과도한 국가 개입의 원인을 공공선택이론(public choice theory)을 중심으로 설명하고 있다. 특히 비시장 영역의 의사결정에 관심을 기울여온 공공선택이론가들은 복지국가의 과부하 및 정부 팽창의 원인을 공공 부문 의사결정의 약점, 즉 정치시장의 특성에서 찾고자 했다.[8]

네오-마르크시스트들의 복지국가 위기에 대한 진단은 복지국가의 모순으로부터 출발했다. 이들의 인식으로 볼 때 독점자본주의 단계에 있는 복지국가는 축적(accumulation)과 정당화(legitimation)라는 상충되는 기능을 수행했다. 즉, 복지국가는 그것의 경제적 기반인 자본의 지속적 축적과 발전을 가능하게 하는 제반 조건을 제공

8) 정치시장은 비용 절감이나 가격 경쟁이 일어나는 사적인 경제시장과는 달리 이익집단이 이기적 이익 추구 경쟁을 벌이는 선거 상황에서 재정 사정을 초과하는 공약을 제시하고 유권자의 표를 구매하고자 한다. 또한 집권하면 공약 이행을 위해 조세제도를 통해 재원을 확보하고자 하기 때문에 재정은 팽창하고 유권자의 기대 수준은 계속 상승하게 된다는 것이다(김영순, 1998; Brittain, 1975; Pierson, 1991).

해 주어야 했고, 다른 한편으로는 축적 과정에서의 소외와 고통(착취)을 당하는 노동자를 비롯한 국민들의 불만을 완화시키고 다양한 요구를 충족시켜 복지국가 체제에 대한 충성심을 확보하고 정당성을 유지해야 했다는 것이다(김영순, 1998). 복지국가의 위기는 이러한 복지국가의 모순적 기능의 산물로 이해되었다.

복지국가 위기의 원인과 배경은 이와 같은 신우파와 네오-마르크시스트들의 견해와 더불어 1970년대 두 차례에 걸쳐 일어난 이른바 석유 파동(oil shock) 이후 혼합경제와 포디즘 생산 체계의 붕괴, 전후 합의 정치의 소멸, 노동연대의 악화 등의 변화를 들 수 있다. 동시에 좀 더 현실적인 경향으로는 이러한 근본적인 변화에 대처하기 위한 신우파 세력들의 본격적인 등장이다.

1980년대에 접어들면서 영국과 미국에서 신자유주의 이념을 표방하는 신우파 정당들이 집권하게 되었다. 영국의 대처 정부와 미국의 레이건 행정부가 바로 그것이다. 이들 신우파 정권들은 복지국가의 해체를 공약으로 제시하고 있었다. 이들은 과도한 사회복지 지출이 경제 성장을 둔화시키고 정부의 재정위기를 초래했다는 신념체계를 기반으로 하고 있었다.

따라서 이들 신우파 정권은 복지비의 삭감 및 지출 구성의 변화, 공공 서비스를 포함한 공공 부문의 민영화 및 기업에 대한 규제의 완화, 지방정부의 역할 축소, 노조를 포함한 사회 세력의 약화 등을 주요한 정책기조로 내세웠다. 현재 전 세계적으로 신자유주의가 강세를 보이는 가운데, 유럽에서는 복지, 평등, 사회적 약자에 대한 배려 등과 같은 사회민주주의 가치(제1의 길)와 시장의 자유, 경제적 효율, 노동 인센티브 등과 같은 시장자유주의 가치(제2의 길)를 동시에 추구하는 이른바 '제3의 길' 정책이 지지를 얻고 있다. 아무튼 복지국가 재편의 큰 방향으로서 신자유주의 복지정책의 기조는 복지 제공의 전제 조건으로 근로를 통한 노동 연계 복지(workfare)의 틀을 고수하고 있다.[9)]

9) 복지국가 재편의 방향은 대략 세 가지 길로 요약된다. 첫째는 신자유주의 방식으로 앵글로-색슨 국가들, 둘째는 노동 감축을 통한 성장 방식으로 유럽공동체 국가들, 셋째는 고용 확대 방식의 스칸디나비아 국가들로 분류할 수 있다. 한국에서 담론화된 '생산적 복지'는 노동 연계 복지의 틀 속에서 이해되고 있다.

제 4 절 한국 사회복지의 전개

해방 이후 미군정을 거쳐 현대 정부를 수립하여 신생국가의 토대를 갖추는 과정에서 한국 사회는 절대 빈곤이 보편화되다시피 했다. 게다가 설상가상으로 3년 여의 한국전쟁을 치르면서 우리 사회는 기아와 빈곤으로 절망의 끝이 보이지 않았다.

정부는 이러한 절박한 상황을 타개해 나가기 위해 해외 원조기관들의 도움을 받지 않을 수 없었다. 국제원조처, 유엔 한국부흥위원단 등의 협조 아래 중앙 및 지방 각급 구호위원회가 조직되었다. 이들의 산하 또는 독자적 외원단체들은 점차 활동 영역을 넓혀 자선적·종교적 구제활동을 활발하게 전개하여 서구의 근대적 사회사업(social work)의 개념이 도입되었다.

여기에서는 한국 사회복지의 전개 과정을 제도가 만들어진 시기별 성격상의 상황을 중심으로 제도 태동기의 사회복지, 제도 형성기의 사회복지, 제도 변화기의 사회복지, 제도 정착기의 사회복지로 구분해 살펴보고자 한다.

1 제도 태동기의 사회복지

이 단계는 정부 수립 이후부터 특히 1960년대를 망라하고 있다. 이 시기는 전쟁의 여파, 빈곤 등으로 인한 요보호자를 중심으로 한 사회문제가 생성·확대되어 갔다. 국가의 사회복지 개입의 필요성이 가장 절실했으나 제도적 미비로 실제적인 대응이 이뤄질 수 없었다. 1949년에는 대한적십자사가 창설되었고, 1952년에는 한국사회사업연합회가 창립되었으며, 그 후 1961년에 사단법인 한국사회복지사업연합회로 개칭되어 이 때부터 사회복지라는 용어가 공식적으로 우리 사회에 등장하게 되었다. 1956년에는 국립중앙사회사업종사자훈련소(국립사회복지연수원 전신)가 창설되었다.

특히 1960년대를 사회경제 개발의 연대로 설정한 UN에서는 1961년 제16차 유엔총회에서 균형된 경제와 사회개발에 대한 결의(resolution on blanced economic and social development)를 천명하고 이러한 새로운 국가개발전략을 개발도상국과 선진

국에 권유했다(U.N.D.P., 1989). 이러한 흐름에 따라 우리나라에서도 이제까지의 단순 구호적이고 임시방편적인 사회복지의 실상에서 탈피하여 좀 더 체계적인 정책 수립을 위한 제도의 태동이 시도되었다. 그러나 한편으로 이 시기는 복지의 원천이 되는 사회적 파이(social pie)가 절대적으로 부족한 상황이었다. 따라서 현실을 외면한 채 과도하게 수립되는 사회복지제도에 대한 여러 비판적 시각도 있었지만, 한국의 사회복지사로 보면 중요한 제도들이 성립되었다.

이 시기에 제정된 사회복지 관련법으로는 공무원연금법(1960), 생활보호법(1961), 아동복리법(1961), 직업안정법(1961), 근로기준법(1961), 군인보험법(1962), 산업재해보상보험법(1963), 의료보험법(1963), 군인연금법(1963), 사회보장에 관한 법(1963), 재해구호법(1962), 자활지도에 관한 임시조치법(1968) 등이 있다.

2 제도 형성기의 사회복지

1970년대는 산업화가 진행되는 과정에서 성장과 분배문제에 대한 사회적 갈등이 제기되고 있는 가운데 보편성을 지향하는 각종 사회보장제도들이 본격적으로 형성되기 시작한 시기다. 그러나 국가의 사회복지정책에 대한 기본 방향은 여전히 선성장 후분배의 기조를 유지하고 있었기 때문에 이러한 제도들의 성립 및 그 시행 과정에서 여러 한계와 제약이 가해졌다. 유신 체제가 출범하면서 국가발전관리를 맡은 정치와 행정은 점차 권위주의에 빠져들었고, 경제사회적으로는 산업화와 도시화가 진전되면서 분배 위기, 빈부 격차가 노정되었다. 그러나 사회복지는 전근대적인 시설수용보호사업과 영세민을 대상으로 한 제한적인 부조 형태로 나타났다.

유신정권은 산업구조를 중화학공업 중심으로 전환하면서 국내 자본의 동원을 위해 연금제도의 도입을 추진했다. 연금기금을 산업 투자의 재원으로 활용하고자 입법화된 것이 국민복지연금법(1973)이었다. 그러나 에너지 위기와 일련의 경제 상황의 악화로 그 시행은 1980년대로 유보되었다. 이 시기에 제정된 사회복지 관련법으로는 사회복지사업법(1970), 재해구제로 인한 의사상자구호법(1970), 의료보험법 개정(1970), 군인자녀교육보험법(1972), 모자보건법(1973), 사립학교교원연금법(1973), 의료보험법 전면 개정(1976), 직업훈련기본법(1976), 공무원・사립학교교직원의료보험법(1977),

의료보호법(1977) 등이 있다.

국가를 운영하는 레짐(regime)의 성격 등으로 인해 제도의 시행에는 잔여적 사회복지의 방법과 수준에 머물러 있었다. 그러나 이 시기는 우리나라 사회복지가 제도적인 틀을 형성할 수 있는 중요한 분수령이 되었다.

3 제도 변화기의 사회복지

1980년대는 대체적으로 사회복지제도에 대한 실질적 변화가 일어났던 시기로 볼 수 있다. 1981년에 출범한 신군부의 억압적 지배 체제가 아이러니컬하게도 복지사회의 건설을 국정 운영의 지표로 제시했다. 1980년대 중반에 이르러서는 사회적 불균형이 한층 심화되고, 이제까지 유지되어 왔던 선성장 후분배 구조의 문제점들이 본격적으로 드러나기 시작하면서 민주화와 배분의 문제가 최대의 사회적 이슈가 되었으며, 그 절정은 1987년의 6·10 민주항쟁이었다.

1980년대 후반 우리나라는 사회복지의 측면에서 제도의 변화와 발전을 추구해 왔다. 빈곤 인구에 대한 공공부조 서비스를 전담하는 사회복지 전문요원이 배치되고(1988), 국민복지연금법의 전면 개정(1986, 국민연금법으로 개칭), 최저임금법(1986), 최저임금제의 실시(1988), 국민연금제도의 시행(1988), 전국민 의료보험 확대 적용(1989), 아동복지법과 노인복지법 및 장애인 복지법의 개정(1989) 등을 그 예로 들 수 있다.

4 제도 정착기의 사회복지

1990년대 이래 절차적 민주주의가 어느 정도 진전되면서 우리나라는 본격적으로 사회복지제도에 대한 정비와 복지사회에 대한 비전을 갖게 되었다. 이 시대의 주요 가치는 민주주의와 사회복지가 시민권의 핵심 요소라는 인식이다.

이 시기의 사회복지는 보편주의 원칙, 강제성의 원칙, 노동계급 포섭의 원칙을 등을 내포하는 제도 정착을 지향한다. 이를 뒷받침하는 예로서 의료보험의 개보험화와 행정 통합, 국민연금제도의 도입과 개연금화, 최저임금제, 산재보험과 고용보험의 적용 확대, 1998년 노·사·정위원회의 의료보험 통합 합의와 국민건강보험법 제정, 2000년 국민건강보험 시행, 국민기초생활보장법의 제정 및 시행 등을 들 수 있다.

제 4 장

사회복지의 변화 패러다임

사회복지는 인간의 존엄과 가치를 단순한 현상적 차원에서 규범적 영역으로 승화시켜 접근하고 실천하려는 과정적 개념의 성격을 띠고 있다. 이것은 사회복지의 본질이며, 지향해야 할 이념적 방향이다.

그러나 이 같은 성격은 사회적 제도와 정치 이데올로기 등 현실적 요인에 의해 변질 내지 제약을 받게 된다. 그 결과 현대 산업자본주의 환경에서 사회복지가 사상, 제도, 정책, 프로그램, 서비스 등의 측면에서 다양한 형태의 부정적 영향과 한계를 드러내 왔다. 최근 이러한 부정적 현상에 대한 구체적 맥락을 중심으로 다양한 관점에서 대안적 논의와 실증적 연구 경향이 대두되고 있다.

이 장에서는 이제까지 경험과학적 접근 방법들이 한계로 지적한 문제 영역으로부터 몇 가지 측면에서 발견한 접근 인식상의 패러다임을 중심으로 사회복지의 변화 전개 과정을 살펴보고자 한다. 사회복지는 역사를 초월하는 문제도 아니며, 단순한 이념만으로 존재하는 것도 또한 아니다. 어디까지나 사회복지는 사회적 산물이며, 특히 인간 사회에서 발견되는 공통적 사회 현상의 하나로 부단한 변화 과정을 거치면서 생성 · 확립 · 전개되는 것이다 (Room, 1993).

이러한 관점을 토대로 다음에서는 사회복지의 주체와 대상이 상호 교환하는 가치와 반응의 관계를 중심으로 사회복지의 변화 패러다임 과정을 특히 사회복지의 성격, 정신, 서비스의 형태 및 규모, 수혜집단의 욕구 수준, 급부 기준, 반응성 등을 기준으로 검토해 보게 된다.

제 1 절 종교적 패러다임

인류 복지의 시원은 촌락이나 작은 공동체에 속해 있는 사람들이 서로 의지하고 협동하여 어떤 공동의 문제를 해결해 가던 다양한 상부상조의 성격과 형태에서 찾아볼 수 있다.1) 이러한 경향의 정신은 중세에 들어와 일정한 종교적 계명으로 자연스럽게 발전하게 된다.

대체로 거의 모든 종교는 집단의 신앙인이나 다른 불우한 사람들에게 자선을 통해 이웃을 도울 것을 계명으로 가르치게 되었다. 이러한 현상이 사회복지의 종교적 동기다.

사회복지에서의 이러한 종교적인 동기는 단순히 개인의 행위에서 나타날 수도 있고, 기관이나 어떤 시설에 위임되기도 한다. 이와같이 위탁 내지 위임되어 나타나게 된 것이 바로 자선의 제도화라고 할 수 있다.

자선은 종교적 사회복지를 형성하는 하나의 형이하학적 영역이 되었고, 이것이 구체적으로 교회의 각종 자선사업으로 나타났으며, 그 형이상학적 토대는 기독교의 자선사상과 구빈관이 되었다.2)

자선이나 박애사업은 상호 부조보다는 특별한 동기와 논리를 갖게 된다. 예컨대

1) 인간 사회생활의 원초적인 형태는 작은 촌락을 형성하는 지역공동체다. 이 공동체에서 생활곤궁자의 생계 곤란을 구조하는 자연발생적인 행위를 상호 부조라고 한다. 이것은 혈연·지연 관계, 동일 직업, 공동의 신앙을 가진 사람 사이에 생활궁핍자가 발생했을 때 동류 의식과 연대감을 갖고 자기의 분담에 의해 생활곤란자를 원조하는 일이다. 예를 들어 서양의 길드(guild)와 우리나라의 두레, 품앗이, 계 등이 그 예다.

2) 자선행위는 호메로스(BC. 900년) 시대부터 자선적 구제가 있었다고 하나 헤시오도스(BC. 800년) 시대에 이르러서는 자선적 구빈사상이 점차 명확하게 되어서 고아에게 죄를 범하며 노인에게 불친절한 자는 천벌을 받는다고 했으며, 이웃에 대한 곡물의 대차에 관해서는 가혹하지 않도록 주의하여 상호 부조해야 한다고 했다. 이러한 점으로 미뤄 보아 자선은 이 때부터 어느 정도 관습화되었으며, 자선적 구제는 사유재산제도에 의해 시작되었다고 볼 수 있다. 종교복지의 연원이 되는 기독교의 자비사상은 사랑이었다. 기독교의 교리에 의하면 "두 벌의 옷을 가진 자는 나누어 주라. 모든 구하는 자에게 나누어 주라. 사랑을 가지고 서로 섬기라. 그리고 주는 자는 복이 있도다"라고 했다. 예수 그리스도는 하나님에 대한 사랑의 표현으로서 사회사업가의 생활을 했던 것이다.

정치적 의도에 기초한 빈곤구제사업, 종교적 동기에 의한 생활곤궁자의 원조, 사상 또는 도덕적 윤리에 기초한 생활곤궁자의 원조활동을 들 수 있다.

종교적 사회복지에서는 특히 복지활동을 자선사업(charity)의 형태로 제도화시키고, 특별한 도덕적 사상과 윤리에 관한 문제는 박애사업(philanthropy)과 구빈사업(poor relief)으로 시행했다. 따라서 그 대상은 자연 노동자, 곤궁자, 과부, 노인, 고아, 장애자, 병자 등의 계층이 대부분이었다.

이들에게 제공하는 서비스의 형태는 구호물자, 현물급여가 주류를 이뤘다. 교회의 십일조, 헌금, 자선단체를 통해 들어오는 물자 등이 그 좋은 예다. 서비스의 정신은 어디까지나 자선, 구제, 원조, 박애에 입각한 것이었으며, 원조와 반응과의 관계는 일치하지 않았다. 다시 말해, 서비스의 규모는 궁핍을 일시적으로 지체시킬 정도의 수준이며, 욕구 단위에 대한 기준도 존재하지 않았다. 구빈과 자선의 맥락에서 접근된 사회복지 활동이었기 때문에 대상은 선택주의에 입각했고, 서비스에 대한 급부 방법 및 기간도 비연속적이었다.

사회복지가 종교적 동기에 의해 이뤄지는 점에서 빈민자의 영적인 보호까지도 급부로 취급하려는 경향이 있었는데, 이것은 오늘날 정신적 복지 영역의 기초라고 보여진다. 이것은 사상이나 성서 이해, 도덕과 윤리에 대한 교육, 종교 의식 및 종교 행사 등을 통해 수혜자들의 심성과 사회화 과정을 깨우쳐 준 것 등의 예에서 알 수 있다.

사회복지의 종교적 패러다임은 초기 인간 생활의 보편적 가치가 되었던 상호 부조와 자선, 박애, 구빈, 사랑의 개념을 연대성과 공동체라는 집단 의식으로 좀 더 체계화함으로써 생성된 복지관이라고 볼 수 있다.

제 2 절 정치적 패러다임

사회복지에 국가가 제도적 수단을 갖고 개입하게 된 배경적 요인에 대해서는 다양한 관점이 있다. 원래 국가는 가급적 사회복지에 개입하지 않으려고 했던 여러 움직임이 역사적으로 입증되는데, 가장 대표적인 것이 사회복지의 잔여적 입장이다.

그 후 종교와 권력이 분립됨으로써 현실적으로 국가가 사회복지에 개입할 수밖에 없는 상황적 공간이 마련되고, 점차적으로 여러 정치적 조건이 조성되기에 이르렀다. 특히 전자의 이유보다는 후자의 정치적 조건들이 바로 국가 개입의 동기를 마련해 주었다. 예컨대 정치 권력의 획득 및 유지, 체제의 정당성 확보 수단, 사회 통제 수단, 정치 과정 자체의 부산물 등은 국가 권력이 사회복지에 개입하게 된 대표적인 정치적 조건들이라고 할 수 있다.

하버마스(Habermas, 1985)는 국가의 정당성 위기(legitimation crisis)를 중심으로 현대 국가를 비판하고 있다. 그에 따르면 "국가정책은 정치 체제의 정당성을 유지하기 위해 결정되고 집행된다"는 것이다. 특히 권위주의 국가 체제 하에서 정당성의 위기가 악화되면 체제는 심각한 위협을 받게 된다. 따라서 정치 체제는 이러한 정당성의 도전과 위기를 극복하기 위해 흔히 상징적인 정책(symbolic policy)을 수립하고 업적 과시의 전시행정에 의존하게 된다(김호진, 1997). 사회복지의 정책 및 제도 역시 전후 서구 사회의 정치적 안정과 정당성을 유지하는 데 중요한 요인으로 작용해 왔다고 보고 있다.

좀 더 구체적으로 사회복지가 산업화의 진행 과정에서 분배구조의 모순 등에 의해 드러난 여러 사회적 위기를 극복하고 체제 유지를 위해 국가가 취해 온 하나의 중요한 통제 수단이 되었다고 보고 있다. 이러한 경우가 바로 정치적 패러다임에서 정치적 조건으로 전제하고 있는 사회통제이론의 입장이다.

사회복지정책의 형성과 폐기를 사회통제이론으로 보는 시각은 크게 두 가지 입장이 있다. 하나는 피븐과 클로워드(Piven & Cloward, 2000) 등이 주장하는 기능주의에 대한 대안으로서 사회통제이론을 제시하는 입장이며, 다른 하나는 새빌(John Saville), 오코너(James O'Conner), 고흐(Ira Gough) 등과 같은 마르크스주의자들이 제시하는 관점이 있다. 여기에서는 두 입장을 이론적으로 모두 접근하지만, 정치적 패러다임에서 논의의 준거로 원용하는 것은 주로 사회정책을 산업화와의 불가결한 것으로 이해하는 기능주의적 입장이다. 이것은 산업화에 따른 성장과 분배(복지)의 문제가 어디까지나 복지국가를 인정하는 대부분의 자본주의적 민주주의 사회에서 중요한 정치사회적 관심사이기 때문이다.

사회통제이론이 제시하고 있는 가설에 의하면, 사회정책의 주목적은 인도주의나 동정(compassion)의 실현이 아니라 사회 안정 및 질서의 유지와 사회통제라는 것이다. 따라서 사회정책(제도)의 형성 및 변화 시기를 지배집단이 기존의 사회 질서가 위협을 받고 있다고 판단되는 때라고 주장한다. 피븐(France F. Piven)과 클로워드(Richard A. Cloward)는 전통 사회정책론에서는 별로 다뤄지지 않던 계급 갈등과 정치적 편의주의의 관점을 강조하면서 이를 뒷받침하기 위해 대공황 이후의 미국 사회복지사를 분석했다. 그 결과 그들은 대량실업에서 파생되는 시민 소요 사태가 발생하면 공공복지제도가 시작되거나 확장되며, 반대로 정치적 안정이 회복되면 그러한 프로그램은 폐지되거나 감축되어 버린다는 사실을 발견했다.

사회보험의 효시로 인식하고 있는 비스마르크(Bismarck) 입법의 동기를, 당시 격화일로에 있던 노동자 계급 중심의 사회주의운동을 저지시켜 기존 질서를 유지하기 위한 의도로 보는 견해 역시 이 부류에 속한다. 조지(Vic George)는 이러한 의도에서 실시되는 복지제도를 가리켜 복지국가의 마키아벨리적 관점이라고 하면서, 지배계층이 예상되는 근로계층으로부터의 엄청난 요구를 사전에 봉쇄할 목적으로 자의적이든 타의적이든 간에 미리 동기와 계기를 마련하여 양보를 하는 것이 사회정책이라고 해석한다.

사회통제이론의 대표적 인물이라고 할 수 있는 히긴스(Joan Higgins)는 사회복지에서 사회통제의 주요 양상을 다음과 같이 제시하고 있다.

첫째, 억압(repression)으로서 통제는 구빈법에 의한 빈민통제와 같이 초기부터 존재해 왔던 통제의 한 형태다.

둘째, 호선(co-optation)을 통한 통제는 선거를 통해 일정한 정책결정에 참여시킴으로써 현존하는 체제에 도전하지 못하도록 하는 효과를 노리는 것으로, 참여 의식을 고취시켜 지배계급의 현존 질서를 유지하는 목표를 달성하게 된다.

셋째, 온정에 따른 국가간섭주의(paternalism)로서 통제는 개인의 선택을 제한하는 현물급여 등에서 잘 나타나고 있다. 사회복지의 수혜물로서 현금의 형태보다는 특정의 현물급여의 형식을 통해 수혜물에 대한 수혜자의 처분의 권리까지를 제한하고자 했다. 즉, 이것은 급여의 형식에 의해 수혜자를 통제하는 수단으로서 전통적으로 미국의 연방정부에서 처분권을 규제하기 위해 현물급여를 선호했다. 윌(Albert Weale)은 온정에 따른 국가간섭주의적인 정책을 주로 법적인 제재에 의해 개인의 자발적 행동을 억제하는 것으로 정의했다.

넷째, 순응(compliance)으로서 통제는 재활이나 훈련의 명목으로 수혜자로 하여금 현존 사회 질서에서 바람직하다고 여겨지는 가치와 태도를 가지도록 요구하고 이에 제대로 순응하는 경우에는 물질적·심리적 보상을 주는 것이다.

사회통제의 이론적 관점은 정치적·경제적 위기 시에 지배계층의 안정과 효율을 도모하기 위해 주로 사회복지정책(제도)이 형성되며, 안정이 확보되면 효율성을 강조하는 측면으로서 노동윤리를 강화하도록 계획된다고 보는 것이다. 따라서 복지정책은 규제에 목적이 있는 것이며, 복지 수혜자의 복지 증진은 2차적 문제라는 생각이다. 이러한 입장은 지금까지의 인도주의적이고 규범적 측면을 강조한 사회복지의 지배적 이념에 대한 도전으로 받아들여질 수 있다.

사회통제이론의 또 다른 시각은 [그림 4-1]에서 보듯이 주로 새빌, 오코너, 고흐 등에 의해 제시되고 있다.

	새빌	오코너	고흐
통제 목적	안정, 효율성, 생산성 제고	축적 및 정당화	계급통합, 불만의 관리
통제 주체	국가, 지배계급	정부	지배계급
통제 대상	노동계급, 대중	실업노동자, 빈민 등	노동자계급
통제 방법	노동규율·노동통제입법·호손(co-optation)을 통한 노동운동의 통제	노동윤리, 빈민층의 태도·가치·동기를 변화시키려는 사회정책	타협, 양보 수단으로서 사회정책

그림 4-1 사회복지의 사회통제 메커니즘

자료: Saville(1980), O'Conner(1983), Gough(1985).

새빌은 일체의 사회정책을 통제 주체가 되는 국가 내지 지배계급이 자본주의의 생산 양식을 실현하는 데 필수불가결한 안정과 효율성을 유지하는 생산 메커니즘으로 보고 있다. 그가 주장하는 통제 대상은 주로 노동계급과 대중이며 이들은 노동통제에 관련된 입법이나 규율에 의해 통제된다. 오코너는 자본주의 국가의 주요 목적은 자본축적과 정당화에 있다고 보고 사회정책은 바로 이러한 정당화를 위한 도구라는 것이다. 통제 주체가 되는 정부의 사회복지 지출의 내용과 규모는 시장 법칙에 의해 결정되는 것이 아니라 계급 또는 집단 간의 사회경제적 갈등에 의해 구조적으로 결정된다고 본다. 정부의 통제는 다양한 방법에 의해 이뤄지지만 주로 노동윤리의 강요, 빈민들의 태도, 가치, 동기를 변화시키려는 의도 하에 계획된다는 것이다. 고흐는 자본주의 국가는 하나의 정치 세력으로서 지배계급을 조직하고 피지배계급을 정치적으로 해체시키는 기능을 한다고 보고 있다. 지배계급은 자신의 지배를 유지하기 위해 타협하기도 희생을 강요하기도 하며, 바로 이러한 타협의 불안정한 균형 상태에서 사회개혁과 복지 프로그램이 제시된다는 것이다. 전후 영국의 사회복지는 자본가와 노동자 간의 화해와 타협의 산물이며, 노동계급의 투쟁에 따른 국가의 양보에서 이뤄진 것이라고 한다.

사회통제 개념은 사회복지를 정치·경제적 맥락과 연계된 거시적 접근을 가능하게 함으로써 사회복지의 체계화와 여러 사회에 대한 비교론적 관점을 가지게 하는 데 유용할 것으로 보고 있다. 또한 사회복지를 국가 개입이라는 넓은 맥락 속에서 위치시켜 주며, 사회복지를 위한 정책의 개발에도 규범논리, 상황 논리를 전제할 수 있게 한다는 측면이 인정받고 있다.

그러나 사회통제 관점은 이러한 긍정적인면 못지않게 다음과 같은 여러 한계와 비판을 내재하고 있다.

첫째, 사회통제 입장에서 주장하고 있는 통제의 개념은 사실상 사회복지의 본질에 기인한다는 점이다. 사회복지의 기능상 개인의 복지와 전체 사회의 복지는 원래 조화의 관계라기보다는 상충 관계인 경우가 더 많다.

둘째, 사회통제 입장에서 사용하는 통제라는 용어가 통제자(국가, 자본가)와 피통제자(노동자, 빈민)라는 단순한 이분법적 사고를 조장할 여지가 많기 때문에 현실적인 사회복지정책의 변화 과정을 이해하는 데 장애가 될 수 있다는 것이다. 이와같이 양 집단을 단순한 통제 관계의 관점으로만 국한시키게 되는 경우 특히 사회복지정책의 발달 과정과 그 성격을 분석하는 데 정태성을 극복하지 못하는 한계를 갖게 된다. 현실적인 사회의 역동 관계에서 볼 때 노동자, 빈민 등 이른바 피통제집단이 항상 사회통제의 대상으로만 규정될 수는 없는 것이며, 오히려 이들이 적극적으로 요구를 위한 저항의 강력한 주체로서의 역할도 할 수 있기 때문에 복지 현상 및 그 체제도 자연히 역동적인 사회 관계의 흐름에 편입되지 않을 수 없다고 보는 것이다.

셋째, 사회통제 관점은 정책의 결과에 대해 단순하게 의도된 결정론적 사고를 갖기 쉽다는 것이다. 지배계급이 통제를 목적으로 사회복지를 이용하고자 하더라도 수행 과정에서 정책의 본래 의도와 상이한 결과를 초래할 수도 있는 것이다.

정치적 패러다임에서 사회복지의 성격은 체제 유지를 위한 통제적 수단으로 작용하며, 하나의 정치적 상징으로 간주된다. 따라서 사회복지의 주체와 대상 간의 관계도 수직적이며, 경우에 따라서 일방적이다. 급부 형태는 정책이나 제도인데, 이것도 사회 상황의 동태에 따라 결정되기 때문에 지속적·체계적이지 못하다는 한계를 지닌다. 수혜 대상이 표면적으로는 보편주의에 입각하고 있지만, 사회복지가 사회 저항 세력 등을 통제하기 위한 수단으로 사용되기 때문에 실질적으로는 선택주의를 지향하게 된다.

제 3 절 경제적 패러다임

특히 자본주의 국가에서 사회복지는 기본적으로 경제적 비용을 전제로 한다. 현실적으로 사회복지를 실천하기 위한 정책, 제도, 기술, 프로그램, 서비스의 운영에는 경제적 비용이 수반된다. 또한 전체적인 자본주의 생산 체계의 맥락에서 보아도 분배를 실현하기 위해서는 일정한 사회적 파이가 축적되어야 한다. 사회복지는 단순한 이데올로기만으로는 그 목표에 도달할 수 없고, 일정한 경제적·사회적 비용을 기본 요건으로 한다는 것이다.

사회복지에 대한 보수주의자들의 입장은 국가복지 수준을 향상시키기 위해서는 성장과 효율을 좀 더 적극적으로 추구해야 한다는 것이다. 성장과 복지의 균형보다는 성장 속의 복지를 강조한다.

따라서 경제적 패러다임에서는 사회복지정책이 경제정책을 통해 이뤄진다고 본다. 그 결과 사회복지의 급부 형태는 사회보험제도에 집중하게 된다. 사회보험은 근본적으로 수익자 부담의 원칙과 보험통계 수지의 원리에 입각한다. 그 때문에 대체로 경제적 불평등을 그대로 남겨 둔채 적립 능력이 있는 사람만이 복지 혜택을 받을 수 있게 되고, 근로자들의 노동 수단을 유인·촉진시키는 방책이 될 수 있다고 보는 것이다. 왜냐하면 국가가 사회보험제도에 기여금을 냄으로써 재정을 부담해 주기 때문이며, 노동자는 강제로 가입되므로 강제적 저축의 성격을 띠게 되어 노동을 규정된 기간만큼 하지 않을 수 없기 때문이다. 이러한 맥락에서 볼 때, 경제적 패러다임에서 사회복지정책이 사회통제의 수단으로도 기능하는 것으로 볼 수 있다.

자본주의가 고도화되는 과정에서 불균형적인 자본가와 노동자의 관계를 개선하고 생산성과 효율성을 증대시키기 위해 각종 사회복지정책이나 제도를 형성하게 되는데, 경제적 패러다임에서는 기업의 이윤 보호, 자유 경쟁, 재산의 사적 소유를 전제로 하고, 사회복지는 이러한 전제에 도전하여 사회문제를 발생시키는 분야에 한정한다는 것이다. 이러한 견해는 영국 보수당의 사회복지 개혁 전략과 미국의 사회복지의 민영화 배경에서 그 사례를 찾아볼 수 있다.[3]

제 4 절 이념적 패러다임

이념적 패러다임은 현대 산업자본주의 국가에서 사회복지를 국가의 정책적 · 제도적 차원으로 수용하는 입장이다. 즉, 전체 사회구성원이 모든 영역에서 행복하고 만족할 만한 수준의 안녕을 유지하기 위해서는 국가가 적절하고 다양한 서비스를 제공해야 한다는 것이다. 사회복지를 잔여적 사상에서 제도적 이념으로 전이시켜 시민권, 사회권, 복지권, 행복추구권 등과 같은 권리론의 측면에서 접근해야 한다는 것이다.

현대의 복지국가는 국민의 사회 보장과 사회복지를 실천하기 위해 생활 전반에 적극적으로 개입하는 것을 책임과 원칙으로 하는데, 그 내용으로는 기본적으로 소득, 교육, 주택, 대인적 서비스 등이 핵심을 이룬다. 복지국가는 이를 위해 경제적으로 혼합경제를 유지 · 발전시켜야 하고, 이념적으로는 민주주의, 자율과 창의성, 경쟁, 인간의 존엄성, 공동체 의식, 배분적 정의, 인도주의, 평등의 실현 등을 강조한다.

사회복지에서 이념 문제는 국가를 제도적 복지 주체로 전제하고, 국가가 사회복지

---

3) 영국 복지국가 개혁 전략에 영향을 미친 가장 중요한 변수는 복지국가 위기론의 기초가 된 사회경제적 조건의 악화나 인구학적 변화의 요인보다는 이데올로기의 요인이라고 본다. 이러한 신우파의 이데올로기에 힘을 실어준 외부 환경 요인으로는 세계 경제의 민영화(privatization)와 세계화(globalization)를 들 수 있다 (Whitfield, 1996).
한편 미국의 사회복지 개혁의 큰 흐름은 민영화 체계인데, 사회복지에서 민영화의 전형적인 방법은 공공 부문이 재원 조달의 주된 책임을 맡으면서 사회복지 혜택의 생산과 전달 체계는 공공 부문에서 민간 부문으로 이전하는 것이다. 사회복지 서비스의 생산과 전달에 시장을 이용함으로써 복지의 수혜자들이 공공의 재원에 의한 서비스를 사용하면서도 폭넓은 선택을 할 수 있는 기회를 제공하고, 여러 민간 공급자가 경쟁을 통해 비용을 절감할 수 있도록 한다. 따라서 사회복지 체계의 민영화에서 기업이 하는 역할은 사회복지 혜택의 재정보다는 전달 체계와 관련되어 있다.

문제에 어느 정도 개입하고 또 어떠한 방법과 수단에 의해 서비스를 집행해야 할 것인가를 규범화한 개념이다. 따라서 사회복지에서 이념은 특정 사회의 복지 수준을 결정하는 하나의 준거가 되는 의미가 되기도 한다.

일반적으로 사회복지 이념은 잔여적 자유방임, 잔여적 자유주의, 제도적 자유주의, 제도적 사회민주주의, 규범적 마르크스주의로 분류되는데, 각 이념별로 사회복지의 수혜 범위, 급여 수준, 사회보험 등의 가입 방식, 서비스의 재원 조달 수준이 결정된다.

잔여적 자유방임의 이념에서는 개인의 능력에 따른 복지 서비스를 가능한 한 수익자 부담의 원칙이 강조된 유료의 자원에 의해 해결하도록 하며, 사회보험 등의 가입이나 사회복지에 대한 정부의 재정 투자 방식도 임의성을 갖도록 하고 있다. 따라서 복지 서비스의 적용 대상 범위도 적극적으로 선택주의를 지향하는 구빈사업의 형식을 가지며, 전체적인 사회복지의 급여 수준도 최소의 국가 개입 하에 보장되는 것으로 본다.

정상적인 복지 공급구조로 간주되는 가족과 시장경제가 제 기능을 상실했을 경우에 한해 국가가 최소로 개입하는 잔여적 방법이 이러한 이념 성격에 해당된다. 잔여적 자유방임의 이념에서 지향하는 사회복지의 이념적 가치로는 자유, 자율, 경제적 효율, 선택주의 등을 들 수 있다.

잔여적 자유주의 이념에서는 개인 및 가족의 요구에 따른 서비스를 유료의 자원 동원에 의해 해결하고, 국가는 자신을 부양할 수 없는 요보호자에 대해 최저 수준의 한도 내에서 기회 균등을 보장하는 기능이 있다고 본다. 복지 서비스의 적용 대상 범위에 대해 기본적으로는 전자의 이념과 같이 선택주의를 지향하지만, 여기에서는 선택의 자유를 인정할 수 있다는 소극적 선택주의의 입장을 취하고 있다. 사회보험 등의 가입 방식이나 정부의 재정 투자 방식도 또한 임의성의 원칙에 따르지만, 국가 책임과 의무를 다소 인정하고 있는 등 신축적이다.

본래의 복지 공급구조가 제 기능을 발휘하지 못할때 역시 국가가 개입하는 잔여적 방법이지만, 국가 개입의 정도가 자유방임의 이념에 비해 좀 더 포괄적인 입장을 가짐으로써 잔여적 자유주의 이념으로 분류되고 있다. 잔여적 자유주의 이념에서 지향하는 사회복지의 이념적 가치로는 경제적 효율, 생활 안정, 사회적 유대, 선택주의 등을 들 수 있다.

제도적 자유주의의 이념은 자유개입주의의 이념보다는 월등히 진전되었고 사회민주주의 이념에는 미달되는 수준의 이념 성격을 의미한다. 수혜 대상 범위가 약간의 제한 조건을 두고는 있지만, 대체로 사회보험의 기본 원리인 강제성과 보편성을 띠고 있기 때문에 제한적 보편주의의 경향으로 표현하고 있다. 복지의 급여 수준은 점진적으로 최적 보장을 사회복지의 내용에 따라 제한적으로 유지하며, 서비스의 재원 부담의 측면도 최소의 유료 및 수익자 부담과 병행하여, 가능한 규모의 무료 서비스를 제공하기 위해 국가 개입의 정도도 월등히 적극성을 띠고 있다. 사회보험 등의 가입 방식도 강제성·임의성의 형식으로 이원화되고 있으나 점진적으로 임의성의 형식을 강제성의 방향으로 발전시켜 나가고 있다. 제도적 자유주의의 이념에서 지향하는 사회복지의 이념적 가치로는 배분적 정의, 국가적 효율성, 민주주의, 인본주의, 제한적 보편주의 등이 제시되고 있다.

제도적 사회민주주의의 이념에서는 개인 및 가족의 욕구에 따른 서비스를 가능한

표 4-2 사회복지의 이념적 성격

사회복지 이념 / 기준	잔여적 자유방임의 이념	잔여적 자유주의의 이념	제도적 자유주의의 이념	제도적 사회민주주의의 이념	규범적 마르크스주의의 이념
수혜 대상 범위 (선택주의 혹은 보편주의)	적극적 선택주의 지향 (선택주의적 구빈사업 형식)	소극적 선택주의	제한적 보편주의 경향	보편주의	보편주의
복지급여 수준 (최소·최대)	최소 보장	최저 보장	제한적 최적 보장 경향	최적 보장	최대 보장
서비스의 재원 부담(유료 혹은 무료)	유료의 자원 수익자 부담의 원칙	유료의 자원 동원, 수익자 부담(국가 의무 다소 인정)	유료·무료 수익자 부담 (국가 개입의 정도 높음)	무료의 자원, 국가 책임	무료, 국가 책임
사회보험 등의 가입 방식·정부의 재정 투자 방식 (임의성 혹은 강제성)	임의성 (수혜자의 자주적 책임 원칙)	임의성(국가 의무 다소 인정)	제한적 강제성 경향	강제성, 정부의 재정 투자	강제성
소득 재분배 효과	전무	미약(극히 선택적)	제한적	강함(보편적 필요에 기초함)	강함(보편적 필요에 기초함)

한 무료의 자원에 의해 해결하며, 사회복지를 정당한 시민권으로 파악하는 동시에 사회권을 실적보다는 욕구에 기초하고 있다.

사회복지의 제도는 개인적 자유를 유지하고 확대시키며, 무차별적 서비스(보편주의)를 지향한다. 최적의 급여 수준을 유지하며 사회복지의 국가 책임을 우선시하는 완벽한 제도적 방법에 속하는 것으로 과거의 영국, 북구 등의 복지국가에서 발견할 수 있는 이념 성격이다. 제도적 사회민주주의 이념에서 지향하는 사회복지의 가치로는 평등주의, 보편주의, 민주주의 등이 있다.

규범적 마르크스주의의 이념에서는 모든 활동에서 평등과 공동의 가치를 강조하며, 자원의 배분은 능력보다는 요구에 기초하고, 국가는 요구에 따른 최대의 무료 서비스를 제공하기 위해 국민의 생활 전반에 적극적으로 개입한다는 것이다.

규범적 이념 및 가치의 지향으로 민주주의 사회에서는 인정되지 않는 사회복지의 이념 성격인 것이다. 공동선에 바탕을 둔 완전한 평등주의를 주요 사회복지의 이념적 가치로 하고 있다.

이상의 내용들을 앞의 <표 4-2>와 같이 정리할 수 있다.

제 5 절 전문적 패러다임

현대 사회에서 사회복지는 사회문제의 산물이며, 동시에 그 해결 수단 내지 장치다. 그리고 이러한 사회문제는 개인 욕구의 집합이며 실체다. 이러한 맥락에서 볼 때, 사회복지와 사회 욕구, 그리고 사회문제는 동일선상에서 생성·발전하며, 현대성을 형성하는 함수적 관계에 있다고 하겠다.

특히 제도와 권리의 영역으로 확대·발전된 현대 사회에서 복지는 수혜자들의 욕구 반응과 긴밀한 관련을 갖는다. 즉, 욕구에 대한 반응이 합리적이고 적합해야 효율적인 사회복지 서비스가 이뤄진 것으로 보는 것이다. 이와같이 서비스 대상의 선정 방식, 전달 체계, 그리고 실행에 이르기까지 각 과정의 합리성, 적합성, 형평성의 가치를 반영하고자 한 것이 바로 사회복지의 전문적 패러다임이다.

전문적 패러다임에서는 또한 욕구와 반응의 과학적 관찰과 조사를 중요시한다. 인간에게는 기본적 욕구와 사회적 욕구가 있는데, 어떤 최소한의 필요를 포함하는 것과 필수불결한 요소를 수반하는 것이 있다. 다시 말해, 기본적 욕구란 인간 욕구 중에서 모든 사람에게 있어야 하는 공통적이면서 동시에 기본적인 요소를 의미한다. 사회복지는 인간 욕구들 중에서 특별히 이러한 기본 욕구의 충족에 일차적으로 관심을 둔다(Richard & Thomson, 2005).

기본 욕구는 개인의 인종, 종교, 연령, 사회경제적 지위에 관계 없이 한 인간으로 동일하게 지니는 욕구를 의미한다. 그러므로 이러한 원리는 사회복지 서비스를 제공하는 과정에서 무차별적 평등의 원리로 반영된다. 그 다음으로 필수불가결한 욕구란 인간으로서 생활을 유지하는 데 없어서는 아니 될 욕구를 의미한다. 만일 이러한 욕구가 확보되지 않을 때, 인간다운 생활이 보장될 수 없을 것이다. 사회적 욕구는 특정 사회에서 사회복지를 통해 해결해야 하는 인간의 기본적 욕구라고 보는데, 이러한 욕구들은 표면적으로 드러나지 아니하고 잠재 내지 무지각의 상태에 있기 때문 사회복지 서비스 과정에서 전문가들의 임상적 방법과 기술이 동원되어야 한다.4)

결국 사회복지의 전문적 패러다임은 욕구에 대한 적합한 급부를 실현하기 위해서는 제도, 정책, 프로그램, 서비스 전달 체계, 사회복지 전문인력 충원 등에서 합목적성이 전제되어야 한다는 것이다. 또한 잔여적 사상에서 공급자와 수혜자 간에 형성된 주종 관계가 사회복지 서비스를 시혜적 차원으로 전락시킴으로써 배분의 비효율을 가져왔다고 보고, 양자간의 상호주의를 지향한다.

제 6 절 패러다임 변화 함의

인간은 무한한 의미와 행복을 추구하면서 삶을 영위해 나가게 된다. 그러나 이것은 내생적·외생적 요인에 의해 항상 적극적(positive)·부정적(negative) 영향을 받게 된다.

사회복지이론에서 말하는 인간의 진정한 의미와 행복은 대체로 개인의 가치관과

4) 이러한 욕구에는 규범적 욕구(normative need)), 느낀 욕구(felt need), 표현된 욕구(expressed need), 비교 욕구(comparative need) 등이 있다(Bradshaw, 2011).

사회의 윤리적·제도적 체계가 적극적인 방향으로 힘과 영향력을 모아 주려는 지배적인 환경과 경향이 있을 때 가능하다고 한다. 복지현상학과 사회명목론(social nominalism)이 대체로 이러한 논거와 입장을 지지한다.

여기에서는 인간의 이 같은 의미와 행복과 가치를 형성해 주는 데 적극적인 영향력을 미쳐 온 사회복지가 사상과 제도적 실체로서 작용해 온 일련의 변화에 대한 몇 가지 함의를 정리하고자 한다.

첫째, 사회복지가 패러다임의 전제로 유지·변화·발전된다는 것은 타당한 관점이다. 그리고 사회복지의 변화 과정을 설명해 주는 패러다임들은 각각의 시대적·상황적 조건을 반영하는 것이기 때문에 배타적이 아니고 오히려 보완적 국면을 조성하는 의미에서 유용한 것이다.

둘째, 사회복지는 각 패러다임에서 시사하는 바대로 각 시대의 사회 상황적 산물로 변화되어 왔다. 따라서 이러한 변화의 관점과 특성을 객관적 사실로 유형화하여 이를 이론적인 면에서 연구 영역을 개발하고 실제면에서는 사회복지의 사회적 기능을 새롭게 인식하는 노력이 중요할 것이다.

셋째, 종교적 패러다임에서 신앙과 교리를 배경으로 한 사회복지의 공동체적 가치는 현대 복지가 지향하는 이념적 패러다임에서 사회적 연대성(social solidarity)과 사상적 일치를 이루는 것으로 보이는데, 그 철학적 정신은 전자가 훨씬 우월하다는 것이다. 개인주의 사상과 연대성의 가치를 변증법적으로 조합시키는 이론적 노력을 오히려 종교적 패러다임을 통해 하는 것이 유의미할 것이다.

넷째, 산업화가 진전되는 과정에서 다양한 사회 욕구와 문제가 야기되고 따라서 복지 수요가 급격하게 증대되고 있다. 현대의 사회복지는 이러한 욕구와 문제에 적절하고 또 다양하게 대응할 것을 요구하고 있다. 이것을 사회복지의 기능적 보편성(functional generalization)이라고 한다. 사회복지 패러다임의 전 과정을 통해 합리적·보편적 욕구 분야와 유형을 과학적으로 추출할 수 있다는 것은 중요한 의미이며 공헌이다.

다섯째, 사회복지 문제의 원인과 실태를 과학적으로 파악하여 예산, 시간, 노력 등 사회적 비용을 절감할 수 있다. 이러한 노력은 사회 현상, 인간 심리, 조직관리, 사회문화, 제도, 역사 등 학제적 관점에서 이뤄져야 할 것으로 보인다.

사회복지는 기본적으로 사회 변화의 양태와 수준에 따라 그 가치와 역할이 달라진다고 하겠다. 이러한 현상은 사회복지사업, 프로그램, 기술과 같은 미시적 분야에 들어가면 더욱 구체성을 띠게 된다. 이러한 변화의 경향에 합리적으로 대응하려면 전체의 구조와 역할을 좀 더 유기적이고 거시적으로 보아야 하는 이론적 관점과 접근이 요구되는데, 그러한 가운데 하나가 사회복지를 패러다임을 통해 접근해 보는 시각이다.

사회복지는 규범성과 과학성을 공유한다. 초기 사회복지의 이성적 토대는 바로 이러한 규범성이었다. 사회복지는 조건과 동기가 대부분 인정되지 않는 자연 발생적 내지 무반사적인 동정, 자비, 박애, 자선의 사상이 근간이 되었다. 이것이 사회복지의 종교적 패러다임을 형성하는 요소다. 점차 이러한 사상들이 좀 더 체계화·구조화되기 시작하면서 자선단체, 구빈법 등이 나타나고, 급부 형태나 수준도 개선·발전했다.

사회복지에 기술적 이성의 형태가 등장하게 된다. 기술적 이성은 그 자체로서 이데올로기이며, 역사적이고 사회적이다. 여기에 한 사회를 지배하는 이해문제가 계획되고, 이를 실현하기 위해 사회복지는 한 수단이 된다. 이러한 관점이 사회복지의 정치적 패러다임이다. 이것은 사회복지의 구조적 발전에 지장을 준다.

전체적인 관점에서 볼 때, 자본주의 생산 양식이 복잡해지고, 구조적 모순이 사회적 갈등으로 나타나게 된다. 분배, 형평의 문제가 제기되지만, 이를 근본적으로 해결하고자 하는 이데올로기보다는 사회 갈등을 잠정적으로 진정시키려는 부분적인 기술적 동기가 필요하다는 인식이다. 미시적이고 현실적인 면에서 사회복지 프로그램을 운영하는 데에도 일정한 경제적·사회적 비용이 제공되기 때문에 기본적으로 경제적 효율의 측면에서 사회복지를 보아야 한다는 것이다. 이것이 사회복지의 경제적 패러다임이다.

사회복지를 구제나 자선이 아닌 개인의 정당한 시민권의 입장에서 보게 되면서부터, 현대 복지국가에서 지향하는 제도적 사회복지가 대두되었다. 이것이 사회복지의 이념적 패러다임이다.

사회복지는 욕구에 대한 반응이다. 현대 복지는 수혜자들의 다양한 욕구에 적합하게 반응해야 하는 것이다. 그러기 위해서는 수혜 범위, 급부의 형태와 질, 서비스 전달 체계, 프로그램 등을 선정할 때 고도의 합리성과 타당성을 필요로 한다. 이러한 요구를 반영하는 것이 사회복지의 전문적 패러다임이다. 사회복지는 이와같이 시대적·상황적 요인과 배경을 갖고, 그 성격과 논점을 달리해 왔다고 볼 수 있다.

Part

02

복지행정의 주요 이론

사회복지가 잔여적 수준에서 제도적 차원으로 전이됨에 따라 복지행정의 적극적·실체적 역할이 강조되기 시작했다. 특히 오늘날과 같이 제도적 지향의 사회복지가 요청되는 상황에서는 그것의 적극적인 실현을 위한 다양한 매개 기제가 각자의 역할을 유기적으로 수행하게 된다.

대체로 사회복지행정(social welfare administration), 복지행정(public welfare administration), 사회사업행정(social work administration) 등은 사회복지를 수행하기 위한 다양한 매개 기제의 전형적 유형들이다. 그러나 이들 유형의 성격 내지 역할이 모호하거나 일관성이 없어 서비스 시행 과정에서 여러 혼란과 비효율을 야기하게 된다. 이러한 부정적 한계를 극복하기 위해서는 우선 국가복지의 제도적 공급 주체에 해당하는 복지행정에 대한 이론적 영역을 체계적으로 이해하는 일이 무엇보다 중요하다고 본다. 복지행정이론에 대한 합리적·체계적 영역을 정립함으로써 실제 복지행정의 서비스 역할에 대한 경계는 물론 또한 유기적 관련이 있는 다른 매개 기제와의 관계와 그들의 과학적 역할도 자연스럽게 규명될 수 있기 때문이다.

제2편에서는 복지행정의 본질을 이루는 요소들 간의 유기적 관련성을 논의한다. 다음으로 복지행정의 이론적 접근 인식을 통해 문제 해결의 사회적 처방에 접근하고자 한다. 동시에 복지행정이 지향해야 할 이념과 가치를 탐색하게 된다. 마지막으로 복지행정의 방법 내지 수단을 가지고 복지국가는 어떠한 발전 패러다임을 추구해야 하는가를 고찰한다.

제 5 장 복지행정의 본질

현대 국가의 복지행정은 이념이나 정책을 실천적 행위로 전환시키고자 하는 일련의 과정을 포함하는 영역이다(Sarri, 1987). 따라서 그 영역들은 구체적으로 일반 공공행정의 과정과 동일하게 목적가치와 수단가치로 이원화하여 접근할 수 있다. 이 같은 관점은 복지행정도 어디까지나 공공행정의 한 분야에서 출발하기 때문이라는 인식이다.

이 장에서는 공공복지로서 복지행정의 개념과 그 위상 및 성격을 살펴본 다음, 이미 전제된 복지행정의 두 측면을 접근하고, 이를 토대로 실천 원리와 규범으로서 복지정책에 대해서도 살펴본다.

제 1 절 복지행정의 개념

복지행정은 현대 자본주의 체제에서 사회복지에 대한 국가 개입으로 사회문제를 해결하기 위한 제도적 · 정책적 · 행정적 기제로 전제할 수 있다. 이와같이 현대 국가가 사회복지에 대한 역할을 가지게 된 일련의 배경을 통해 복지행정의 의의와 개념을 이해할 수 있을 것이다.

복지행정은 사회복지와 행정의 복합적 개념이다. 원래 사회복지는 민간 부문의 역할 영역이다.

인간의 실존적 문제들은 개인, 이웃, 시장, 종교, 각종 자선단체들이 스스로의 노력과 상호 부조의 정신으로 해결해 왔다. 이 같은 개인의 노력과 부조의 정신들을 사회복지의 시원으로 볼 수 있다.

그 후 17~18세기 산업혁명과 더불어 자유주의 정신과 자본주의의 발달로 농업사회가 산업사회로 전이되어 가면서 사회구조와 인간의 생활 양식에 커다란 변화가 일어났다. 전반적으로 개인적 · 사회적 · 경제적 능력은 향상 · 발전되었다. 그러나 급격한 산업사회화의 진전으로 다양한 양태의 불균형, 불평등, 격차 등 사회의 구조적 모순들이 대두되기 시작했다. 이러한 사회의 구조적 결함과 한계들은 여러 사회문제를 야기하게 되었고, 이러한 문제들에 대한 대응 수단은 과거와 같은 개인의 노력이나 상호 부조 방식으로는 해결할 수 없게 되었다.

산업화와 도시화에 따른 개인적 · 사회적 욕구 문제를 좀 더 조직적 · 합리적 · 체계적으로 다루기 위한 공공 내지 국가 수준의 제도적 · 정책적 · 행정적 장치가 필요하게 되었는데, 이것이 바로 복지행정의 개념으로 접근할 수 있는 분야가 되었다.

현대 사회에서 공공 또는 국가에 의한 사회복지는 농업사회에서와 같은 전통적 · 시원적인 개념과는 다르게 사용되고 있다. 현대 국가의 사회복지는 목적적 · 이념적 개념인 동시에 정책과 제도로서 성격이 내포된 것으로 보아야 한다. 다시 말해, 사회복지를 단순한 잔여적 개념에서 전제하는 자선, 시혜 등과 같은 선택적 의미가 아닌, 시민권, 삶의 질과 연결되는 보편적 내용으로 인식해야 한다.

다음으로는 이같이 달라진 인식 기반 위에서 현대의 사회복지를 접근해야 하는 행정의 의의와 개념에 대해 살펴보고자 한다. 행정(학)의 개념 규정은 지극히 난해한 부분이다. 행정은 시대성, 국가성, 사회성, 통치체제 등의 변수에 따라서 행정이 무엇이며, 그 특성이 어떤 것인가를 설명하는 내용도 달라지게 마련이다. 포스토프(Ernst Forsthoff)는 행정은 기술할 수 있을 뿐 정의할 수는 없다고 했다. 이것은 행정의 가변적인 속성을 단적으로 보여 주고 있는 말이다. 나이그로(Felix A. Nigro)는 행정학은 정치학에서 파생된 학문으로서 다음과 같은 이유로 특히 개념 규정의 어려움을 지적하고 있다. 첫째, 행정 경계(boundary)가 날이 갈수록 불분명하다는 것이다. 물론 전통적 행정학에서는 정치와의 이원론적 입장에서 정치는 국가 의사결정 영역이며, 행정은 집행 영역으로서 그 한계가 비교적 명확했다. 그러나 현대 사회에서 행정학은 일원론적 입장을 견지함으로써 행정의 정치적 성격이 특히 강조되고 있는 경향이다. 이러한 현대의 환경에서는 행정 현상과 사회 현상을 쉽게 구분할 수 없으리만큼 행정의 경계가 모호해지고, 동시에 그 외연이 점차 확대되고 있는 것이다. 따라서 두 번째로는 행정의 수요와 그 내용도 자연히 증대되고 있는 실정이다. 전통적 행정에서는 최소한의 국가작용에 관련된 제도, 권력, 정책, 조직, 기관 등과 같은 거시적 내용들에 초점이 모아졌다. 그러나 현대의 행정에서는 이 같은 거시적인 행정 수요를 포함한 개인의 삶, 행복과 같은 복지문제에 이르기까지 행정의 영역이 날로 확대되고 있다고 하겠다.

여기에서는 이와같이 난해한 행정의 개념 규정을 세 가지 차원에서 접근하고자 한다(정용덕, 2000).

첫째, 국가의 구성 단위로서 행정이다. 이것은 국가를 운영하는 실체(entity)로서 행정의 위상과 역할을 말하고 있다. 즉, 국가를 구성하는 제도적 장치의 일부로서 행정부(executive)와 정책집행이 바로 관료제적 특성에 토대를 두고 있는 행정에 해당하는 것이다.

둘째, 조직관리로서 행정은 국가의 제도적 장치를 행정부에만 국한시켜 보지 않고, 입법부와 사법부를 포함한 모든 조직의 관리적 문제를 그 범위에 포함시키고 있다. 이 경우 행정이란 조직의 목표 달성을 위한 협동적 노력을 의미하는 것이며, 동시에 국가를 포함한 공공 부문과 민간 부문의 모든 조직의 관리문제가 또한 행정에 포함되는 것이다.

셋째, 공공성의 실현 방식으로서 행정을 들 수 있다. 행정을 공공의 문제(public affairs)를 해결하기 위한 집합적 노력의 산물로 이해하는 관점이다. 이것은 행정의 본질적 전통적 방식으로 오랜 역사적 학습 과정을 거쳐오고 있다. 20세기 행정국가에서 공공문제는 전적으로 국가 주도의 관료제적인 방식에 의해 다뤄져 왔다. 그러나 현대의 신행정국가에서는 국가, 공동체, 시장이 더불어 공공의 문제를 수행하는 거버넌스(governance)로서 행정을 중요시하고 있다. 즉, 현대 국가에서의 행정은 이 같은 새로운 분업 및 협동 체계의 연결망(network) 속에서 공유된 위상과 역할을 모색해 가고 있다.

이와 같은 행정의 개념과 위상 및 역할을 통해 볼 때, 공공행정의 한 부분을 구성하고 있는 복지행정은 현대 산업자본주의 체제에서 제기된 일련의 다양한 사회문제를 국가 개입을 통해 해결하기 위한 제도적·행정적·정책적 장치로 이해할 수 있다.

제 2 절 복지행정의 위상과 성격

사회복지는 복지행정의 기본 전제가 되는 대상 영역이다. 따라서 여기에서는 현대 국가에서 복지행정의 위상 및 성격을 특히 사회복지의 개념적·기능 수행적 차원에서 살펴본다.

1 사회복지의 개념적 차원

사회복지의 개념 접근은 다양한 차원에서 시도된다. 이들 가운데 가장 전형적·포괄적 인식 유형으로 목적 개념으로서 사회복지와 실체 개념으로서 사회복지를 들 수 있다.

전자는 일반적으로 복지철학을 구성하는 한 요소로 사회복지의 형이상학적 의미 내지 당위 개념으로 채용되고 있다. 즉, 사회복지를 행위 혹은 제도, 정책의 목적 개념으로 이해하게 된다. 결국 현실에서 사회복지의 시책들이 의도한 바를 실현하려는 목적에 초점을 두게 되는데, 그 대상은 사람 그 자체로서 인간의 복지 개념이다 (Barker, 2005).

후자는 사회복지의 형이하학적인 의미 내지 존재 개념으로 현실에 존재하는 목적 실현을 위한 일련의 수단과 방법을 들 수 있다. 이를테면 사회보장제도와 사회복지사업 등은 사회복지의 목적 달성을 위한 경험적인 수단이 된다.[1)]

---

1) 다시 개념 규정을 정리하면 목적 개념으로서 사회복지는 현실적인 사회복지의 시책이 달성하려는 목적, 즉 인간의 복지를 의미하며, 실체 개념으로서 사회복지는 목적 달성을 위한 현실적인 절차와 방법인 것이다. 그러므로 하나의 정의, 개념 속의 내용에는 목적 개념적 변수와 실체 개념적 변수가 동시에 내재되어 있어야만 비로소 총합적 정의 내지 개념으로서 성립될 것이다. 다른 방법 차원에서 보면 사회학에서 말하는 명목론과 실재론이 동시에 개념의 내용에 포함되어야 하며, 사회복지학의 입장에서는 정책론이 실천론(기술론)의 명제가 제시되어야 한다. 사회복지의 기술론과 정책론은 상호 대립 관계에 있으나 사회복지의 실천면에서는 상호 보완 관계에 있다. 즉, 법이나 제도 등의 정책은 전체 인간 생활의 일정한 수준이나 범위를 다루는 것이고, 복지 서비스로 나타나는 기술은 개별화된 원조활동을 통해 사회복지를 실현하고자 하는 것이다. 따라서 정책론과 기술론이 잘

사회복지의 목적이며, 대상인 수혜 대상자는 사람들인데, 그 수준과 범위를 둘러싸고 역사적 변화를 겪어 왔으며, 이것은 곧 사회복지의 발달 과정과도 맥락을 같이한다. 사회복지의 초기 단계에서는 사회적 부적응자(social maladapted)를 포함하는 사회적 불우계층(social disadavantaged class)에 수혜의 초점을 두게 되었다. 다시 말해, 사회복지는 소수의 개인들에게 주로 선택적으로 구빈의 차원에서 접근되었다. 이것이 사회복지의 잔여적 개념(residual concept)이다. 이러한 개념에서 볼 때, 생활의 책임은 전적으로 개인성에 두어진다. 또한 동시에 이러한 개념적 차원에서 복지행정의 위상은 보완적 기능만을 수행하게 되며, 철저하게 수단 지향적 성격과 역할을 갖게 된다(Patti, 2000).

대공황 이후 산업화 및 자본주의 고도화로 인해 사회복지는 전체 사회구성원들에게 사회 편익의 관점으로 확대·기능하게 된다. 따라서 사회복지는 주로 보편적으로 시민권의 차원에서 받아들여지기 시작했다. 이것이 사회복지의 제도적 개념(institutional concept)이다. 이러한 관점에서 사회복지는 개인성, 부분성, 선택성보다는 사회성, 전체성, 보편성을 갖게 된다. 동시에 복지행정은 이념적으로 국가복지의 제도적 장치로서의 위상을 확보하게 되며, 목적적·수단적 역할을 공유하게 된다(Clyde, 2000).

2 사회복지의 기능 수행적 차원

한 나라에서 사회복지의 기능은 국가 또는 공공단체가 행하는 공공복지와 개인 또는 사집단이 행하는 민간복지로 대별되는데, 복지행정의 접근 대상은 논리적으로 전자에 한정된다.[2)]

조화를 이룰 때 비로소 참된 복지의 실현이 기대되며 어떻게 하여 이 두 영역을 잘 조화시켜 나가면서 개별화된 서비스를 제공하느냐 하는 데 복지시책의 근본적인 과제가 있다고 하겠다. 다시 말해, 정책의 확충이 진행되면 될수록 기술, 즉 복지 서비스와의 접촉면도 더욱 확대되어 이 둘은 마치 동전의 양면 관계에 있는 것으로 볼 수 있다. 그러므로 이 두 영역을 발전시켜 나가는 작업과 동시에 두 영역을 연결시켜 주며, 하나의 학문 체계로 통합하는 작업이 시급하다고 할 수 있다. 복지행정론의 접근 영역을 두 측면으로 체계화하는 것도 바로 이러한 논거에 기초하고 있다.

2) 이같이 사회복지를 정부나 국가 등이 제공하는 공공복지를 강조하는 이유는 규범적, 가치적인 동기로서 평등, 소득재분배, 인간의 존엄성, 연대성 등의 가치를 구현하는 데 필요하기 때문이다. 특히 경제적 효율성의 관점에서 정부가 개입하여 시장의 실패(market failure)를 해결하고, 사회적으로

그러나 현실적으로 복지행정은 사회적 재분배 차원에서 국민이 부담한 조세의 지원을 받는 공공복지와 공동복지의 행정적 차원 일체를 의미한다고 해야 할 것이다. 이것은 실제로 복지 프로그램의 시행 과정 및 결과를 보면 공공복지와 민간복지가 상호 수렴되고 있으며, 순수한 공공복지나 순수한 민간복지의 영역은 축소되고, 그 결과 공공과 민간이 공동으로 제공하는 공동복지(mixed welfare)가 가장 중요한 영역으로 등장하고 있기 때문이다.[3)]

국민이 부담하는 조세를 재원으로 하여 각급 정부와 여타 공공 영역이 제공하는 복지행정의 전통적 대상은 선택주의에 입각한 내용들이었다. 그러나 산업화의 진전과 함께 제도적 보편주의의 보급에 따라 사회적 불우계층은 물론 전체 국민이 복지행정의 대상으로 인정되고 있다.

사회복지의 실현을 과정적 차원에서 보면, 복지 목적의 설정 과정(welfare goal-setting process), 복지정책의 결정 과정(welfare policy-making process), 그리고 복지 실현을 위한 구체화 과정(implementation process)으로 구분된다. 이러한 세 가지 과정은 사회과학에서 논쟁의 핵심이 되는 가치와 사실의 연계 논리와 관련된다 (Hodgkinson, 1982).

일반 공공행정이론의 맥락에서 볼 때, 목적의 설정 및 정책의 결정 과정은 전통적으로 고도의 가치판단(value judgement)의 영역이다. 다음으로 구체화, 즉 집행 과정은 행정을 순수한 관리적 측면에서 접근하던 전통적 행정이론에서는 가치 배제(value-free)의 성격을 부여했다. 그러나 집행을 가치의 배분 과정으로 이해하는 현대 이론에서는 가치개입적(value laden) 입장을 지지한다. 정치・행정일원론의 시각, 행정의 정치적 성격, 행정 고유의 성격 등을 고려할 때, 사회복지의 행정적 현상을 연구하는 현대의 복지행정론은 복지에 대한 목적 설정 과정(가치)과 목적 구현 과정(기술 내지 수단)을 동시적으로 수용하고 있다. 복지행정론의 이러한 접근 경향은 사회복지가 잔여적・선택적 수준에서 제도적・보편적 수준으로 이행되는 현상을 적극적으로 반영하는 것으로 설명할 수 있다.

바람직한 자원의 배분을 시도할 수 있다는 관점 때문으로 해석된다.

3) 공동복지(mixed welfare)는 공공복지와 민간복지의 혼합 형태를 의미하는데, 양자의 비교를 통해 그 성격 및 영역을 가정할 수 있다. 공공복지는 생활보호, 의료보호 등의 공적 부조와, 각종 연금, 의료보험 등의 사회보험을 관장하고, 민간복지는 사회복지 서비스 분야를 담당한다 (이계탁, 1998).

제 3 절 복지행정의 두 측면

일반적으로 행정을 목적과 수단의 연계(ends-means chains) 차원에서 볼 때, 복지행정의 영역을 이와같이 두 가지 맥락에서 접근할 수 있다. 이러한 관점에서 여기에서는 복지행정에서 다뤄야 할 내용들을 주로 목적가치와 수단가치의 측면을 중심으로 설명하게 된다.

1 목적가치의 측면

이 부분에서는 복지행정이 추구하는 목적가치의 형성에 개입하여 일정한 변인으로 작용될 수 있는 요소들이 다뤄진다. 복지행정의 가치 전제에 수반하는 사회 각 분야의 이념, 역사와 문화적 조건으로서의 행정문화, 복지정책의 내용 및 성격, 결정 과정, 그리고 복지관료 및 전문 사회사업가의 자질 등이 고려될 수 있다.

1) 복지행정의 가치 전제

가치의 세계는 개인이 가지고 있는 경험의 현상과 주관성에 의해 만들어진다(Hodgkinson, 1982). 이념은 선험적 세계관에 의해 상호 연결되어 있는 여러 신념과 이러한 가치의 응집체라고 할 수 있다.

이러한 가치와 이념의 논리적 관계에 따라 복지행정에서 가치 전제의 측면을 설명하게 될 때 수반되는 요소가 바로 이념의 문제다. 정치 이념, 경제 이념, 사회 개발의 방향, 복지국가의 이념 등이 주로 논의의 대상이 된다.

복지의 행정적 현상을 다루는 복지행정론에서 정치 이념은 현존하는 사물의 총체적 체계로서 일반적으로 삶의 질, 재화와 용역의 배분, 자유와 평등의 가치 등을 강조한다. 국가의 복지행정은 각종 복지정책을 통해 복지목표를 실현한다. 이념은 정책의 기초를 형성하며 정책 선택의 기준이 된다는 맥락에서 볼 때, 자본주의 체제 하에서 복지행정은 정치 이념의 면에서 제도적 자유주의 정책을 지향할 수 있다는 것이다(Rein, 1990).

경제 이념은 사회적 장기 효율이 좀 더 바람직할 것으로 보여진다. 이것은 성장과 분배가 어느 정도 동시에 균형적으로 조화를 이루는 것을 전제로 하는 복지정책을 상정할 수 있다.4) 따라서 복지국가에서도 성장론에서 말하는 경제적 생산효율은 여전히 강조된다. 수혜자들에게 경제적·사회적 위협으로부터 안전감을 보증하기 위해서는 생산경제가 효율적으로 작동되어야 한다. 왜냐하면, 먼저 경제의 생산 수준이 향상되고 사회 보장 및 서비스 프로그램을 운영하는 데 필요한 잉여를 낼 수 있어야 하기 때문이다. 이러한 의미에서 효율적인 경제는 그것 자체가 목적이라기보다는 복지사회를 실현하기 위해 필요한 수단적 가치라고 할 수 있다.5)

복지행정에서 사회 개발의 방향은 성장과 변화(growth plus change)라고 할 수 있다(U.N.D.P., 1989). 사회 개발의 궁극적 목적은 국민의 더 나은 생활 향상(better life)인데, 이를 위해 복지행정이 사회 정의와 능률 향상을 위한 소득재분배, 고용 증대 및 소득 수준의 향상, 교육·주택·보건·영양·생활환경, 그리고 복지시설의 확대 및 개선, 계층 간, 지역 간 및 사회적 격차를 해소하기 위한 여건 조성을 국가종합계획의 수준에서 계획적·적극적으로 추진해야 한다는 것이다.6)

마지막으로 복지행정의 가치 전제 요소에서 다뤄지는 것이 복지국가의 이념이다. 사회복지에서 이념 문제는 국가를 제도적 복지 주체로 전제하고, 국가가 복지행정을 통해 사회문제에 어느 정도 개입하고 또 어떠한 방법과 수단에 의해 서비스를 집행

4) 복지행정에서 배분의 문제가 간혹 경제정책으로 인식되는 경우가 없지 않지만, 경제학자나 사회정책학자들 사이에서는 배분적 목적을 달성하기 위한 소득 이전이나 조세 시스템을 사회정책이나 복지정책과 관련짓는 경우가 많다. 복지정책은 생산과 교환 과정에 의해 결정된 소득의 배분 상태를 변화시키는 것을 주요 방법의 하나로서 채택하고 있다는 점에서 배분의 문제가 복지정책의 해결 과제로 인식되는 데는 의문의 여지가 없다. 그렇다고 배분의 정책만이 복지정책으로 이해되어서도 안 되고 배분정책의 경제적 성격을 과소평가해서도 또한 안 된다. 배분의 정책은 장기적인 사회 효율의 관점에서 이해되어야 한다(Beckerman, 2008).

5) 복지국가에서는 순수 자유주의 경제 체제에서보다 정부가 소득의 재분배를 비롯한 경제 과정에 적극적으로 참여하여 수요, 생산, 시장의 운용, 환경문제 등을 합리적으로 조절할 때 좀 더 큰 효율성을 기대할 수 있다는 입장이다.

6) 복지행정에서 사회 개발의 유래는 1957년 유엔 경제사회이사회에서 사회계획(social planning)이라는 용어가 처음 사용되었고, 그 후 유엔의 1961년도 연차 보고서에서 균형된 경제 개발과 사회 개발(balanced economic and social development)에 의해서만이 인간 사회의 행복이 보장된다고 하여 1960년대 이후의 새로운 국가개발전략이 된 데서 비롯되었다(U.N.D.P., 1989).

해야 할 것인가를 규범화한 개념이다(George & Wilding, 1984). 따라서 사회복지에서 이념은 특정 국가사회의 복지 수준을 결정하는 하나의 중요한 준거가 되는 의미가 되기도 한다.

초기에 사회복지에 대한 국가의 책임과 관심이 대두하기 시작한 것은 자본주의의 위기에 대처하기 위한 소극적 동기에서 비롯되었다. 그러나 복지국가의 개념과 의미는 대단히 적극적이었다. 대체로 복지국가가 이 같은 적극적 의미로 발전하기 위해 지향해야 할 이념적 가치로 평등(equality), 자유(free), 민주주의(democracy), 사회적 연대성(social solidarity), 안정(security), 효율(efficiency) 등을 제시해야 한다는 것이다(Furniss & Tilton, 1980).

2) 복지행정의 역사와 문화적 조건

한 사회의 복지행정과 관련된 변인들의 유형과 성격은 매우 다차원적이다. 이것을 종합하여 복지환경이라고 한다. 현대와 같이 동태적인 사회 전체 환경의 영향을 받는 복지행정은 정책이나 제도 및 프로그램을 형성하게 될 때, 그만큼 복잡하고 불확실성을 수반하기 마련이다. 이 같은 사회환경 가운데 가장 중요한 복지행정의 과정과 결과 등에 미치는 적극적 · 소극적 변인이 복지행정환경인데, 여기에서는 특히 거시적으로 복지행정의 역사, 행정문화와 같은 가치적 변인(value variance)이 될 만한 요소들에 대해 설명하고자 한다.

역사적 · 문화적 특성은 사회복지행정 및 제도에 영향을 미치게 마련이다. 사회의 구성원들이 갖는 가치관 , 태도, 관습 및 전통 등은 일정한 사회화 과정을 거쳐 문화로 형성 · 고착되어 국가나 정부의 범위에 많은 영향을 미친다. 이렇게 볼 때, 복지행정의 역사와 행정문화는 한 국가의 복지 수준을 전망하게 하는 하나의 척도 내지 준거 또는 개입 변수가 될 수 있다.[7]

복지행정의 역사는 고대 및 중세로부터 현대에 이르기까지 특히 이념면에서 다양

7) 예컨대 경쟁, 자율성, 능력 등 개인주의를 선호하는 사회환경에서는 생활상의 불평등을 인간의 자연질서의 현상으로 보아 구조화된 사회적 불평등을 당연한 것으로 치부하려는 경향이 있다. 반면에 연대성의 가치와 협동을 강조하는 사회는 구성원들의 사회적 평등을 이데올로기로 보장하는 복지행정, 복지정책, 복지제도를 지지하게 된다. 따라서 전통적 역사나 문화적 배경이 각 사회의 복지행정이나 제도 그리고 정책의 발달을 설명할 수 있는 독립 변수가 될 수 있다고 보는 것이다.

한 단계적 상황이 전개되었다.8) 그 이유는 복지라는 가치가 이념이나 당위, 관념이나 철학만으로는 불가능한 영역이라는 사실 때문이다. 그 이유는 따뜻한 마음이나 애정, 관심과 같은 도덕적 감성이 물론 중요한 복지의 적극적 동기는 될 수 있으나, 그것이 반드시 소기의 기대나 결과로 연결지을 수는 없다는 것이다. 다시 말해, 복지는 파이(pie)를 나누는 프로그램인데, 이성의 관점에서 보면 우선 최소한 파이의 생산이나 축적을 위한 사회적 노력이 전제되어야 한다. 이것이 이른바 사회복지 및 복지행정론에서 말하는 사회복지의 종교적·경제적 패러다임이며, 동시에 사회양심론의 관점이다(Hall, 1952).

현대적 의미에서 복지행정의 역사는 대체로 완전고용, 소득 보장, 사회보험 등을 통한 국가의 사회 보장에 대한 책임을 명시한 영국의 「베버리지 보고서(Beveridge Report)」에서 시작되었다고 볼 수 있다(Beveridge, 1942). 그 후 사회복지는 산업혁명 이래 사회의 근대화·산업화·도시화 과정에서 사회적 비용과 욕구가 급격하게 증대됨에 따라 제기되는 일련의 복잡한 사회문제를 국가가 복지행정을 통해 관리 내지 해결하기 위한 장치라는 관점으로 이해하게 되었다.

한국의 사회복지는 오랜 국가 주도의 산업화 정책에서 정치적·경제적·민주화의 욕구에 따른 사회적 능률과 정의로운 분배문제가 사회적 이슈로 등장하기 시작한 1980년대 후반에 들어와 본격화되었다고 볼 수 있다. 여기에다 그동안 주로 외원에 의존해 오던 복지 공급원이 국가의 보조금에 의한 공적 자원으로 대체됨에 따라 과

8) 복지행정의 발달 과정을 대체로 고대사회의 복지, 기독교적 복지, 중상 시대의 복지, 영국의 복지, 미국의 복지 등으로 구분한다. 기독교적 복지에서 복지행정은 초기에는 교회 자체보다 교회가 관여하는 자선단체나 길드, 협동조합, 자조형제애의 빈민활동을 지원하는 관리 형식이었다. 물론 중상주의 정책을 일반화하여 말하기는 어렵지만 중상 시대에서 노동을 부의 원천으로 보아 임금 등 노동자의 관리가 필요했던 것만은 사실이다. 실업이 발생했을 때, 그 원인이 개인적이든 사회적이든 국가의 행정 개입이 중요한 의무였다. 영국은 1601년 빈빈법, 1834년의 신빈민법, 19세기의 일련의 사회개혁운동을 주도 내지 지원하는 과정에서 복지행정의 역할이 비교적 적극적이다. 이에 반해 미국의 복지행정은 간단하게 요약하면 지체된 발달 과정이었다. 거시적 이유로는 개척주의 시대를 살아남은 자유방임과 개인주의 철학에 기초하여 다수의 미국인이 행정의 관료적·조직적 성향에 대한 강한 거부감을 가져온 것이 지체의 한 동기를 제공해 주었다고 볼 수 있다. 한편으로는 다른 사회와는 다르게 초기 미국의 사회복지는 구조적·체계적인 행정과는 거리가 있는 사회사업 전문직에 의해 주도되었다는 점이다. 그 후 1970년대 들어와 미국 사회복지를 주도했던 사회사업 전문직이 직면한 위기와 복지 요인이 사회문제화와 결부되어 복지행정의 필요성과 관심이 증대되기 시작했던 것으로 보인다.

거와는 달리 개방적인 조직관리 방식, 공적 자원의 활용에 대한 책임성과 투명성의 보장, 민간 전문 복지요원의 역할 증대에 따른 이들의 교육, 관리, 감독의 문제, 이념적으로는 선택주의에 의한 구빈사상에서 비롯된 사회복지가, 보완성 개념을 탈피하고 보편적 · 제도적 수준으로 전이되었다. 이와같이 변화된 복지 기능 및 환경에 합리적 · 효율적으로 대처해 나가기 위해 우리나라에서도 본격적인 국가의 복지행정이 정부관료제의 기구와 기능을 개편해 가며, 적극적인 역할을 시도하게 되었던 것이다.

한 국가의 행정문화는 복지 공급 주체인 복지관료와 수혜자인 고객 관계에 긍정적 · 부정적 현상과 결과를 야기케 하는 또 하나의 주요한 변수가 된다. 복지국가의 사명은 국가가 인본주의와 사회양심론에 기초하여 복지행정을 실현하는 데 있다.

일반 공공행정도 공익을 실현하기 위해 관료들에게 더 높은 도덕성과 책임성을 요구하고 있다. 행정기관 내부의 절차, 방법도 중요하지만, 이에 못지않게 행정조직 외부의 고객을 위한 서비스가 무엇보다 중시되어야 한다는 것이다. 인본주의 행정과 서구권 국가의 신행정이론은 이러한 변화된 행정문화를 전제로 한 것이다.

그러나 공공행정의 한 분야로서 복지행정의 역할은 이보다 더 큰 도덕성, 인본성, 헌신성을 요구한다. 현대에 들어와 사회복지가 이념적으로 가진 자와 가지지 못한 자를 구분할 것 없이 사회구성원 전체를 대상으로 보편적인 권리성을 강조함으로써 복지행정의 위상과 책임을 증대시켜 놓았다. 그러나 현실적으로는 아직도 복지 혜택의 수혜자는 소외되고 힘없는 사회적 불우계층이다. 이러한 현상을 감안할 때 복지관료의 사명은 "사람과 함께, 사람에 대해 직접적으로(Directly with and on People)" 봉사한다는 휴먼 서비스 행정문화를 기초로 해야 할 것이다(Weiner, 2009).

3) 복지정책의 성격

복지행정이 수립한 국가의 복지 목표는 복지정책을 통해 구현된다. 복지정책은 복지행정이 진단 · 발견한 사회문제를 해결하는 사회적 처방으로서의 성격을 갖는 기제다.

사회문제는 산업 자본주의 사회에서 노동자 계층의 경제적 빈곤과 정치적 관계에서 유발되는 일련의 영역을 포함한다.[9] 복지정책이 이러한 사회문제들을 접근하는

9) 사회문제의 사회학적 개념을 규명할 때, ① 사회문제의 중심적 준거 ② 사회문제의 사회적 기원의 의미, ③ 사회문제의 판정자, ④ 현재적 사회문제와 잠재적 사회문제, ⑤ 사회문제에 대한 사회적 지

데는 일정한 철학적 배경이 주어져야 하는데, 기본적으로 소득의 재분배, 자유시장에의 개입, 공공재의 증진, 사회 정의의 실현 등이 바로 그것이다.[10] 이러한 가치는 복지행정 이념과 논리적으로 일맥상통하거나 긴밀한 관련을 갖는다.

이와 같은 복지정책의 철학적 배경은 각종의 사회보장제도나 정책을 형성하고 배분하는 데 중요한 논거와 지침으로 작용됨을 원칙으로 한다. 복지행정이 복지 목표를 실현하기 위한 복지정책 내지 제도로는 기본적으로 현대 산업 자본주의 국가에서 사회복지를 주어진 제도적 수준에서 결정하고 실천하는 체계로서 사회보험(social insurance), 공적 부조(public assistance), 사회복지 서비스(social welfare service)를 들고 있다.[11]

4) 복지정책의 결정 과정

사회의 다원화 현상에 적합하게 정책결정 과정도 동태적인 복합구조(dynamics complex structure)를 가진다. 특히 현대와 같은 다집단 사회의 구성원들은 정책결정을 둘러싼 직·간접적인 이해를 가지기 때문에 그 과정에 적극적으로 참여할 수 있도록 제도적 장치가 마련되어야 한다.

정책결정 과정이 가치의 권위적 배분 과정(authorative allocation of values)이 되기 위해서는 특히 참여집단의 규모와 역할이 중요하다(Easton, 1957). 복지정책의 경우, 단순히 사회의 생산적 가치를 소비적 가치로 변환시킨다는 전통적 의미에서 탈피하여, 사회복지가 장기적으로 사회 편익을 위한 재생산적 효용가치라는 인식을 가져야 한다. 이것이 바로 선진 자본주의 국가들이 복지정책을 국가 공공정책의 영역으로 수용하게 된 현실적·이념적 동기인 것이다(Donovan, 1946).

각 등의 요소를 고려한다(Merton, 2000).

10) 이 중에서 특히 공공재(public goods)는 민간재(private goods)와는 달리 그 재화를 소비하는 데 비경쟁성과 비배제성을 띤다. 바로 사회복지는 공공재의 성격을 가지므로 사회적 공익을 실현하는 데 기여한다. 예컨대 국가가 어떤 사회복지 프로그램을 통해 그 나라의 모든 아동의 건강과 교육 수준을 향상시킨다면, 그 아동들이 건전한 시민으로 성장하여 생산성을 높일 수 있고, 결과적으로 그 나라 국민 모두에게 혜택이 주어진다.

11) 복지행정론에서 다뤄야 할 사회 보장 체계로 사회보험, 공적 부조, 사회복지 서비스가 있다. ① 사회보험으로는 연금제도, 의료보험, 산업재해보상보험, 고용보험제도, 실업보험, 가족수당, ② 공적 부조제도로는 생활보호, 의료보호, ③ 사회복지 서비스에는 아동, 청소년, 노인, 여성, 장애인, 가정, 지역사회복지 등이 있다.

복지정책을 입안・형성・결정・집행・평가하는 일련의 정책 과정에 참여하는 집단들을 세분화하면 다음과 같다. ① 의회: 선거에 의해 선출된 대표자들의 집단, ② 대통령과 대통령 비서실: 국민에 의해 직선된 행정수반과 그를 보좌하는 막료집단, ③ 행정기관: 직업관료군과 행정수반에 의해 임명된 고위 정무직 공무원으로 구성된 행정 각 부처, ④ 사법부: 신분 보장을 받는 법관들에 의해 구성된 사법기관, ⑤ 정당: 정권 획득을 목표로 결성되어 정책 과정에 직・간접으로 참여하는 정치집단, ⑥ 이익집단: 공통의 이익을 위해 결성된 집단 ⑦ 시민단체: 사회의 보편적 공익 실현을 위해 결성된 집단(NGO), ⑧ 일반 국민: 개인 또는 비조직화된 대중으로서 참여 집단, ⑨ 전문가 및 학자: 정책의 분석 및 평가를 통한 정책대안 제시 집단, ⑩ 언론기관: 국민, 참여집단들을 연결해 주는 집단.

5) 복지관료 및 사회사업 전문요원의 자질

복지행정에서 사회복지의 업무에 종사하는 인적 자원을 다루는 영역이 날로 중요해지고 있다. 특히 사회복지 서비스 분야의 경우에는 국가의 적극적인 재정적・정책적・기술적 지원이 뒷받침된다고 해도 행정 및 시설 현장에 종사하는 복지 전문인력들의 높은 자질과 적극적인 사명감이 없이는 소기의 목적을 실현할 수가 없다.

복지 전문인력들은 대체로 집단 과정에서 힘없는 사회적 약자들의 입장을 대변해 주고 이들을 조직화하여 정책 과정에 반영하는 역할을 해야 한다. 또한 이들은 합리적이고 효율적인 서비스 전달을 실천하기 위해 수혜 대상자의 실태 파악, 서비스 제공의 적격성 판정 등의 업무를 수행하게 된다. 이를 위해 국가가 인정하는 기관에서 사회복지에 관한 교육과 훈련을 받고 소정의 자격을 부여받게 된다.

복지국가에서 유능한 사회복지 전문요원의 채용과 교육은 복지행정의 핵심 과제다. 인본주의 복지행정에서 고객은 단순한 시혜의 대상이 아니라, 권리의 차원에서 공정하게 지원・협력하는 공생적 관계다. 이것이 바로 휴먼 서비스 행정의 인간관이다.[12]

12) 20세기 후반에 들어와 휴먼 서비스 산업이 급격하게 팽창하는 추세다. 경제가 성장하고 서비스 산업이 활발해지면서 인간들의 직접적인 욕구에 대한 관심의 증가를 가져와 고객 위주의 복지 서비스가 보편화될 전망이다. 고객을 대하는 휴먼 서비스 행정의 인간관으로 ① 존재 지향적 인간관, ② 성장의 잠재성과 인간 존재의 고귀함, ③ 독특함에 대한 추구, ④ 삶의 의미에 대한 추구, ⑤ 인간 존재의 창조적 잠재성 등을 들고 있다(Weiner, 2009).

2 수단가치의 측면

여기에서는 복지행정의 목적적 영역을 실천하는 수단적 가치가 되는 요소들에 초점을 맞춰 설명하게 된다. 복지행정의 구조 및 집행 절차, 사회시설과 사회사업 방법, 복지행정의 서비스 전달 체계 등이 주요 대상이 될 것이다.

1) 복지행정의 조직구조

정부의 복지 업무가 일정한 과정을 통해 산출되기까지 체계적인 매체 역할을 하는 것이 복지행정 조직구조다. 현재 우리나라의 경우 복지행정 조직구조는 중앙, 광역 및 기초자치단체, 지방 복지전담기구(보건복지사무소), 민간 행정조직 등으로 구성되어 있다. 이들 복지행정조직은 각각 복지전담 행정조직과 복지전담 행정부서, 그리고 복지 겸무 행정조직으로 세분화되어 있다.

(1) 중앙복지 행정조직 구조

우리나라의 중앙정부 복지행정조직은 복지 전담조직으로서 주무조직(보건복지 부서)과 관련 조직(고용, 환경, 교육, 문화관광체육 부서)이 있고, 복지 겸무조직으로서 주택복지(건설, 교통부서)와 고객복지(국가보훈, 국방, 행정, 경찰, 법무, 농림해양부서 등)가 있다.

(2) 광역 및 기초자치단체 복지행정조직

광역자치단체의 복지행정조직은 복지전담 행정조직, 복지전담 행정부서, 복지 겸무 행정부서(건설주택국, 내무국 총무과, 인사과)로 구분된다. 특히 복지전담 행정조직은 직속기관과 특별집행기관을 두는데, 후자는 지방교육제도로만 구성된 것이 특징적이다.

또한 복지 서비스의 집행적 성격이 강한 기초자치단체는 복지담당위원회의 조직을 통한 직영복지시설을 주로 지도・감독한다. 전담 행정부서로서 협의의 부서와 광의의 부서로 이원화되는 경우 업무의 기능적 독자성과 동시에 유기적 연계성의 확보 방안이 필요할 것으로 보인다.

2) 복지행정의 집행

복지행정의 집행은 의도된 정책이나 프로그램을 통해 일반 수혜자에게 영향을 미치는 단계다(Nakamura & Smallwood, 2009). 복지행정의 집행을 체제론적 관점에서 볼 때, 집행의 과정이나 결과가 잔여적 사회복지에서는 크게 중요시되지 않았던 것이다. 잔여적 사상은 수혜자에 대한 구빈적 의도가 지배적이었기 때문에 제공자의 급부물에 대한 수혜자의 선호나 가치를 표출할 수 있는 장치가 거의 존재하지 않았다. 그러나 오늘날 제도적 사회복지에서는 전체 사회구성원이 보편적으로 권리의 입장에서 국가에 다양한 사회적·개인적 요구를 표현하게 되었다. 이러한 욕구 실현의 사회적·제도적 장치가 바로 합리적인 복지행정의 집행이다.

합리적인 복지행정의 집행에서는 우선 보완적 복지관과는 달리 민주성, 공정성, 적합성, 효율성, 과학성이 강조된다(Clyde, 2000). 민주성은 복지정책의 결정 과정은 물론 집행 과정에 개인, 단체, 기관 등의 단위에서 광범한 참여가 보장되어야 함을 의미하는 것이다. 공정성은 '누구에게 급여가 제공되어야 하는가?'의 문제다. '급여를 받을 만한 사람이 혜택을 받는가?' 하는 급여를 제공받기 위한 자격을 의미하는 것이다.[13] 사회보험으로서 의료보험의 경우, 초기에 일정한 적립 능력이 없는 극빈자가 오히려 수혜 대상에서 제외된다든가, 공적 부조에서 생활 능력이 있는 사람이 선발되어 공적 비용이 의도하지 않았던 방향으로 지출되는 경우가 있었다. 적합성은 급여로서 무엇을 제공해야 하는가? 이것은 수혜자의 욕구에 부합하는 것이어야만 한다는 의미다. 욕구에 부합하는 급부의 문제는 적합성뿐만 아니라 효율성과도 직결된다고 하겠다. 급부 대상자의 선정이 공정하게 이뤄지려면 또한 선정 방법의 과학성이 요구된다. 예컨대 복지행정이 공적 부조로서 생활보호 대상자를 선정할 때, 보편적이고 객관적인 자산조사(means test)를 실시하는 것이 과학성 확보의 수단이 될 수 있는 것이다.

이와같이 특히 제도적 복지에서 복지행정의 집행 과정에는 여러 합리적 가치들이 수반되어야만 한다. 복지행정의 합리적 집행 과정에는 정부의 개입 수준 및 개입 방법, 복지조직구조, 집행기관의 인적·물적 자원을 고려해야 할 것이다(Gilbert, 1998).

---

13) 급여를 제공받기 위한 자격 요건으로 물론 예외적인 것이 있기는 하지만 국가 내지 지역 단위로의 거주 여부, 연령, 결혼 여부, 근로 능력, 소득 수준 등을 들 수 있다.

3) 복지시설과 사회사업 방법

복지시설은 복지행정의 실천 영역 가운데에서 특히 사회복지 서비스(social welfare service) 분야에서 주로 관심의 대상이 된다. 사회적으로 불우하고 열등한 위치에 있는 사람들을 학습시키고 적응시키는 데에는 탁아소, 여가문화, 노인학교, 보장구 등 기본적인 종합복지시설이 필수적으로 요구된다.

이러한 복지시설을 통해 이들을 교육시키고 적응시키는 수단이 바로 사회사업 방법이다. 이론적으로도 사회사업 방법(social work)은 복지행정의 수단 용도에 사용할 수 있는 여러 장치 가운데 하나다.[14)]

복지행정은 사회복지 서비스를 실현하기 위해 전문적인 사회사업가(social worker)의 교육과 활동에 대한 제도적·행정적·정책적 지원을 하고 있다. 이 분야는 사회보험이나 공적 부조에서 행하는 복지행정의 단순한 재정적 지원과는 별도로 여기에 사회사업가의 전문적인 서비스가 뒷받침되어야만 소기의 성과를 기대할 수 있는 것이다.

일반적으로 과학과 기술로서 현대의 사회사업 방법에는 개별사회사업(social case work), 집단사회사업(social group work), 지역사회 조직사업(community organization work), 사회사업행정(social work administration), 사회사업연구조사(social work survey and research) 등이 있다.[15)]

4) 복지행정의 서비스 전달 체계

복지행정의 목표를 고객에게 가장 적합한 서비스를 통해 효율적으로 제공하기 위

---

14) 여러 방법 가운데 제도적 방법은 복지행정조직과 보호 대상자를 연결시켜 사회복지적 제도에 개인, 가족, 집단 또는 지역사회를 결부시켜 제도적 사회 관계를 형성해 가는 것이다.

15) 개별사회사업은 인간관계의 지식이나 기술에 바탕을 두고 도움을 필요로 하는 사람이 그 자신의 능력을 최대한 발휘하고 또한 그가 처해 있는 환경과 좀 더 잘 적응하고 조화할 수 있도록 개별적으로 돕는 과정이다. 여기에서는 개별 사회사업가(social worker)와 도움을 받는 사람(client) 간의 대면적(face to face) 접촉이 그 특징이다. 집단사회사업은 집단 속에 있는 개인으로 하여금 집단 경험, 즉 타인과의 상호작용, 또는 협동적인 학습 과정을 통해 개인이 가지고 있는 욕구나 희망을 다른 사람과 민주적 방법을 통해 해결해 나가며, 동시에 인간으로서 가져야 할 사회적인 기능을 학습해 나가는 집단적인 노력이다. 그러므로 집단사회사업은 집단을 통해 집단 속에 있는 개인이 항상 사회사업가의 관심의 대상이 된다. 지역사회조직사업은 주민들의 사회복지 욕구를 조사·파악하는 일이 중요하고 그 욕구의 충족과 해결을 위해 가능한 자원을 합리적으로 동원하여 계획적·효율적으로 활용하도록 하는 조직적인 노력이다(Bowers, 2000).

해서는 합리적인 전달 체계의 기능과 원칙이 전제되어야 한다.16) 일반적으로 서비스 전달 체계는 계획·지원·관리 기능을 수행하는 행정 체계와 서비스의 직접 전달 기능을 수행하는 집행 체계로 이원화되고 있다.

행정 체계는 중앙정부의 보건복지부가 행하는 행정활동 가운데 생활보호 대상자의 자립지원사업에 대한 계획, 지원 및 감독은 복지행정의 중요한 부분으로 되어 있다. 보건복지부에서는 대상자들에 대한 조사 및 보호 대책을 계획·수립하고, 예산을 책정하여 집행, 운영 지도, 감독, 지시 관리한다. 이러한 행정활동은 서울특별시 및 광역시와 도를 통해 시행령이 시달되고, 자원의 전달 및 감독이 행해지며, 사업 결과가 평가된다.

집행 체계는 전문적인 서비스를 전달하는 조직으로서 체계에 적합한 인적·물적 자원을 투입하여 최선의 서비스를 산출한 다음 이를 공정하게 제공해야 한다.17) 행정 체계가 시도하는 모든 노력을 통해 바로 이 집행 체계의 존립타당성이 결정되는 것이다.

현대 사회에서 국가의 제도적 복지 책임이 보편화됨에 따라 복지행정에 대한 현실적 수요가 점차 증대되어 가고 있다. 그러나 이를 뒷받침해 주기 위한 행정가치 및 수단을 연구 대상으로 하는 복지행정이 아직도 정형화된 이론 체계를 갖추지 못하고 있다.

사회복지, 사회사업, 사회개발의 문제 등을 논의할 때, 제각기 비정형화된 논의의 틀을 가지고 접근하는 경우가 많다. 그 결과 유사 개념과의 혼동, 서비스 영역, 서비스의 주체 및 대상, 실천 방법 등을 두고 역할 갈등을 초래하게 되었다.

사회복지는 잔여적 의미의 수준이든, 제도적 차원의 대상이든 간에 그것을 통해 사회문제를 해결함으로써 궁극적으로는 사회구성원의 정상화 이념(normalization ideology)을 확보하고자 하는 데 그 목적을 두고 있다.

---

16) 복지전달 체계의 주요 기능은 초입 기능, 책임 기능, 서비스 제공 기능, 계획 및 통제 기능이 있으며, 원칙으로는 행정적인 측면에서 기능 분담 체계성의 원칙, 전문성에 따른 업무분 담의 원칙, 책임성의 원칙, 접근용이성의 원칙, 통합 조정의 원칙, 지역 참여의 원칙, 조사 및 연구의 원칙이 있다. 서비스 제공의 측면에서는 평등성의 원칙, 재활 및 자활 목표의 원칙, 적절성의 원칙, 포괄성의 원칙, 지속성의 원칙, 가족 중심의 원칙 등이 있다(Perlman, 2001).

17) 여기에서 집행 체계는 서비스 전달자와 고객 또는 공공부조 수혜자, 개인, 가족, 집단, 또는 읍·면·동의 소지역사회가 대면적 상호 관계를 이루면서 일정한 장에서 서비스를 전달하는 업무를 실제로 집행하는 조직체를 의미한다. 이러한 사회복지전달 집행 체계는 행정 체계로부터 지시, 규제, 지원 및 감독을 받으면서 운영된다.

잔여적 이념에서 복지행정론은 정치학·행정학에 근원을 두고 있는데 반해, 사회사업행정론은 사회학·사회복지학에 토대를 두고 출발했다. 그러나 오늘날 사회복지가 국가복지의 성격을 띠고, 제도적 차원에서 접근되고 있는 최근의 연구 경향을 볼 때, 복지행정론을 구성하는 전통적·보완적 요소만으로는 날로 급증해 가는 규모의 복지를 실현하는 데 한계가 드러나고 있다.

현대의 복지 현상에 합리적으로 대응해 나가기 위해서는 정치학, 행정학, 사회복지학, 사회학을 포괄하는 학제적 이론 체계의 구성이 요구되고 있다. 다시 말해, 현대사회에서 행정과 행정이론의 성격 변화에 적합하게 복지행정론이 국가복지 현상에 관한 가치적·수단적 측면을 동시에 접근하는, 정상과학으로서 어느 정도 통합된 독자성을 형성해야 한다고 본다.

제 4 절 복지행정과 복지정책

사회복지는 현대 국가에서 사회문제를 해결하는 수단이다. 이러한 수단이 국가의 보편적 기능으로서 작용하기 위해 목적·이념·제도·정책 등으로 체계화된 실체를 가져야 하는데, 이것이 바로 공공행정의 한 분야로서 복지행정이다. 이러한 복지행정의 목표는 다음과 같은 복지정책의 철학 및 기본 요소를 통해 실현된다.

결국 복지정책은 복지행정이 진단·발견해 낸 문제를 해결하는 사회적 처방으로서의 성격을 가지는 기제다.

1 복지정책의 철학적 배경

복지정책의 철학적 배경을 이해하기 위해서는 복지정책이 지향하는 사회적 목적이 무엇인가를 살펴볼 필요가 있다. 복지정책의 일반적 철학에는 소득의 재분배, 자유시장에의 개입, 공공재의 증진, 사회 정의의 실현 등이 있다.

1) 소득의 재분배

소득의 재분배는 부자로부터 세금을 받아서 가난한 사람에게 사회복지 급여의 형태로서 제공하는 것이다. 재분배정책은 가난하지 않은 사람이 가난한 사람을 도와야 할 의무가 있다는 것과 정부와 자발적 자선단체는 이러한 목적을 성취하기 위해 활동해야 한다는 동기에서 나온다.

그러나 소득의 재분배에는 여러 고려 사항이 있다.

① 얼마만큼 부자인 사람이 가난한 사람을 도와야 하는가?

② 어느 정도 가난한 사람이 원조를 받는 대상이어야 하는가? 하는 문제가 수반된다.

2) 자유시장에의 개입

정부의 자유시장에의 개입이 필요한데, 자유시장의 기본 전제는 본질적으로 정부의 개입이나 조정이 없이 개개인의 소비 결정이 개개인의 생산 결정과 연결될 때, 잘 작동한다는 것이다. 이러한 가정은 경제제도의 자기 규제를 담고 있는 스미스(Adam Smith)의 자유방임 경제이론의 현대적 해석이다. 그러나 자유시장 체제는 종종 자기 규제가 작동되지 않는 경우가 있다. 대공황은 경제제도를 자유롭게 두었을 때, 제대로 작동하지 않은 대표적 예다. 마찬가지로 오늘날에도 수많은 사람이 노령이나 장애 등으로 자기 자신을 유지하지 못하는 경우가 있다. 따라서 어떤 상황에서는 현재의 시장 상황에서 제대로 적응하지 못하는 사람들을 위해 정부가 개입해야 한다는 주장이 나오게 된다.

3) 공공재의 증진

공공재는 비경쟁적·비배제적 성격으로 무임승차(free-rider) 현상이 나타난다. 사회복지는 공공재의 성격을 띤다. 사회복지 서비스가 제공되면 그나라 국민 모두에게 혜택이 돌아갈 수 있다. 윌렌스키(Harold L. Wilensky)는 공공재의 증진을 제도적 사회복지를 실현하는 것으로 보았다.

4) 사회 정의의 실현

복지정책의 재분배적 성격은 형평을 통해 사회 정의를 실현하는 토대를 형성한다.

그런데 여기서 동시에 중요한 것은 공정한 재분배에 대한 합리적 기준과 장치다. 그것은 일반적으로 자본주의 국가에서 사회적 합의(social consensus)가 전제된 조세제도와 조세행정이 될 것이다.

2 복지정책의 기본 요소

1) 급여의 문제

급여 형태로 보통 현금, 현물, 증서(voucher), 기회 등이 있다.

(1) 현금으로 제공되는 경우

국민연금, 질병보험의 질병수당, 산재보험의 장애수당, 실업급여, 공공부조, 아동수당, 주택수당이 있다.

(2) 현물급여로서 제공되는 것

의료 서비스와 교육 서비스, 그리고 공공부조의 경우 쌀・의복 등이 대표적인 것이다.

(3) 증서

일정한 용도 내에서 수급자로 하여금 원하는 재화나 서비스를 자유롭게 선택할 수 있는 방법이다. 예를 들어, 미국 사회에서 통용되는 식품권(food stamp)은 수급자가 이것을 이용하여 식품 등을 구입한다.

(4) 기회

특히 노동시장에서 불합리한 경쟁 요소를 제거하는 것이 목적으로 미국의 차별철폐 조처(affirmative action) 프로그램은 소수민족의 고용을 보장하는 기능을 하고 있으며, 한국에서 기업에 부과하고 있는 일정 수준의 장애인 의무고용도 같은 경우다.

2) 급여의 대상

(1) 급여를 수급하기 위한 자격 요건으로

거주 여부, 거주 기간, 인구학적 조건, 기여의 여부, 근로 능력, 소득 수준 등이 포함되고 있다.

① 거주 여부: 한 나라, 한 지역의 거주 여부

② 인구학적 조건: 국민연금의 경우 기여의 조건을 떠나서 일정한 나이에 도달해야 한다. 아동 수단의 자격 요건도 나이이다. 결혼 여부도 자격 조건이 되기도 한다. 즉, 결혼한 가정에게만 사회복지 급여가 제공되는 경우가 있다. 예컨대 국민연금에서의 배우자 급여다. 반대로 모자가족을 위한 급여와 같이 결혼한 상태이면 급여가 제공되지 않는 경우가 있다.

(2) 사회복지급여 수급의 자격 조건

사회보험의 경우 보험료를 납입했을 때가 해당된다. 사회보험으로 보험료 납입이라는 기여를 한 사람만 급여의 수급 자격이 주어진다.

그리고 사회에 대한 경제적·사회적 기여가 여기에 해당된다. 전쟁 시 전사 또는 부상당한 군인이나 유가족에 대한 보상제도를 들 수 있다.

① 근로 능력도 급여 수급의 자격 요건이 된다. 사회복지의 역사를 보면 급여 수급의 가장 중요한 자격 요건이 근로 능력이었다. 근로 능력이 있는 빈민에게는 원조받을 자격이 없는 빈민으로 취급되어 급여가 제공되지 않았다.

② 소득 수준도 중요한 자격 요건이다. 우리나라의 생활보호법에는 생활보호급여를 받을 수 있는 자격 요건으로 소득 수준을 들고 있다.

3) 급여의 제공 방법

다양한 재화나 서비스를 수급자에게 전달하는 방법은 아주 다양하다.

중앙정부에서 급여 자격, 급여 형태, 재원 등에 관한 모든 결정을 하여 전국민을 대상으로 접근하는 경우가 있고, 지방정부가 주체가 되어 제공되기도 하고, 중앙정부와 지방정부 혹은 정부와 민간 부문 사이에 다양한 형태의 혼합 체계로 제공되기도 한다.

사회복지정책의 전달 체계 유형으로 완전 중앙정부, 완전 지방정부, 중앙·지방정부 혼합 형태, 정부와 민간 부문의 혼합 형태, 완전 민간 부문 등이 있다.

4) 재정의 충당

사회복지정책의 재정이 될 수 있는 것으로는 공공 부문 재원에는 조세로 구성되는 정부의 일반예산, 목적세 형태의 사회보장성 조세, 그리고 조세비용이 있으며, 민간 부문의 재원으로는 사용자가 부담하는 경우의 재원, 자발적 기여에 해당하는 기여금, 기업이 출연하는 재원 등이 있다.

(1) 공공 부문 재원

① 일반예산

일반예산을 구성하는 조세는 누진적이어서 소득이 많은 사람들의 조세부담률이 소득이 적은 사람들의 조세부담률도 더 높다. 따라서 다른 재원에 비해 사회복지정책이 추구하는 가장 중요한 목표인 평등이나 소득재분배를 이루기 쉽다.

② 사회보장성 조세: 목적세

정부의 조세수입에는 정부의 다양한 사업 수행을 위해 일반예산을 통한 조세수입과, 사회보장과 같은 어떤 특정한 목적을 위해 거두는 조세 수입이 있다. 사회보장성 조세는 국민연금, 산재보험, 고용보험, 의료보험의 네 가지 사회보험을 위한 보험료를 사용자나 피고용자들로부터 강제로 부과하여 일종의 세금 기능을 한다.

③ 조세비용

사회복지정책에 사용할 수 있는 공공 부문의 재원 가운데 이른바 조세비용(tax expenditure)이 있다. 사회복지정책의 재원을 논의할 때 일반적으로 사회복지급여에 필요한 재원의 측면만을 강조하는 경향이 있는데, 조세비용은 조세를 거둬들여 직접적인 사회복지급여를 하지 않는 대신 사람들이 내야 할 조세를 감면시켜 사회복지의 목표를 이룰 수 있는 방법이다. 예컨대, 세금을 거둬 아동이 있는 가족에게 아동수당을 주는 대신, 아동이 있는 가족이 부담하는 조세에서 그만큼 면제시켜 주는 것이다. 이것을 조세비용으로 부르는 이유는 정부의 입장에서 보면 조세비용만큼 세수가 감소되기 때문에 그만큼 정부 지출이 줄어들기 때문이다. 즉, 조세비용도 정부지출에 쓰일 잠재적 예산이다.

(2) 민간 부문 재원

① 사용자 부담

일정한 금액을 본인이 부담하면서 어떤 사회복지 서비스를 수급하는 것을 말한다. 사회복지정책에서 사용자 부담이 필요한 경우는 사회복지 서비스의 남용을 막는 데 있다. 의료 서비스의 경우 전액 무료로 제공된다면 의료 서비스가 남용될 가능성이 많다. 즉, 일정한 금액의 사용자 부담을 제도화함으로써 과도한 의료 서비스의 신청을 제어할 수 있다. 또한 주택 서비스와 같이 과도한 정부 부담을 막기 위해 사용자 부담이 필요하기도 하다. 그러나 사용자 부담은 공공 부문의 사회보장세와 같이 역진적이어서 저소득층의 부담이 고소득층에 비해 상대적으로 많아져 사회복지정책의 목표 중의 하나인 소득재분배에 배치되는 면이 있다.

② 자발적 기여

민간재원의 일종인 자발적 기여에는 개인, 재단, 기업, 그리고 유산이 있다. 이 가운데 개인에 의한 기여금이 가장 크다.

③ 비공식 부문 재원: 가족, 친척, 이웃

사회복지정책에 사용되는 재원 중에는 비공식 부문의 재원이 있다. 예컨대, 노인복지는 자식들의 부양에 의해 해결되는데, 사회복지가 발달하기 전에는 이러한 비공식 부문의 재원이 중요한 역할을 하였다. 그러나 제도적인 사회복지가 발전하면서 이 부문의 역할이 많이 줄어들었다.

제 6 장 복지행정의 접근 인식

현대 국가에서 복지행정은 산업화와 도시화에 따른 인간의 기본적 욕구에 반응하기 위한 공공행정의 새로운 하위 분야다. 따라서 날로 정치행정 문제화되어 가는 개인적·사회적 욕구 현상을 해결하기 위해서 다양한 실천적 처방이 뒷받침되어야 하는데, 이것을 이론적으로 규명해 보려는 것이 복지행정의 접근 인식 분야에 해당되는 내용들이다.

이 장에서는 복지행정의 대상인 사회문제의 원인이 되는 빈곤을 바라보는 입장(빈곤관)과 그 해결 방안에 대한 입장(처방관)을 제1절 구조기능주의와 제2절 갈등주의를 통해 각각 비교·고찰한다. 제3절에서는 기본적으로 사회복지는 욕구(need)와 반응(response)의 기제라는 관점에서 먼저 개인의 욕구에 관련된 심리적·행위적 이론들을 접근해 보고, 다음으로는 반응의 기제로서 욕구를 수용·해결하는 다양한 행정적·정책적 처방에 관련된 이론들을 종합학문적 맥락(interdisciplinary context)에서 설명한다.

제 1 절 구조기능주의

기본적으로 구조기능주의는 사회적 단위로서 개인과 환경 및 구조(시스템)와의 관계를 상정하게 된다. 여기에서는 특정 현상을 이해하는 데서 구조기능주의의 관점과 특성, 그리고 복지행정의 대상인 사회문제에 관해 논급하게 된다.

1 구조기능주의 관점

구조기능주의(structural functionalism)에서 사회 현상은 안정, 조화, 통일, 질서, 합의 등을 기본 성격으로 전제하는 균형이론을 제시하고 있다. 이것은 사회, 행정, 조직을 하나의 유기체(organism)와 같은 체제(system)로 간주하고, 이 체제 내에서 일어나는 일련의 과정－정치 체제(정치 과정), 행정 체제(행정 과정)－을 환경과 관련시켜 체제(구조)와 환경 간에 일어나는 다양한 상호작용의 양태를 통해 체제의 생존, 존속, 변동 등의 요인을 분석하는 접근 인식이다.

구조기능주의의 사상적 인물로서 뒤르켐(Émile Durkheim)과 파슨스(Talcott Parsons)를 들고 있다. 뒤르켐은 사회실재론((social realism)에서 사회란 그것을 구성하는 개인들의 의식과는 동떨어진 실재로 파악해야 한다는 입장이다. 그 실재는 개인과 독립적일 뿐만 아니라, 개인의 외부(환경)에 존재하면서 개인의 행동을 좌우해 주는 구속력을 가진 실재라는 것이다.

그와 같은 '실재'로서의 사회는 바로 생물 유기체와 같은 성질의 체제(system)라는 것이 파슨스 등이 주장하는 체제이론의 요체다. 이 때, 물론 사회 체제는 인간 행위(action)의 체제이지만, 그것의 기본 분석 단위는 단순한 사람의 개체가 아닌, 행위자(actor)로서 개인이 수행하는 역할(role)의 체제를 의미하는 것이다.

이와 같은 맥락에서 볼 때, 결국 구조기능주의에서 개인은 환경과의 상호작용을 통해 성장 · 발전하게 된다. 이 경우 개인이 환경과의 좀 더 합리적인 상호작용을 하기 위해, 개인을 어떤 집합적인 틀 안으로 수용해 주는 역할을 담당하는 것이 필요해지게 되는데, 이것이 바로 체제(system)라고 보는 것이다.[1)]

---

1) 체제는 전체 목표의 수행과 관련된 상태로서 상호 관련이 있고, 상호 의존적인 부분 요소들(parts elements)로 구성된 하나의 전체(the whole)이며, 이 전체와 부분들도 역시 상호 관련된 상호의존적(interdependence)인 관계에 있는 것이다. 그리고 이 전체의 생존 유지에 관련되어 있는 상태를 가리켜 기능적(functional)이라 한다. 거기에 긍정적인 공헌을 하면 순기능적이고, 체제 전체에 긴장

2 구조기능주의 특성

파슨스는 구조기능주의가 내포하고 있는 체제와 관련된 개념으로 균형과 통합, 그리고 변동을 전제한다. 그는 사회체제이론에서 사회 질서는 구성원들 간의 합의(consensus)와 개인(부분 요소)과 사회(전체 체제)와의 사이에서 발생하는 통합으로 가능하다고 본다. 변동은 체제 밖의 변화에 적응하는 결과로 이해한다.

이러한 맥락에서 구조기능주의가 가지는 이론적 특성을 정리하면 다음과 같다.

① 사회는 상대적으로 지속적이고 안정된 부분 요소(parts elements)들의 집합과 구조로 이뤄져 있다.

② 사회는 이러한 부분 요소들이 잘 통합된 구조다. 그러나 어떤 구조에도 완전한 통합은 없으며, 일정한 긴장과 일탈은 존재하게 마련이지만, 이것은 제도화에 의해 완화되는 경향이 있다.

③ 사회의 모든 부분 요소가 어떤 기능을 수행한다. 즉, 사회가 체제로서 유지하는 데 기여한다.

④ 모든 기능적인 사회구조는 그 성원들 사이의 동의에 바탕을 두고 있다.

이상의 특성에서 볼 때, 구조기능주의에서 가정하는 사회는 상호 관련된 체제이며, 하나의 전체(whole)로서 이해해야 한다. 또한 사회 체제는 항상 역동적 균형(dynamic equilibrium)의 상태를 전제하므로, 체제를 교란시키는 힘에 대한 적응은 체제 자체의 최소한의 변화로서 가능해진다고 본다.

과 변화를 초래하는 경우를 역기능적이라 한다.

체제는 균형(equilibrium)을 유지하고자 하는 성향이 있는데, 이 균형의 상태가 교란되는 것을 변동으로 본다. 사회 체제가 존속·유지하기 위해 반드시 수행해야 하는 기능적 요건(functional imperatives)이 있는데, 그것을 보통 다음과 같이 A.G.I.L로 나타내고 있다. ① 적응 기능(adaptation function), ② 목표 달성 기능(goal attainment function), ③ 통합 기능(integration function), ④ 잠재적 유형 유지 및 긴장관리 기능(latent pattern maintenance and tension management function)이 그것이다.

3 사회문제의 정의

사회문제는 복지행정의 중요한 목표이며 처방 대상이다. 구조기능주의에서 정의하는 사회문제는 몇 가지 관점이 있다. 첫째, 어떤 사회 체제가 상위 체제(total system)에 대해 기능적 요건을 충족하지 못하고 있는 상태를 사회문제로 보고 있다. 즉, 사회문제는 전체 체제(total-system)를 구성하고 있는 여러 하위 체제(sub-system)들이 전체 체제의 목표 달성 기능에 소극적이거나 부적응한 결과로 유발된다는 것이다. 둘째, 어떤 사회 체제가 사회화 과정(socializing process)과 결과에서 실패한 상태를 사회문제로 인식하고 있다. 예컨대, 복지행정이 개입해야 하는 빈곤문제는 구조기능주의의 입장에 따르면 ① 사회의 일반적인 생활 상태(normalization)에서 벗어난 일탈적인 상태 또는 ② 개인이 사회(체제)에 여러 이유로 기능적이 되지 못한 상태, ③ 한 사회의 분배 기능을 하는 체제가 사회의 한 계층에게 물질적 분배 및 사회적 보상을 거의 하지 못하고 있는 상태라고 정의할 수 있다.

또한 머튼(R. K. Merton)에 의하면 사회적·문화적으로 설정된 목표를 달성하기 위한 수단이 사회적으로 합의·인정된 것에 벗어난 상태를 사회문제로 간주하고 있다.[2)]

4 사회문제의 원인

구조기능주의의 입장에 따르면 사회는 하위 체제가 전체 체제에 대해 기능적으로 이바지해야 한다. 이 때 사회는 비로소 정상적으로 생존·발전할 수 있는 것으로 보고, 각각의 하위 체제들이 긍정적인 공헌을 하도록 하기 위해 적합한 사회화 기능과 통제 기능을 수행하는 메커니즘이 있어야 한다는 것이다.

따라서 사회문제가 발생하는 원인은 바로 사회 체제의 기능인 사회화 및 사회통제 기능의 실패에서 찾을 수 있다. 그리고 사회문제는 사회 체제의 변화 속도 또는 갈등으로 인한 부적응으로도 볼 수 있다.

---

2) 머튼은 기능주의 이론을 좀 더 구체적인 현상에 적용하여 이를 발전시켜 나가야 한다는 경험적 기능주의(empirical functionalism)를 주창하고 있다.

결국 구조기능주의에서 사회문제의 원인은 사회 전체라기보다는 개인, 가족, 일탈적 하위문화, 사회제도 및 기회구조의 일부에 있다고 할 수 있다. 이렇게 보면, 빈곤은 개인이 기존 구조에의 부적응으로 발생하는 것이며, 그 처방도 자립에 의한 복지, 생산적 복지, 잔여적·선택적 복지를 상정하게 되는 것이다.

5 사회문제의 처방

사회문제의 해결 방안은 기본적으로 사회의 사회화 기능과 통제 기능을 강화하여 개인이 기존 구조에 적응하도록 하는 것이다. 특히 개인의 교육 기회 및 여건을 개선하고, 다양한 사회 서비스를 향상시키는 것이 중요하다. 동시에 공적 교육제도의 개선, 재분배제도를 통한 기회 균등과 이를 실현시킬 수 있는 복지행정의 역할을 증대하는 것이다.

제 2 절 갈등주의

체제이론의 구조기능주의적 전제는 사회 관계의 질서가 균형, 안정, 동의 등에 의해 유지되고 있다는 것을 강조한다. 여기에 반기를 들고 사회 질서의 바탕을 이해관계를 달리하는 집단 간에 일어나는 갈등에서 찾으려는 이론적 노력이 1960년대를 전후하여 대두했다. 물론 갈등이론의 기원은 마르크스(Karl Marx)의 변증법적 계급갈등론에서 찾아볼 수 있고, 이 밖에도 19세기의 사회학자들 사이에는 이미 여러 논의가 있어 왔다. 이 가운데에 마르크스는 사회의 질서와 변동이 사유재산제도에 기초를 둔 경제적인 계급 간의 갈등에 의해 이뤄진다고 보았다. 이러한 마르크스의 갈등론을 한편 비판하면서 또 다른 한편으로는 파슨스(Talcott Parsons)의 기능주의적 가정들의 비현실성을 지적하고, 새로운 관점의 갈등론을 제시한 것이 다렌도르프(Ralph Dahrendorf)의 신갈등이론이다.[3]

3) 다렌도르프는 구조기능주의에서 강조하는 합의와 통합이론은 사회에 편재하는 갈등과 변동을 설명

여기에서도 역시 특정 현상을 이해하는 과정에서 갈등주의의 관점과 특성, 복지행정의 대상인 사회문제에 대해 설명하고자 한다.

1 갈등주의 관점

갈등주의에서는 대체로 갈등의 순기능을 가정한다. 현상을 바라보는 기본 생각은 사회가 이익 또는 가치, 자원의 차이로 인해 갈등을 수반하게 된다고 본다. 즉 재산, 권력, 권위, 욕구, 기회, 이익 등과 같은 자원의 불평등한 배분으로 사회성원들 간에 갈등과 투쟁을 조성하게 된다는 것이다. 그러나 이 같은 사회 이익집단 간의 대립 갈등이 심화되면 오히려 사회적 갈등의 제도화를 통해 자원 배분을 재조정하게 된다는 것이다.

갈등주의에는 여러 분파적 이론이 각각의 경향성을 가지고 있다.[4] 따라서 여기에

해 낼 수 없는 한계가 있다고 지적한다. 따라서 그는 사회 질서의 본질을 이해하고 사회 변동의 요인을 사회구조의 성격 그 자체에서 찾아 설명하는 모델이 필요하다고 말하면서 이른바 갈등구조론(conflict structuralism) 혹은 강제이론(coercion theory)을 제시했다. 여기에서 그는 사회 내에 갈등이 상존하고, 사회 질서는 갈등하는 이해관계를 지닌 집단들 사이에서 한 집단이 다른 집단을 강제로 복종시키는 관계에서 성립하며, 갈등을 통해 사회 변동(구조 변동)이 일어난다고 보았다. 이때 그 갈등의 원인을 마르크스처럼 경제적 이해관계가 다른 계급적 대립에서 보지 않고, 오히려 현대 산업사회를 기점으로 하여 인간 사회의 좀 더 근본적인 갈등은 바로 권위적인 관계로 형성된 집단들 사이의 갈등으로 이해했다. 즉, 권위 관계로 맺어진 지배집단과 종속집단은 서로 권위와 지위를 유지·획득하려는 상반된 이해관계를 가지게 된다. 이와같이 서로 모순된 이해관계가 갈등을 일으킬 수 있는 근본적인 구조적 요인이 되며, 이러한 갈등으로 인해 사회는 변동한다는 것이다.

4) 현대 갈등주의이론에서 사회 현실은 균형·질서·안정·합의보다는 불균형·무질서·변화·갈등·투쟁이 상존하는 현상으로 보는 시각이다. 이 같은 현대 갈등주의 이론의 형성에는 마르크스, 짐멜(George Simmel), 베버(Max Weber)와 같은 독일 학자들의 사회에 대한 다양한 개념들이 크게 영향을 미쳤다. ① 마르크스: 모든 사회 현상은 대립적 모순을 내포하고 있고, 모순은 새로운 사회 체제를 발생시키게 된다는 그의 개념은 현대의 변증법적 갈등주의(dialectical conflict theory)의 바탕이 되었다. ② 짐멜: 사회 현상에는 갈등이 불가피하게 편재하고 있지만, 갈등은 기능적으로 작용한다는 짐멜의 개념은 현대 기능적 갈등주의(conflict functionalism)의 토대가 되었다. ③ 베버: 사회는 합리적이고 합법적인 권위(rationality and legality authority)에 바탕을 둔 관료주의에 의해 지배되며, 분배의 단절과 사회적 이동이 낮은 것이 갈등의 원인이 되고, 갈등은 합리주의 적용으로 해소될 수 있다는 그의 생각은 현대의 교환적 갈등주의(exchange conflict theory)와 비판이론(critical theory)의 토대가 되었다.

서는 앞에서 이야기한 불평등한 자원 배분을 둘러싸고 일어나는 갈등 현상과 관련시켜, 특히 현대의 변증법적 갈등주의와 기능적 갈등주의가 제시하고 있는 공통의 관점을 중심으로 설명하고자 한다.

사회에는 성원들이 크게 가치를 부여하는 것들이 있는데, 이러한 것들의 거의 대부분은 공급량이 적어 희소한 가치를 지니고 있는 희소자원들이다. 가령, 경제적 자원, 권력, 권위 등이 이에 해당된다고 볼 수 있다. 마르크스의 개념을 토대로 다렌도르프가 발전시킨 '변증법적 갈등주의'에서 사회적 현실(social reality)은 희소자원을 소유・지배하려는 경쟁과 투쟁의 갈등이 이뤄지고 있는 상태로 보고 있다. 사회는 본질적으로 대립자를 내포하고 있기 때문에 사회의 안정 상태는 곧 내포된 대립자의 표출로 다시 갈등 상태로 되돌아감으로써, 부단하게 이해집단 간에 변증법적 갈등이 순환되고 있는 것이다.

따라서 사회는 갈등으로 인해 끊임없이 변동하게 된다. 변증법적 갈등주의 관점에서 사회는 계급 투쟁의 역할에서 창출된 것으로 보고, 사회는 권력을 가진 사람들을 위한 도구로서의 의미에 불과하다고 할 수 있다. 그리고 '계급'이 '사회'보다 더 중요한 의미를 가지며, 계급은 실제로 사회를 초월하여 존재하는 것으로 본다.

짐멜의 전통을 이어받아 코저(Lewis A. Coser)가 발전시킨 기능적 갈등주의 이론에서는 사회 현실은 상호 관련된 이해관계의 집단들이 희소자원을 소유 또는 지배하려고 갈등을 계속하면서도 통합과 적응을 이루려는 상태로 이해하고 있다.5)

변증법적 갈등주의에서 갈등은 사회 체제의 와해 또는 변동을 초래하는 부정적 작용을 하는 것으로 보여진다. 반면 기능적 갈등주의에서 갈등은 오히려 이것이 사회 체제를 유지・발전시키는 결과를 가져오는 긍정적 작용을 하는 것으로 간주된다.

5) 짐멜의 사회이론을 계승받아 파슨스의 체제이론에서 다루기 어려웠던 갈등의 기능적 역할을 체계화한 사람이 코저다. 그는 사회적 갈등(social conflict)이 집단의 질서 유지와 결속의 증진에 적극적인 기여를 할 수 있다는 갈등기능론(conflict functionalism)을 제시했다.
짐멜의 사회이론은 사회 현상(인간생활)에서는 조화와 갈등의 대립적 요소를 변증법적으로 보아야 한다는 것이다. 그는 사회적 상호작용의 형식에 관심이 커서 인간의 사회 관계는 항상 조화와 갈등, 매력(attraction)과 배척(repulsion), 사랑과 미움(애증), 선과 악, 기쁨과 슬픔, 낮과 밤, 산과 바다, 낙천주의와 비관주의 등의 상반된 요소를 담고 있는 모호하고 변증법적인 성질의 것이라고 보았다. 그래서 사회를 포함한 어떤 생명 과정이든, 완벽하게 조화를 이루지 않고, 오히려 갈등이 있음으로써 집단의 유대와 결속력이 커질 수 있다는 논지를 펴기도 한다. 다정한 두 사람 간의 관계는 오히려 건전한 합리적 긴장 관계를 통해 좀 더 발전할 수 있다.

2 갈등주의 특성

현대 갈등주의에서는 사회 내의 갈등의 상존성을 전제하고 있다. 특히 짐멜의 사회이론에서는 인간 생활에서 서로 반대· 대립되는 개념 간의 조화를 통해 개인과 집단 및 사회의 결속력을 강화시키는 것으로 보았다.

갈등 현상에 대한 적극성과 순기능을 바탕으로 한 갈등주의이론의 특성을 보면 다음과 같다.

① 사회는 끊임없이 변화 과정을 거치게 되어 있으며, 구조적 변동은 편재한다.
② 사회는 불일치와 비합의로 사회적 갈등이 편재하게 마련이다.
③ 사회의 모든 하위 요소들은 전체 체제에 여러 긴장과 변동을 주게 된다.
④ 사회는 일부 성원들에 의한 다른 성원들의 강제에 그 토대를 두고 있다.

3 사회문제의 정의

변증법적 갈등주의에서 사회문제는 희소자원의 불균등한 소유로 인해 발생하는 갈등 현상 또는 희소자원을 통제하는 데 권위와 권력이 유형화되어 있는 것에 대한 불만적인 반응으로 볼 수 있다. 특히 마르크스의 입장에서는 희소자원을 많이 소유한 사람이 희소자원을 적게 소유한 사람을 착취하고 특권을 통해 시장경제를 지배한 결과 생겨난 현상으로 사회문제를 이해하고 있다.

기능적 갈등주의 입장에서 사회문제는 자원의 불평등한 분배에 대한 갈등의 결과로서 사회 체제의 통합과 발전에 역기능적인 현상을 나타내고 있는 것으로 보고 있다.

4 사회문제의 원인

갈등주의에서 사회문제의 원인을 특히 변증법적 입장에서는 개인보다는 사회제도 및 구조에서 찾고 있다. 이에 반해 기능적 관점에서는 주로 그 원인이 일단 사회제도에 있다는 것을 전제한다. 그러나 사회구성원의 갈등이 어느 정도 적대적 본능 때문에 유발된다는 사실을 고려하게 될 때, 개인에게도 상당 부분 책임이 있다고 본다.

이와같이 두 가지 관점 간에 다소의 차이는 있지만, 기본적으로 갈등주의에서 사회문제(빈곤)는 개인이 기존의 사회제도 및 구조의 결함으로 인한 부적응에서 발생한다는 것이다.

5 사회문제의 처방

사회문제를 유발시키는 갈등의 근본적 원인은 희소자원의 불평등한 소유 또는 지배에 있다는 것이 변증법적 갈등주의의 주된 생각이다. 따라서 자원의 불평등한 지배를 영속화시키고 있는 기본적인 사회 체제를 재조직하지 않는 한 사회문제의 근본적인 해결은 어렵다고 본다. 사회 체제의 재조직은 기존 질서에 대한 전반적인 부정과 도전으로 이는 단기적인 해결책이 되기는 어렵지만, 장기적으로 보면 역사적인 발전 과정에서 필연적으로 이뤄지게 된다는 인식이다.[6]

기능적 갈등주의 시각에서 사회문제의 해결은 제도의 전면적 재조직이 아니라, 단편적인 개혁과 개선을 통해 점진적 보완으로 가능하다는 입장이다.

예컨대, 이들의 생각은 역기능적인 제도에 관련된 자원 분배를 좀 더 평등화하는 것이다. 이를 위해 합리적인 조세제도의 개선과 사회복지 프로그램을 보편적이고 제도적인 방향으로 강화하는 것이 고려될 수 있다는 것이다.

결국 갈등주의의 인식은 개인의 기회 및 능력, 그리고 경쟁을 근간으로 하는 현대 산업자본주의 체제에서 자원의 불평등한 배분 등으로 인한 다양한 갈등을 전제하게 된다. 이러한 현상을 적극적으로 사회 갈등의 제도화(institutionalism of social conflict)－복지 입법, 복지제도, 복지정책 등－를 통해 해결하고, 나아가 사회복지와 사회 발전을 증진시키는 것으로 볼 수 있다.

이렇게 볼 때, 현대 갈등주의에서는 빈곤의 문제가 개인의 능력보다는 기존 사회

6) 마르크스주의자들이 주장하는 사회제도의 개혁은 합리적 자본주의와 기능적 갈등주의에서 수용하기 어려운 내용들로서 예컨대 생산 수단의 공유화, 자유경쟁 시장 체제의 폐기, 고도의 누진세율 적용 등을 포함하는 세제의 전면적 개혁을 들 수 있다.

구조의 모순에서 기인하는 측면이 더욱 강하게 인정되는 것이다. 따라서 그 처방도 '갈등의 제도화'라는 맥락에서 제도적·보편적·국가 공동체적 복지 방식이 되어야 할 것이다.

제 3 절 학제적 접근 분야

여기에서 다룰 내용은 주로 사회복지는 욕구와 반응의 기제(need-response mechanism)라는 전제에서 출발한다. 따라서 다음과 같은 두 가지 측면에 초점을 맞춰 설명하게 된다.

첫 번째는 개인의 욕구 및 동기와 관련된 심리적·행위적 이론들을 고찰한다. 두 번째는 반응의 기제로서 이 같은 욕구들을 수용·해결하는 행정적·정책적 처방에 관련된 다양한 이론을 망라한 학제적 접근 분야를 통해 살펴보게 될 것이다.

1 동기이론

동기(motive)는 인간의 욕구(needs)를 의미한다. 항상성의 의미에서 보면 욕구는 생리적·심리적 상태의 불균형이 일어났을 때, 언제나 발생하게 마련이다. 동기부여(motivation)는 동기가 일어나도록 자극(stimulus)을 주는 외부 환경과 관련된 개념으로서, 개인의 행위를 바람직하고 의도된 방향으로 유발하고, 유도해 나가는 과정이라고 할 수 있다.7)

7) 동기의 의미를 이해하기 위해서는 동기(motive)와 동기유발(motivation)의 용어를 구별해야 할 필요가 있다. 동기는 인간의 욕구를 의미하는 정태적인 것이다. 동기유발은 이 욕구가 어떤 자극에 의해 행동으로 나타나는 과정을 포함한 용어로서 동태적 성질을 담고 있다. 동기부여란 용어도 동기유발과 같이 동기가 행동으로 나타나는 동태적 과정의 의미를 내포하고 있다. 따라서 이들은 보통 상호 교체적으로 사용된다. 그러나 동기유발은 동기의 소유자 또는 행동의 주체자를 중심으로 하여 표현할 때 사용되는 용어다. 이에 비해 동기부여는 동기가 일어나도록 자극을 주는 외부 환경을 중심으로 표현할 때 사용되는 용어다.

따라서 동기부여의 내용이론은 어떠한 요인이 개인에게 자극을 주고 방향성을 제시하고, 유지하게 하며 또 그것을 그치게 하는가에 초점을 맞추고 있다. 다시 말해, 인간의 어떠한 욕구가 동기를 부여시킬 수 있는가에 대한 것으로 욕구이론이라고도 한다. 이러한 욕구 중심의 내용이론으로는 성취동기이론, 욕구단계이론, ERG이론 등이 있다.

1) 성취동기이론

사회심리학적 접근 분야에 있는 성취 동기는 현대 복지행정 조직을 운영하는 공사부문의 관리자들에게 요구되는 퍼스낼리티와 관련이 있다. 맥클레랜드(David C. McClelland)는 조직 내에서 훌륭한 직무 수행을 가져올 수 있는 동기유발의 요인을 성취 욕구로 간주하고 있다.

특히 현대 산업자본주의 국가에서 사회복지의 기본 전제는 성장을 통한 경제 발전을 토대로 한다. 맥클레랜드의 동기이론에 의하면 인간은 적어도 성취 동기, 권력 동기, 소속 동기를 가지는데, 이 중에서 성취 동기가 기업가 정신과 깊은 관계가 있으며, 이것이 한 나라의 경제 발전(성장)을 좌우하는 것으로 볼 수 있다.

본래 성취동기이론은 창업적 행동이 강조되고 있는 신설 조직체나 다변화 환경에서 요구되는 동기 유형이다. 맥클레랜드는 성취 동기가 강한 성취자(high achiever)는 다음과 같은 개인 행태를 보인다고 했다. ① 동료 관계에서 성취자는 어떤 문제 해결에 대한 개인적 책임을 지는 상황을 선호한다. ② 성취자는 성취 목표를 설정하여 계산된 위험을 무릅쓰는 경향이 강하다. ③ 성취자는 자기가 하는 일에 대한 구체적인 평가를 받아 보려는 성향이 강하다.

2) 욕구단계이론

욕구는 한마디로 정의하면 '필요한 것'이다. 심리적으로 부족한 것을 느끼면 생리적 욕구와 마찬가지로 심리적 욕구를 가진다. 욕구는 충동이나 동기와 비슷한 용어이나 욕구(needs)와 동기(motive)는 정태적 상태에 있는 것이라는 점에서 동태적인 충동과 다르다.

인간 행동의 동기는 그의 욕구가 충족되거나 충족이 억제되는 방법에 의해 부여된다는 것이 일반적 가정이다. 욕구란 자극에 의해서 충족될 수 있는 모든 감정을 포함한다. 머슬로(Abraham H. Maslow)는 욕구단계론에서 인간의 욕구는 다섯 계층으로 이뤄지며 하위 욕구로부터 상위 욕구로 진행·발달한다고 보고 있다.

① 생리적 욕구(physiological needs): 비학습된 인간 본유의 기본적·기초적·보편적 욕구로서 우선순위(priority)가 가장 높은 욕구다. 의식주와 같이 인간의 삶을 영위하는 데 필수불가결한 욕구들이 이에 해당된다. 사회복지에서 복지의 기본 범위에 들어가는 보완적 개념을 들 수 있다.

② 안전 욕구(safety needs): 경제적 안정의 확보와 같은 물리적 위험이나 박탈감으로부터의 안전과 자유를 향유하고자 하는 욕구를 말한다. 현실적으로 최소한 안전 욕구 수준에서 선택적·보편적 복지에 관한 담론이 이뤄져야 한다.

③ 사회적 욕구(social needs): 개인이나 집단에의 우호적인 관계성, 소속감 등을 가지려는 욕구다.

④ 존경 욕구(esteem needs): 개인적 가치에 대한 타인으로부터 인정을 받고 싶어하는 욕구로서 사회적 위신(social prestige)을 중요시하는 행태 등을 들 수 있다.

⑤ 자아 실현 욕구(self-actualization needs): 자신의 내재적 잠재성 또는 창조적 능력을 최대한 구현하려는 욕구다.

생리적 욕구, 안전 욕구는 비교적 하급 욕구(low needs)로서 주로 전통적인 물질적 복지에 관련된다. 반면에 사회적 욕구, 존경 욕구, 자아 실현 욕구는 고급 욕구(high needs)로서 현대적인 심리적 복지에 해당된다.

3) ERG이론

앨더퍼(Clayton R. Alderfer)의 ERG이론은 머슬로의 5단계를 좀 더 발전시켜 인간의 욕구를 존재 욕구·관계 욕구·성장 욕구의 세 가지 범주로 분류하고 있다.

① 존재 욕구(existence needs): 의식주와 같은 모든 형태의 생리적·물질적 욕구들이다. 머슬로의 생리적 욕구나 물리적 측면의 안전 욕구 등에 비할 수 있다. 이것은 인간의 기본 욕구로서 복지의 기본 범위에 관련된다.

② 관계 욕구(relatedness needs): 자기와 가까운 사람들과의 대인관계에서 기대하는 만족감과 관련된 모든 것을 포함한다. 머슬로의 안전 욕구, 사회적 욕구, 일

부 존경 욕구와 유사하다.

③ 성장 욕구(growth needs): 창조적 · 개인적 성장을 위한 한 개인의 노력과 관련된 모든 욕구들이다. 머슬로의 일부 존경 욕구나 자아 실현 욕구가 이 범주에 비교될 수 있다.

ERG이론은 머슬로이론에서 강조하는 욕구의 우선순위와 한 욕구가 어느 정도 충족되면 다음 욕구의 활성화를 유도한다는 가정을 배제하고 있다. 고급 욕구냐 하급 욕구냐를 막론하고 어느 시점에서든 동기부여의 역할을 할 수 있다는 것이다. 따라서 어떤 경우에는 고급 욕구가 충족되면 하급 욕구가 등장하기도 한다. 이 이론의 시사점은 고급 욕구에 대한 결핍이 하급 욕구를 좀 더 중요하게 만들 수 있다는 가정이다.

2 역할이론

역할이론의 기본적 도식은 지위(status)와 역할(role)의 상관 관계에 있다. 지위가 변하면 역할도 변한다. 지위가 불안정하면 역할도 불안정하다. 지위가 독립되어 있지 않으면 역할도 비독립적이다. 역할은 특정 지위에 대한 행위의 기대(욕구)로 귀착된다.

전반적인 사회구조의 미분화 현상으로 인해 역할 수준이 낮고, 환경의 기대와 욕구가 상대적으로 커지는 경우 욕구 갈등이 일어나게 된다. 낮은 역할 수준이 역할 혼란으로 발전되는 상황에서는 사회를 유지시키고 있는 제도나 법규 체계에 대한 신뢰가 흔들리게 되는 것이다. 제도와 법규는 바로 사회의 모든 역할을 규정한 메커니즘이기 때문이다.

복지행정의 역할과 수혜자의 기대(욕구) 간의 상호 관계 정도는 복지 공급 체제, 복지 수준, 복지정책의 성패를 결정하는 요인이 된다.

3 사회교환이론

짐멜에 의하면, 대규모의 사회조직은 궁극적으로 두 사람(dyad) 사이의 상호작용 과정이 확대된 것에 지나지 않는다고 보았다. 그러나 그와 같은 상호작용이 과연 어떤 성격의 것인가에 대해서는 몇 갈래의 이론적 입장이 있어 각기 다르다.

대표적 이론으로는 고전경제학파의 '경제인(economic man)' 사상과 행동주의 심리학의 '학습이론(learning theory)'에 바탕을 둔 교환이론이 있다. 이 이론에서는 모든 인간의 사회행위를 교환행위로 규정하는 것이다.

우선 호만스(George Homans)의 견해에 따르면, 인간은 이윤을 추구하는 존재(man, the profit-seeker)다. 따라서 모든 인간의 행동은 개인이 주어진 상황에서 지출하는 원가(투자액)에 비해 얼마만큼의 보상(반대급부)과 가치가 돌아오는지를 따져 이윤이 있어야 취하는 결과다. 이것은 경제적인 개념이지만, 비단 경제적인 교환행위에 국한되는 것은 아니다.

여기에다 학습이론을 도입하여 사람들은 과거에 보상을 받은 활동이면, 그것을 되풀이할 가능성이 크다는 명제를 제시한다. 즉, 사회적 교환은 사회적 보상과 형벌 체계에 의해 조건지어진 결과로 일어나는 상호작용의 기본적인 모습이라는 것이다.

이와같이 교환이론의 핵심은 '호혜적(reciprocal) 상호작용'이다. 조직도 개인 목표와 조직 목표의 동시적 실현을 위한 것으로 양자의 상호 교환행위로 작동하는 것이다.[8]

이 같은 맥락에서 복지행정은 수혜 계층과 지원 계층 간의 정상적인 호혜적 정신의 상호작용이 필수적이다. 이렇게 될 때, 수혜 계층은 복지 혜택에 대한 적극적인 동기(사회 발전에 기여, 발전 역군으로서 동기 등)를 갖게 되고, 동시에 사회적·경제적 중추 계층이 좀 더 기여하여 소득재분배정책도 원만하게 이뤄질 것이다.

4 행정의 집권화 및 분권화

행정상의 집권화와 분권화는 상대적 개념으로서 국가나 조직 안팎의 여러 상황과

8) 조직과 개인의 교환 관계는 대략 세 가지로 나눌 수 있다. ① 사회화 과정(socializing process): 구성원이 조직의 목표에 기여하는 활동으로서 개인의 가치관, 태도와 지식, 기술을 가지고 참여한다. ② 인간화 과정(personalizing process): 조직이 구성원의 자아 실현에 기여하는 활동으로서 개인에게 지위, 역할, 자격을 부여하게 된다. ③ 융합 과정(fusion process): 인간화와 사회화의 동시적 운영이다.

환경적 요인에 따라 결정된다. 집권화는 조직의 의사결정권과 지휘감독권이 비교적 상층부에 집중되어 있는 현상을 말한다. 분권화는 조직의 의사결정 권한이 비교적 중간 내지 일선 계층에 분산·위임되어 있는 방식을 의미한다.

구조로서의 집권과 분권은 이론적으로 각각의 장·단점이 있지만, 어디까지나 그 선택은 특정 조직이 처한 여러 상황적 조건과 요인에 의해 달라질 수 있다. 따라서 양자의 촉진 요인은 상대적이며 그 유용점도 상반된 관계에 있다.

1) 집권화의 촉진 요인

집권화는 행정의 안정성·통일성·강력성·계획성·통제성·능률성·신속성을 확보할 수 있는 장점을 가지고 있으며, 그 촉진 요인으로는 다음과 같은 것을 들 수 있다.

① 소규모 조직, ② 신설 조직, ③ 개인의 강력한 리더십이 요구되는 상황, ④ 위기상황의 존재, ⑤ 획일성과 통일성의 요구, ⑥ 하위층의 능력 부족, ⑦ 전문화의 필요, ⑧ 특별 활동의 강조, ⑨ 교통·통신의 발달.

2) 분권화의 촉진 요인

분권화의 촉진 요인으로는 ① 관리자의 업무 부담의 감소, ② 신속한 업무 처리의 요청, ③ 지방 실정에의 적응, ④ 관리자의 양성, ⑤ 책임감의 강화, ⑥ 사기 앙양, ⑦ 민주적 통제의 강화 등을 들 수 있다.

이상에서와 같은 집권과 분권의 구조적 특성을 복지행정의 측면에서 고려해 보면 우선 복지제도, 복지 입법, 복지정책 등은 전국적 통일성과 계획성을 가지고 안정된 사회보장 체계를 확립하는 것이 더욱 중요하다. 따라서 이러한 복지 시스템에 관련된 문제는 중앙정부 차원의 집권화된 장치를 통해 입안·결정되는 것이 바람직하다.

반면에 현대 국가에서 지방자치가 제도화됨에 따라 지역복지의 문제가 중요하게 대두하고 있다. 따라서 복지의 기능 및 관리와 관련된 서비스의 집행 영역은 지역 실정에 부합하는 분권적 구조를 통해 결정되는 것이 더 적합하다.

5 정책결정모형

정책결정은 여러 대안 가운데서 목표 달성에 가장 적합하다고 예상되는 좀 더 합리적이고 효율적인 하나의 최적안을 선택하는 복잡한 동태적 과정이다. 정책결정모형은 이러한 여러 정책 대안의 장단점을 비교·평가하는 분석 틀을 의미한다. 합리모형, 만족모형, 점증모형, 혼합관조모형, 최적모형 등은 행정과 정책 영역에서 일반적으로 다뤄지는 정책결정의 이론모형들이다.

여기에서는 이들 모형 가운데 특히 복지행정이 복지제도와 정책 등을 결정·집행하는 데 관련된 모형들을 중심으로 살펴보고자 한다.

1) 합리모형

합리모형(rationality model)은 정책결정자인 인간은 누구나 이성과 고도의 합리성에 따라 행동하고, 가장 합리적인 수준에서 정책결정이 이뤄진다고 보는 이론이다. 즉, 인간의 전지전능성과 정책결정이 이뤄지는 상황의 절대적 합리성을 전제로 한다. 규범적·이상적 접근 방식을 채용한다.

2) 점증모형

점증모형(incremental model)은 린드블롬(Charles E. Lindblom)과 윌다브스키(Aron B. Wildavsky) 등에 의해 제시된 현실적·실증적 모형으로서 안정된 다원사회를 배경으로 한 이론이다. 이것은 실제의 정책을 결정하는 데는 언제나 규범적이고, 합리적인 결정을 할 수는 없으며, 현실을 긍정하고 그것보다 약간 향상된 결정에 만족하게 되는 것이다.

즉, 현재의 정치나 행정보다 크게 다른 쇄신적·창의적인 결정을 기대하지 않다는 입장이다. 설사 그러한 결정을 한다 하더라도 현실적으로 채택될 가능성은 적다는 것이다. 따라서 이 모형에서는 이상적·경제적 합리성보다는 시민과 정치인의 지지를 얻을 수 있는 정치적 합리성을 중요시한다.

3) 혼합관조모형

혼합관조모형(mixed-scanning model)은 합리모형과 점증모형을 절충하여 두 모형의 장점을 상호 보완적으로 혼용하는 제3의 접근 방법으로서 에치오니(Amitai W. Etzioni)에 의해 제시되었다. 이 모형은 합리모형이 요구하는 이상적·규범적 합리성을 현실화시키는 동시에 점증모형이 갖는 보수성을 극복함으로써 단기적 변화에 대처하면서 장기적 안목을 동시에 가질 수 있는 유용점이 있다.

이 모형에서는 모든 정책결정이 동일한 성질을 가진 것이 아니라는 입장이다. 따라서 정책결정의 과정에는 기본적 결정과 세부적 결정이 있다고 전제한다.[9]

복지정책을 결정할 때, 정책의 목표, 이념, 방향, 전략 등은 주로 기본적 결정의 과정을 거친다는 것이다. 여기에는 주로 합리모형이 요구하는 이상적·규범적·철학적 입장이 반영된다. 동시에 정책의 내용, 구체적인 실행계획과 관련된 전술적 방식은 현실적인 점증모형에 입각한 세부적 결정 과정을 따르게 된다는 것이다.

9) 기본적 결정(fundamental decision-making)에서는 결정자의 목표 달성을 위한 주된 대안을 모색하나 합리모형에서 요구되는 고도의 합리성에 따르는 비현실성을 감소시키면서 전체적·개괄적 고찰을 할 수 있도록 세부적 사항은 제외한다. 그리고 점증모형의 보수적 경향을 극복하기 위해 세부적 결정(detail decision-making)은 기본적 결정의 범주 안에서 이뤄지게 한다.

제 7 장 복지행정의 이념과 가치

복지행정은 복지국가를 운영하는 실체적 장치가 된다. 현대의 산업자본주의 시스템에서 복지행정은 사회복지와 공공복지를 통해 사회적 형평을 실현하고자 노력한다. 복지제도 및 정책 그리고 다양한 프로그램을 입안·형성하여 시행하는 활동은 이러한 노력의 구체적 수단들이다.

그런데 여기서 중요한 것은 이러한 수단들을 어떻게 결정하고 선택하여 사용할 것인가를 고려하는 일이다. 이것은 복지행정의 목표를 달성하는 데도 직접 관련성을 가지게 되는 것이다. 여기에서 고려해야 할 최우선적인 것은 이러한 수단 내지 방식을 채용하는 데 하나의 기준이 되는 규범과 방향성을 모색해 내는 일이다.

따라서 이 장에서는 복지행정이 나아가야 할 거시적이고 기본적인 방향성으로서 이념을 검토해 보고, 복지국가를 운영하는 데 좀 더 미시적이고 실질적으로 지향해야 할 가치들에 대한 설명을 하려고 한다.

제 1 절 복지행정의 이념

현대의 산업자본주의 체제에서 제기되는 여러 사회문제를 해결하는 기제는 공공행정이다. 복지행정은 공공행정의 한 분야로서 특히 사회적 불균형과 격차가 심화되고 있는 산업사회의 문제 해결 장치로서 위상을 가지게 되었다.

이러한 복지행정의 위상과 역할을 합리적으로 수행하기 위한 주요 이념들을 형평성, 합법성, 민주성, 효율성, 공정성의 맥락에서 살펴보면 다음과 같다.

1 사회적 형평성

행정에서 사회적 형평이란 행정이 대외적 · 대내적으로 모든 면에서 공정하고 특히 불리한 계층(disadvantaged class)에 대한 인간적 · 제도적 · 정책적 고려를 해야 한다는 것이다. 전통적인 행정 서비스는 강력한 집단이 좀 더 큰 혜택을 받았기 때문에 행정의 가치 중립적 태도는 오히려 사회적 불평등을 초래한 면이 있다는 비판이 신행정론에서 제기되었다.

이같이 사회적 형평은 신행정론이 대두되면서 사회 정의, 평등, 공정성의 정신에서 강조된 행정 이념이다.[1] 현대와 같이 산업사회화가 진전되면서 빈곤이나 사회적 · 경제적 불평등이 단순히 개인의 책임뿐만 아니라 나아가 경제 체제나 사회분배 구조의 결함과 관련된 것이라면 국가는 이에 대한 책임을 가지고 더 많은 개입적 노력을 할 의무가 있다는 것이다.

2 합법성

행정의 합법성이란 행정이 법에 근거를 두고 이뤄져야 한다는 법치행정의 원리를 의미한다. 즉, 행정이 법에 의해 운영 · 규제됨으로써 자의성을 배제하고 공정성을 확보할 수 있다는 것이다.

복지행정을 구성하는 사회보장제도는 분야별 복지 관련 법체계에 입각하여 운영되어야 하는 것이 법치행정의 정신이다.

1) 사회적 형평(social equity)은 법률상의 영역이라기보다는 윤리적 · 도덕적인 성격을 띠고 있기 때문에 양심의 인식을 토대로 성립된다.

3 민주성

행정에서 민주성의 기본 전제는 참여이며 그 수준과 정도는 다양한 차이가 있기 마련이다. 즉, 행정 과정에 어떠한 방식으로든 이해 당사자들에게 얼마나 많은 참여의 기회를 가질 수 있게 하느냐 하는 것이 민주성의 평가 지표가 되는 것이다.

행정의 민주성은 대외적으로 국민의 의사가 우선하고 행정이 국민에 대해 책임을 지며 국민을 위한 행정을 수행하는 것을 말한다. 이는 정치의 민주화를 전제로 하는 것으로서 ① 행정 과정의 민주화, ② 공개행정, ③ 행정통제의 강화, ④ 행정의 분권화, ⑤ 행정구제제도의 확립, ⑥ 관료 대표성의 확립, ⑦ 행정윤리의 확립 등을 통해 가능하게 된다. 대내적 측면에서의 민주성은 조직 내 인간관리에서 인간화와 민주화를 지향해야 한다는 것이다.

특히 현대 복지행정의 목표가 클라이언트의 욕구 만족에 두어야 한다는 사실을 감안하면 민주성의 이념을 실현하기 위해 제도적인 차원뿐만 아니라 전문기술적인 참여 확보 방안이 수립되어야 한다.

4 효율성

행정의 효율성에 대한 관심은 19세기 말과 20세기 초의 이른바 물리적·경제적·기계적 효율관에서 1930년대의 사회적 효율관으로 변천되었다. 기계적 효율관은 정치행정이원론과 과학적 관리론의 효율지상주의적 사고로서 효율을 '대차대조표적' 개념으로 파악하고자 했던 것이다.

반면에 사회적 효율관에서는 효율을 합목적성, 사회적 효과성, 인간적 측면에서 인식하게 되었다.

1) 기계적 효율

효율성이란 투입과 산출의 비율을 의미하는 개념이다. 즉, 최소의 비용(노력)으로 최대의 효과(편익)를 의도하는 것이다.

19세기 후반에 이르러 행정 기능의 확대·변화에 따른 행정국가가 대두함으로써 새로운 효율성의 이념이 요청되었다. 그것은 당시 행정부의 급격한 예산 팽창과 그에 따른 납세자들의 담세(擔稅)의 증가로 인해 납세자들은 더 적은 세금으로 더 많은 봉사(less taxation, more services)를 원하고 행정의 비효율과 예산 낭비를 비판하며 개혁을 요구하게 된 데 있다.

이러한 효율성의 이념은 과학적 관리법이 행정 영역에 도입됨으로써 발전의 계기가 되었다. 특히 행정을 정치에서 분리하여 과학적·효율적으로 운영하려고 했던 정치행정이원론·기술적 행정학에서는 이 같은 효율성을 절대적·기계적 관점에서 파악했다.

그러나 현대 행정의 성격과 역할이 증대함에 따라 이러한 기계적 효율만으로는 여러 한계가 드러났다. 따라서 행정의 사회적 수요 기능에 부합하기 위한 또 다른 차원의 효율관이 대두하게 되었다.

2) 사회적 효율

1930년대 인간관계론의 등장, 정치행정일원론의 발달과 더불어 행정은 기계적 효율만을 추구하는 것으로는 여러 한계가 있다는 것이다. 공익을 추구하는 행정은 사회정의와 목적을 실현하고 조직 속에서 인간적 가치를 중시하는 것과 같은 사회적 유효성의 차원에서 효율을 파악해야 한다는 입장이 강조되기 시작했다.

이러한 입장을 대변하게 된 것이 바로 디목(Marshall E. Dimock)이 최초로 사용한 사회적 효율관이다. 사회적 효율은 다음과 같은 몇 가지 특징을 가지고 있다.

① 인간적 효율: 기계적 효율관은 냉정한 타산 위에 성립되어 극히 비인간적인 성격을 띠고 있다. 그러나 사회적 효율은 인간의 자유, 개인의 발전이나 창의력이 고려되며 좀 더 인간적인 면을 반영한다.

② 합목적적 효율: 효율을 달성하기 위한 수단은 목적에 부합되어야 한다. 목적을 달성하기 위한 수단의 정당성도 동시에 중요하다.

③ 상대적 효율: 효율의 평가는 투입과 산출의 비율로써 이뤄지지만, 이 평가가 절대적인 기준에 의하는 것이 아니고 상대적인 기준과 가치에 의해서도 가능할 수 있는 것이다.

④ 장기적 효율: 생산 개념에서와 같이 즉각적이고 단기적인 효과만이 아니라 복지와 같이 장기적인 사회 공익을 전제하고 투입하는 것이다.

⑤ 발전적 효율: 사회적 효율을 광범한 사회 목적의 달성이라는 측면에서 고려해야 한다고 보면 이러한 효율은 넓은 의미에서 공동체의 발전적 효율로 파악할 수 있다.

지금까지 살펴본 사회적 효율은 종래의 비인간적인 기계적 효율의 한계를 지적하고 효율에서 인간성, 합목적성, 장기성 등을 인식한 점에서 높이 평가되고 있다. 그러나 행정에서 노력, 시간, 비용 등에 대한 평가절하를 할 수 있고, 효율 개념의 범위를 무한정 확대시켜 그 본질을 모호하게 한다는 비판을 또한 받고 있다.

따라서 행정에서 비용편익분석, 비용효과분석, 계량분석기법 등을 통해 효율평가 방법을 보완하고 있다.

5 공정성

행정에서 공정성은 공익 추구와 편익 분배를 위한 중요한 가치다. 이러한 공정성은 행정의 보편주의를 통해 담보될 수 있는 것이다. 행정이 특수 계층의 이해를 반영하는 수단이 된다면 공정성은 확보될 수 없을 것이다.

복지행정의 공정성은 수혜자의 선정과 욕구 실현의 기회를 안정적으로 보장하는 데서 유지될 수 있다.

제 2 절 복지행정의 가치

여기에서는 복지행정이 복지국가를 운영하는 데 지향해야 할 가치들에 대해 검토하고자 한다. 주로 평등(equality), 자유(freedom), 민주주의(democracy), 사회적 연대성(social solidarity), 안정(security), 경제적 효율(economic efficiency) 등을 중심으로 살펴보게 된다(Furniss & Tilton, 1980).

1 평등

평등은 능력의 차이를 인정하지 않는 절대적 평등과 능력의 차이를 인정하는 상대적 평등이 주장되고 있다. 모든 사람은 특별히 달리 대우를 받아야 할 경우를 제외하고는 평등하게 대우를 받아야 한다.

따라서 평등의 개념은 물질적인 면만이 아니라 모든 사회생활의 영역에서 보편적으로 적용되어야 한다. 기회 균등과 경쟁의 공정성은 물론 나아가 경제적 부나 정치적 영향력에서도 어느 정도 균등한 배분이 이뤄져야 한다는 것이 현대 복지행정의 지배적인 가치다. 이것은 개인이 향유하는 가치의 총체가 너무 과도하게 불평등하게 배분되어서는 안 된다는 의미다.

2 자유

자유와 평등은 상충하는 측면이 있지만 기본적으로 평등한 사회에서 개인의 자유가 확대될 수 있다. 즉, 정치적·경제적으로 평등한 배분이 이뤄지는 사회에서는 강자가 약자를 억압할 기회가 줄어드는 것이다. 반면에 언론의 자유, 종교의 자유, 신체의 자유, 직업 선택의 자유 등이 보장될 때 비로소 평등의 이상도 실현될 수 있다.

다만 개인의 자유는 서로의 충돌이나 갈등을 낳을 수 있기 때문에 그 누구의 자유도 우선시킬 수 없다는 데서 평등의 이상과 조화되어야 한다. 즉, 개인의 개성과 창의가 존중되면서도 그것이 전체의 질서와 평등을 저해하지 않는 범위에서 신장될 수 있다는 것이다.

3 민주주의

민주주의의 기본 전제는 참여이며 이것은 욕구 실현을 위한 현대 복지의 핵심 가치다. 지금까지 민주주의는 사실상 엘리트 간의 경쟁이었다는 지적이 지배적이다.

복지국가의 토대는 시민 개개인의 권리와 욕구 실현에 있다. 이를 위해 시민의 적극적인 참여가 정책결정 과정에서 실질적인 영향력을 발휘할 수 있어야 한다는 것이다.

4 사회적 연대성

이것은 자본주의적인 공리나 지나친 이해타산을 탈피하고 사회성원들 간의 우리의식(we feeling), 우애 및 협동과 조화 정신을 중시하는 것이다. 이처럼 사회적 유대 및 지역사회의 공동 의식을 강조함으로써 개인의 정신적·사회적 욕구를 충족시킬 수 있다.

또한 사회적 연대 의식은 지나친 개인주의가 초래한 사회적 불평등과 소외 현상을 완화시키고 상호주관성을 존중하게 될 것이다.

5 안정

이것은 개인들의 생활의 안정 또는 생존의 위협(threat)으로부터의 해방을 의미하는 가치다. 인간은 사회적 단위로서 여러 생활의 위험(risk)에 직면하는 경우가 많이 있다. 빈곤, 질병, 실업, 재해 등은 사회적 위험의 전형적 사례들이다.

이러한 사회적 위험들이 사회문제로 발전하여 복지행정의 수요가 되는 것이다. 개인의 안정은 우선 국가가 이러한 사회문제를 합리적으로 해결함으로써 확보될 수 있다. 그러나 좀 더 효율적인 접근은 이 같은 사후적인 처방보다는 이러한 문제가 유발되지 않도록 사전에 진단하여 대응하는 예방적 복지행정의 역할이 중요하다.

6 경제적 효율

복지는 기본적으로 사회적 파이가 전제되어야 한다. 그리고 무엇보다 이것을 안정적으로 확보하기 위해서는 경제적 효율이 뒷받침되어야 한다.

우선 경제의 생산성이 높고 사회 보장 및 서비스 프로그램을 운영하는 데 필요한 잉여를 낼 수 있어야 하기 때문이다. 이러한 의미에서 효율적인 경제는 그것 자체가 목적이라기보다는 복지 욕구를 실현하기 위해 필요한 수단적 가치라고 할 수 있다.

제 8 장

복지국가의 발전 패러다임

대부분의 서구 선진 국가들은 제2차 세계대전 이후 야경국가에서 복지국가로 이행했다. 이 같은 복지국가에로의 공통적인 이행을 서두르게 된 배경에는 경제 체제로서 자본주의 구조의 불완전성과 폐해에 대한 자기 수정장치로서 의미를 갖고 있었다. 초기 유럽의 복지국가는 대체로 지속적인 경제 성장과 고용 안정이라는 순조로운 경제적 조건을 갖추고 있었다.

그러나 1970년대에 접어들면서 자본주의 경제의 침체와 함께 서구 복지국가들은 심각한 도전에 직면하게 되었다. 그동안의 고도 성장이 마감되면서 비대해진 복지 지출은 더 이상 국민 경제가 감당하기 어렵게 되었다는 사회적 인식이 확산되기 시작했다. 동시에 이에 따른 국가복지의 재원 조달과 수혜 범위를 둘러싼 계급·계층 간·정치 세력 간의 갈등도 한층 심화되었다.

이러한 현상들은 고도 성장기 동안 잠복해 왔던 복지국가의 여러 문제점을 정치적 논쟁의 전면으로 노출시킴으로써 복지국가의 정당성을 크게 손상시켰다. 전후 유럽 사회에서 자본주의가 배태한 위기의 해결사(a solver of crisis)로 상징되었던 복지국가가 오히려 위기의 근원(a generator of crisis)으로 전락하기 시작한 것이다.

이러한 상황은 복지국가의 재편(restructuring)을 불가피하게 만든 복지국가 위기로 나타났다. 대체로 이러한 흐름을 선도했던 이데올로기적 토대는 신자유주의로 대변된다. 이 같은 재편 과정에서 그 진로를 둘러싼 다양한 담론의 주된 경향은 새로운 복지국가의 발전 패러다임을 모색하는 것으로 집약된다. 전반적인 방향은 국가 개입의 축소, 복지다원주의, 복지 수혜자의 지위 변동에 관한 것으로 나타나고 있다.

이 장에서는 복지국가가 이러한 흐름을 수용하면서 새로운 동기부여의 기제를 창출해 낼 수 있다면 자본주의 체제의 효율적인 대안이 가능하다는 점에 초점을 맞춰 설명하고자 한다. 이러한 맥락에서 제1절에서는 자본주의 체제에서 복지국가의 정당성에 관한 논거를 살펴보고, 제2절에서 다양한 수준의 국가 개입을 통해 그 책임과 역할을 이행해야 하는 복지국가의 유형을 검토한 다음, 제3절에서는 복지국가의 미래를 위한 당면 과제와 발전 패러다임에 대해 언급하고자 한다.

제 1 절 복지국가의 정당성

복지국가는 다양한 논거에서 정당화될 수 있다. 사회계약론자는 롤스(John Rawls)의 『정의론(*Theory of Justice*)』의 토대에서 민주주의와 관련지어 복지국가의 정당화를 시도하고 있다. 민주주의에서 시민권은 18세기에 재산권으로부터 시작하여 계약의 자유, 신체의 자유, 종교의 자유, 사상과 표현의 자유에 이르는 자유권(civil rights)을 확보하게 된다. 이러한 자유권은 19세기말 선거권 및 참정권 등의 정치권(political rights)을 거쳐 20세기에 이르러서는 국가로부터 최소한의 생계를 보장받을 수 있는 권리를 핵심으로 하는 사회권(social rights)으로 확대되었다. 복지국가는 제도적으로 이 같은 시민권, 사회권, 정치권을 근간으로 확립된 것이다(Harris, 2000).

복지국가는 세계 공황과 제2차 세계대전을 겪은 후 결핍의 시기에 출현했다. 그 결핍의 내용은 기아, 추위, 실업, 위험, 독재 등이었다. 이러한 상황적 맥락에서 복지국가는 짐메른(Alfred Zimmern)이 파시즘의 권력국가(power state)에 대비하여 그 정당성을 주장할 수 있었다. 여기에 1941년에 템플(William Temple)이 『시민과 성직자(*Citizen and Churchman*)』라는 저서에서 나치스의 전쟁국가(warfare state)에 대해 영국의 국가 이념을 복지국가라고 지칭하면서 그 정당성이 뒷받침되었다. 여기에 1942년 베버리지(William Beveridge)가 사회보험과 관련 서비스(Social Insurance and Allied Service)에 대한 보고서를 발표함으로써 현대 복지국가의 토대를 마련했던 것이다. 따라서 영국의 노동당 정부는 기간산업의 국유화와 경제의 계획화를 통해 혼합경제를 추진하여 광범한 사회 보장과 완전고용을 실현했다(Gough, 2009). 스웨덴에서는 1929년의 세계 공황을 계기로 경제의 계획화와 사회 보장이 도입되었다. 제2차 세계대전 후에는 확고한 사회 보장과 완전고용을 실시했으며, 경제의 운영이 노동조합이나 그 관련 단체들의 참여 하에 이뤄져 높은 생활 수준을 누려 왔다.

이 밖에도 독일, 오스트리아, 노르웨이, 덴마크, 네덜란드 등이 대표적인 복지국가들이다. 이 나라들에서는 노동당과 사회민주당 및 사회당의 명칭은 다르지만, 민주사회주의(democratic socialism)를 표방하는 정당들이 강력하며, 이들이 집권당으로서 정권을 인수하여 복지국가 건설을 주도했다는 공통점을 가지고 있다. 따라서 복지국가는 민주사회주의의 산물이며, 민주사회주의는 복지국가의 이념이라고 하겠다.

복지국가에서의 자유와 평등은 그 정당성을 논하는 데 중요한 요소가 되고 있다. 먼저 신자유주의적 복지국가를 중심으로 영국의 경우를 들 수 있다. 1880년대에 영국에서 복지지향적인 신자유주의(new liberalism)가 태동하게 된 것은 고전적 자유민주주의가 자본주의의 구조적 한계에 이론적·윤리적으로 적절하게 대응하지 못했다는 자기 성찰적 인식 때문이었다. 그 인식의 밑바탕에는 고전적 자본주의의 기본 가정이 무너지고 있다는 것이다. 시장의 자율적 조화에 의해 저절로 해결될 것으로 기대했던 실업문제는 점차 심각해졌다. 빈곤은 가난한 사람의 개인적 결함에서 비롯되고, 개인적 노력에 의해 타파될 수 있다는 낙관론이 무색해졌다. 이러한 상황에서 신자유주의가 새롭게 모색한 과제는 국가의 개입에 의해 일반 대중이 개인적 자유를 향유할 수 있도록 생활 조건을 개선하는 것이었다(Arblaster, 2003). 따라서 신자유주의자들은 국가의 적극적 개입을 촉구할 논리적 근거로서 자유의 개념을 광범위하게 해석했다.[1] 신자유주의자들은 이같이 적극적 자유를 제창함으로써 경제적 및 사회적 불평등을 감소시키는 데 관심을 보였지만 결코 평등주의자들은 아니었다. 이들

1) 그린(T. H. Green)은 자유를 개인이 원할 뿐만 아니라 사회적으로도 가치 있는 일을 수행할 수 있는 능력이라고 정의하면서 그 속에는 도덕적이고 평등적인 요소가 포함되어야 한다고 주장했다. 홉하우스(L.T. Hobhouse)도 강제의 부재라는 자유의 소극적 개념과 더불어 사회적 자유의 개념을 강조했다. 특히 라스키(H. J. Laski)는 자유란 소극적으로는 강제의 부재를, 적극적으로는 자아 실현을 위한 기회 보장을 의미한다고 보았다.

은 사회 내의 일반적 불평등 구조를 제거하기보다는 제한된 종류의 불평등을 줄이는데 노력했다. 이들이 특히 관심을 기울였던 분야는 고용, 교육, 보건 등이었다. 이들에 따르면 지나친 사회적 불평등은 마땅히 줄여가야 하나 그것이 근로 의욕을 저하시킬 정도에 달해서는 안 된다는 것이다. 따라서 이들은 개인주의와 사기업 및 시장경제 등의 자본주의적 기본 가치와 제도에 대한 직접적이고 본질적인 도전은 피한다. 이러한 의미에서 이들의 평등 개념도 고전적 자유민주주의자들이 주장하는 기회의 평등이지 결과의 평등이 아니다(Rawls, 2000). 그러나 이들은 기회의 평등 개념을 법적·정치적 평등, 즉 형식적 평등으로만 제한하는 고전적 입장과는 달리 경제적·사회적 평등, 즉 실질적 평등으로까지 확대시켰던 것이다. 그 결과 신자유주의자들은 자유와 평등의 가치를 조화시키는 복지국가의 철학적 기초를 마련하기 위해 종래의 사회계약론과 공리주의를 재구성했다.

한편 사회민주주의자들의 자유 개념은 복지 지향적 신자유주의자들의 그것보다 더욱 적극적이어서 자유와 평등의 조화에서 그 우선 순위의 변화를 초래한다. 이들이 지향하는 자유는 평등에 의존한다. 왜냐하면, 자원 또는 권력의 불평등이 존재한다면 어떤 사람은 다른 사람에게 종속되기 때문이다. 타우니(Tawney, 1990)는 자유란 자신의 생활 조건을 통제할 수 있는 힘, 즉 평등을 의미한다고 주장했다. 또한 이들은 자유를 정치 영역에서 경제 영역으로 확대시키기 위해 노력한다. 경제적 자유란 인간에게 노동 조건에 대한 선택의 자유가 부여되고 그것에 관련된 확실한 권리를 소유한 것으로 인정되어야만 하며, 아무도 독단적 권력에 의해 규제되어서는 안 된다는 것을 의미한다(Crosland, 1990). 이러한 자유 개념에 기초한 사회민주주의자들은 사회적 자유와 경제적 효율 및 개인적 자유의 실현과 같은 세 가지 측면에 기초한 평등을 주장한다.

제 2 절 복지국가의 유형

복지국가의 유형은 이념면에서 자유주의와 사회주의의 대립적 입장에 대한 비판으로부터 발전했다고 볼 수 있다. 따라서 복지국가는 두 가지 상이한 이념, 즉 자유주의의 사회주의화 및 사회주의의 자유주의화에 기초하고 있다고 보겠다(Offe, 2004). 자유주의와 사회주의는 정반대의 입장에서 사회문제에 대한 해결책으로서 복지국가에 반대해 왔다. 따라서 복지국가의 유형은 바로 그러한 극단적 대립을 지양함으로써 나타날 수 있었다.

서구의 복지국가는 다양한 유형을 가지고 발전했다. 따라서 복지국가의 역할과 그 내용도 다차원적이다. 그리하여 많은 연구가 그 유형을 다각도로 분류하고 각각의 특성과 구조를 분석하려는 시도를 했다. 또한 기존의 연구들은 각국에서 실시되는 복지제도의 유형을 분류하는 데 초점을 맞추는 경우도 있었다(Pierson, 2003).

여기에서는 이러한 경향을 고려하여 먼저 포괄적으로 기존의 연구를 검토한 다음, 이를 토대로 복지국가의 유형과 성격을 논의하게 된다. 복지국가의 개입 정도를 이분법적으로 분류하고 있는 윌렌스키(Harold L. Wilensky)와 르보(Charles N. Lebeaux)가 제시한 잔여적·제도적 복지제도다. 전자는 복지 제공에서 가족, 시장과 같은 자연적인 복지 공급 구조가 주된 기능을 수행하고 단지 이러한 기능에 결함이 생겼을 때, 국가가 최소한으로 개입하는 형태다. 후자는 국가의 역할이 확대되고 보편적인 사회권의 맥락에서 서비스가 제공되는 복지국가의 유형이다. 티트머스(R. M. Titmuss)는 잔여적 유형, 산업적 성취 능력 유형, 제도적 재분배 유형으로 분류하고 있다. 잔여적 유형은 가족과 시장의 역할을 강조하고 제도적 재분배 유형은 국가의 보편적 제공을 중시한다. 반면에 두 번째 산업적 성취 능력 유형은 사회복지의 급여를 시장에서의 업적, 즉 직무 수행의 성과와 생산성의 정도에 따라 차등을 둔다. 미쉬라(Mishra, 2000)의 복지국가의 유형은 다원적 혹은 분화적(pluralist or differentiated) 복지국가·조합주의 혹은 통합적(corporate or integrated) 복지국가다. 전자의 사회복지는 경제와 구분되고 대립된다. 성장에 영향을 주는 사회복지는 제한되고 잔여적 역할을 한다. 후자에서의 사회복지는 경제와 구분되지 않고 상호의존적이다. 사회복지정책과 경제정책의 밀접한 관계를 인정하며, 사회구성원들의 이익이 통합되는 복지국가 형태를 추구한다. 존스(Jones, 2000)는 복지국가를 복지자본주의(welfare capitalism)와 복지주의(welfarism)로 구분한다. 전자는 성취나 업적과 관련된 사회복지를 강조하며, 후자는 시민권을 바탕으로 하는 보편주의적 제공을 원칙으로 한다. 림링거(Rimlinger, 1990)는 복지국가를 사회적 시장경제(social market economy)와 사회주의적 시장경제(socialist market economy)로 구분하는데 전자는 복지에 대한 개인의 책임을 강조하여 자본주의 틀을 보호한다. 후자는 개인의 복지를 국가가 책임지는 측면을 강조한다. 더본(Therborn, 1996)은 마르크스주의의 입장에서 자본가와 노동자의 권력 투쟁의 형태에 따라 복지국가를 프롤레타리아(proletarian)·부르주아(bourgeois) 유형으로 구분한다. 전자는 노동계급의 힘이 강한 복지국가로서 노동자들의 생활권과 노동권이 보장된다. 후자는 자본 축적과 근로의욕 유지 등 자본주의 체제 유지에 도움이 되는 복지 프로그램을 강조하고 재원은 보험 원칙을 강조한다.

다음에서는 이상의 논의를 근간으로 각 나라의 사회적 여건 및 배경에 따른 복지국가의 유형과 성격을 검토한다.[2] 여기에서는 특히 국가 개입의 유형과 개입으로부터 도움을 받는 수혜집단, 그리고 공공정책의 정향에 따른 야경국가(복지빈곤국)·적극국가(복지지체국)·사회보장국가(복지중진국)·사회복지국가(복지선진국)·복지사회주의를 하나의 준거 틀(framework of referencr)로 한다.

1 적극국가

적극국가는 세계의 경제 공황에 따른 자본주의 체제의 자기 반성과 자기 수정의 형태로 제기된 개념이다. 즉, 시장경제의 자율성만으로는 자본주의가 추구하는 경제적 효율성을 더 이상 기대할 수 없고, 자칫하면 자유주의 경제 자체의 붕괴가 우려되기 때문에 시장에 대한 국가 개입으로 독점을 규제하고 과도한 사회불평등을 예방해야 한다는 것이다.

이 유형은 시장경제의 폐해나 소득재분배의 요구로부터 사유재산을 보장하자는 것

2) 퍼니스(N. Furniss)와 틸턴(T. Tilton)은 복지 요구에 따른 정부의 개입 형태에 따라 복지국가를 국민 최저 생활만을 보장하는 사회보장국가(social security state)와 국민 최저 생활의 보장을 넘어서서 빈부 격차까지 줄여나가는 사회복지국가(social welfare state)로 분류하고, 사회보장국가로서는 영국을, 사회복지국가로서는 스웨덴을 그 대표적 사례로 들고 있다. 영국형 복지국가는 신자유주의자들과 사회민주주의자들의 합작품이지만, 그것은 모든 국민에게 기본적 필요를 충족시킬 수 있는 국민 최저 생활의 보장을 목표로 하는 사회보장국가이므로 신자유주의적 복지국가에 더욱 가깝다고 할 수 있다. 그러나 스웨덴형 복지국가는 국민 최저 생활의 보장을 넘어서서 빈부 격차까지 줄여나가는 사회 복지국가이므로 사회민주주의적 복지국가의 대표적 경우라고 하겠다.

이기 때문에 경제적 부의 배분보다는 그 성장에 역점이 두어진다. 따라서 정부와 기업간에 일종의 공생관계를 유지하는 국가조합주의 형태가 나타나게 된다. 대체로 완전고용이 정부정책의 목표이며, 기업은 경제정책 결정의 자유를 제한받는 대신 정부로부터 보조와 지원을 받는다. 적극국가에서의 복지정책은 경제적 효율성에 부정적 영향을 주지 않는 한도 내에서만 가능하다는 논리다. 결국 경제 성장이나 경제적 효율을 저하시키는 복지정책은 피하며, 특히 노동조합으로부터의 과도한 인금 인상 요구나 집단행동은 규제가 된다. 복지정책의 형태는 수익자 부담의 원칙에 토대를 둔 사회보험제도가 주종을 이룬다. 사회보험이란 국고의 보조가 있기는 하지만, 원칙적으로 건강하고 수입이 있을 때 일정한 금액을 적립해서 노후나 불시의 실업과 재난 등에 대비하게 되는 것이다. 이 유형은 대체로 경제적 불평등을 그대로 남겨둔 채, 보험금을 낼 수 있는 사람만이 복지의 혜택을 누릴 수 있다는 한계가 노정된다.

이러한 의미에서 볼 때, 적극국가의 복지정책은 생산을 위한 노동 유인책의 한 수단에 불과하므로 야경국가에 비해 국가 개입이 어느 정도 존재할 뿐, 진정한 복지국가의 유형으로 간주할 수 없다는 것이다. 성격면에서 볼 때, 적극국가는 경제 성장과 기업 이익의 보호라는 일종의 개인주의적 사상이 지배적인 잔여적 성격을 내포하고 있다고 보여진다(Heckscher, 2004).

2 사회보장국가

사회보장국가의 이념은 모든 국민의 최저 생활 수준(national minimum)을 보장한다. 사회보험에서는 대체로 일정 기간 또는 특수한 조건에 부합해야만 실업이나 의료보험의 혜택을 받을 수 있으나, 이 사회보장제도에서는 누구나 의식주의 기본 욕구를 충족시킬 수 있는 생계비를 지급한다는 것이다. 즉, 모든 사람에게 최저한의 생활의 안정을 보장하는 것이 사회 전체의 책임이라는 연대성의 원칙을 이행하고 있다. 이러한 최저한의 생활 안정이란 단순히 빈곤 추방에 그치지 않고 국가가 모든 사람에게 인간답게 생활할 수 있는 물질적 환경을 마련해 주는 것을 의미한다.

영국의 복지제도는 대체로 사회보장국가의 유형에 근접한다고 볼 수 있겠다. 물론 최저생계비를 정부가 전부 부담하는 것은 아니고 사회보험으로 충당하고 부족분만 국가가 보조하는 것이지만, 누구에게나 생존의 권리를 인정한다는 점에서 적극국가의 유형보다는 진전된 형태로 평가된다(Gough, 2009).

그러나 국민 최저 수준 이상에서는 자본주의 원리가 그대로 존속되며, 개인 간의 자유로운 경쟁을 인정한다. 또한 사회보험의 원리도 여전히 존재하여 국가는 노동에 대한 유인과 기회, 그리고 책임을 억압하지 않는다. 이러한 점에서 보면 사회보장국가를 지배하는 원리는 평등이라기보다는 기회 균등에 두어진다고 하겠다. 적극국가에서와 같이 국가와 자본 간의 협동을 유지하면서 각종 복지정책을 전개한다. 그러나 사회보장국가는 이 같은 국민 최저 수준의 지향이라는 면에서 복지국가의 한 유형으로 분석할 수 있으며, 또한 완전고용정책을 추구한다는 점에서도 적극국가와는 구별되는 제도적 성격을 띠고 있다고 할 수 있다.

3 사회복지국가

사회복지국가의 지향 이념과 정책목표는 평등, 자유, 협동으로서 단순한 최저 생활의 보장이 아니라 사회계층 간의 불평등을 최소화하는 데 있다. 복지정책을 실현하는 수단으로서 완전고용을 추구하되, 노동시장에서 정부, 노조, 소비자집단 등이 참여하여 대등한 상호작용의 원리를 기반으로 사회주의적 조합주의를 활용하자는 것이다.

이와 같은 유형에서는 특히 산업화 이후 제기된 환경오염 문제, 자연보호 문제, 자원 고갈 문제 등에 관심을 갖고 생활의 질을 높이기 위한 전략적 계획을 수립해야 한다는 것이다. 이를 위해 사회 전체의 이익이라는 맥락에서 개인의 사유재산권에 대해서도 상당한 제약이 불가피하다는 인식이다.

동시에 사회구성원 간의 임금 격차를 줄이기 위한 이른바 연대적 임금정책(solidaristic wage policy)을 제안한다. 이 제도는 기존의 상후하박의 임금구조가 부와 권력의 편중을 초래했다고 지적한다. 이것은 피라미드형의 임금 체계를 완전히 부정하는 것은 아니지만, 가능한 피라미드의 밑바닥이 어느 정도 두텁게 되도록 재조정하자는 것이다. 이렇게 되면 비록 일의 종류와 책임이 다르더라도 균등한 임금 체계가 이뤄진다는 것이다(Henrekson, 2000).

경제적 평등을 실현하는 문제에 대해서도 사회보험이나 공적 부조에 의존하는 방식에서 공익사업(public services)의 종류와 범위를 대폭 확대하자는 것이다. 가령 병원, 유치원, 법률사무소, 대중교통 수단, 각종 사회시설들을 무료 또는 저렴한 비용으로 광범위하게 제공하면 그만큼 생활 수준의 평준화가 이뤄진다는 것이다.

이러한 방식의 복지정책은 정치 권력의 근본적인 재편이 수반되어야 한다. 따라서 종래의 정치 과정에서 소외되어 있던 개인이나 집단에게 적극적인 참여와 영향력의 행사가 권유된다. 이를 통해 권력의 핵심이 고용주로부터 피용자로 이전되게 되며, 모든 정책 결정의 과정에 시민 내지 그 대표자가 참여하는 틀이 마련되어야 한다(Henrekson, 2000).

이러한 유형은 정책의 차원보다는 이론이나 이상의 범주에 더 가깝다고 볼 수 있다. 그러나 이러한 유형은 복지국가를 지향해 나가는 데 이념적인 준거와 전략적인 방향을 제시해 주고 있다는 것이다. 이상의 내용을 <표 8-1>과 같이 나타낼 수 있다.

표 8-1 복지국가의 유형 및 성격

구분 유형	성격	전략
적극국가 (복지 지체국)	자유, 경제적 효율, 개인주의 사상, 잔여적 복지	최소주의, 국가조합주의, 성장정책
사회보장국가 (복지 중진국)	생활 안정, 사회적 연대성, 기회 균등, 제도적 복지	최저 생활 수준(National Minimum), 국가조합주의, 사회보장정책
사회복지국가 (복지 선진국)	평등, 자유, 협동, 민주주의, 참여, 제도적 복지	정치정책, 권력 공유, 사회주의적 조합주의

제 3 절 복지국가의 미래

복지국가의 미래는 이 시대의 가장 중요한 사회적 쟁점이 되고 있다. 현대의 산업사회에서 복지국가는 다면적인 성격을 띠고 있다. 복지국가는 새롭게 산업화되어 가는 과도기에 있는 사회에 생산의 동기와 열망을 제공하기 위한 모델과 기준이 될 수 있다고 본다. 그 결과 복지국가는 정치적 공동체 및 사회적 연대성의 표현, 그리고 빈곤의 제거와 응집력의 강화를 통해 안정적인 시민사회를 형성하는 데 크게 이바지할 수 있을 것이다.

여기에서는 여러 유형의 복지국가를 통해 발견된 과제를 검토해 보고, 이를 실현할 수 있는 미래의 복지국가의 발전 패러다임으로서 근로중심복지국가에 대해 설명하고자 한다.

1 복지국가의 과제

복지국가는 여러 도전에 직면해 있다. 복지국가가 그 유형과 성격을 유지하면서 역할을 계속 수행할 수 있을 것인가? 등의 기본적인 질문이 제기되고 있다. 이러한 질문들은 미래의 복지국가에 대한 패러다임 및 성격과 관련된다.

복지국가가 새로운 동기부여의 기제(motivation mechanism)를 발견해 낼 수 있다면 자본주의 체제의 효율적인 모형이 될 수 있다는 것이다. 복지국가는 오히려 세계화 경향에 내재된 문제, 불평등과 빈곤의 심화, 생태계의 파괴 등 반공동체적·반연대적 문제들을 해결하기에 적합한 대안적 장치가 될 수 있을 것이다(Yuste, 2004). 이러한 맥락에서 복지국가가 해결해야 할 몇 가지 과제들을 살펴보고자 한다.

첫째, 사회적 과제로서 사회권의 확대를 통해 불평등의 감소를 실천해야 한다. 사회권은 건강과 교육 분야에서는 어느 정도 진전되는 추세이나 사회 보장과 주택 및 사회 서비스의 영역에서는 미흡한 실정이다. 특히 현대의 사회권은 빈곤 퇴치에서 더 나아가 최적의 생활환경과 여건을 마련하는 데까지 확대되고 있다. 따라서 새롭게 제기되고 있는 환경오염과 공해, 약물, 마약 중독과 같은 문화·정신적 질병, 더 좋은 교육 및 근로환경, 여가와 레크리에이션에 대한 수요 증대, 치안 유지 및 인권 보장 등으로 관심이 확대되면서 국민적 최소에서 삶의 질을 강조하는 국민적 최적(national optimum)의 원칙으로 이행되어야 한다. 따라서 복지국가는 경제적 복지뿐만 아니라 사회·문화적 복지, 즉 삶의 질을 개선하고 과도한 불평등을 줄이는 노력을 해야 한다.

둘째, 경제적 과제로서 기본적으로 경제정책과 사회정책은 연계되어야 한다. 경제성장은 그 자체로서 경제·사회적 불평등을 감소시키지 않는다고 본다. 성장 없이 불평등을 줄이는 것은 가능하더라도 매우 어려운 것이다. 따라서 어떤 경제정책도 사회적 의미를 지니며, 마찬가지로 사회정책도 경제가 어떻게 움직이느냐에 의존한다. 이처럼 경제정책은 사회정책보다도 평등과 불평등에 많은 영향을 미친다(Buchele, 2003). 오늘날 가장 현저한 불평등은 특정한 경제정책의 산물인 취업자와 실업자 간의 불평등에 기인한다. 경제정책은 항시 사회정책의 방향을 규정해 왔고, 그 결과 일정한 경제 목표에 맞춰 사회 서비스는 확대 또는 감소되어 왔다. 두 정책 목표 간의 관계는 더욱 부합되어야 할 때가 되었다고 본다.

셋째, 정치적 과제로 복지행정의 분권화와 지역화를 통해 국가복지의 민영화를 도모해야 한다. 그동안 복지국가는 사회 서비스에서 사적(private)이고 비민주적인 정책결정 과정, 소비자 편의와 공적 불만에 대한 비효율적 대응, 그리고 직업적 전문가에 대한 지나친 의존 때문에 관료국가라는 비판을 받아 왔다. 이것은 사회 서비스의 관리 및 조직에서의 국민 참여의 요구를 초래했다. 이러한 요구는 사회민주주의의 정신과 실천에 부합되는 것이었다. 지방정부의 일상적 과정을 통한 관리로서는 적절한 민주적 통제를 보장할 수 없다. 서비스의 실질적 운영과 조직화, 그리고 발전에서 실질적 및 잠재적 사용자와 다른 시민들의 참여가 요구된다. 그 결과는 서비스 행정의 분권화와 지역화로 나타날 것이다. 동시에 복지국가의 재편을 둘러싼 여러 전략적 수단 가운데 하나로 다뤄지는 민영화 방안은 국가복지의 규모를 줄여나가는 역할 분담의 과제가 되고 있다.

2 근로중심복지국가

서구 복지국가들의 역사적 발전 과정을 통해 볼 때, 복지국가의 핵심적 기능은 소득보장정책을 통해 다양한 사회적 위험(social risk)으로부터 안정된 생활을 확보하는 데 있다. 현실적으로도 사회복지 지출의 대부분은 이러한 수급자들의 소비 능력을 증대시키기 위한 '소비적 복지'에 사용되어 왔다. 선진 복지국가들은 전체 사회복지 지출의 대략 2/3 이상을 국민연금, 질병수당, 실업급여, 공공부조 등의 소비적 복지에 사용하고 있다(OECD, 2010). 즉 서구 선진 복지국가들은 상당한 수준의 소비적 복지를 이룬 후에 오늘날 노동 연계 복지(workfare)를 강조하는 추세에 있다고 보는 것이다.

근로중심복지국가의 등장은 단순한 정책의 변화가 아니라, 복지국가의 한 패러다임이 바뀌고 있음을 보여 준다. 오늘날 서구 선진 복지국가들은 근로를 통한 복지가 사회복지정책의 중요한 담론을 형성해 가고 있다. 노동시장 밖에서의 삶은 수동적인 상태로 규정된다. 여기에서 수동성은 사회적으로 유의미한 활동을 하지 못하는 경우를 가리킨다. 이러한 수동적인 사람들을 유급노동의 세계에 다시 편입시키려는 정부의 노력이 바로 근로중심복지국가의 사회정책이다(Mead, 2004).

근로중심복지국가는 기본적으로 복지와 근로를 유기적으로 연결하고 그 관계를 국가 또는 시장이 조직적으로 관리할 수 있도록 하는 데 정책의 우선순위가 두어진다. 따라서 모든 근로 중심 복지정책은 근로소득의 제공이 복지급여의 제공보다 더 나은 수단이며, 무엇보다 우선해야 할 정책이라는 철학에 토대를 두고 있다(Gilbert, 2000). 이 철학에 따르면 복지 의존은 바람직하지 않은 현상이므로 불가피하게 복지에 의존하는 경우에도 최단 시일 안에 근로시장으로 복귀하도록 지원하는 것이다. 현재 서구 복지국가에서 시행 중인 근로 중심의 복지정책은 이 같은 철학을 공유하면서 표면상 하나의 동질적인 경향을 띠고 있는 것처럼 보인다. 어느 나라에서나 복지수급자를 근로시장으로 진입시키려고 노력하고 있다. 또한 소극적 소득 지원보다 적극적인 근로시장정책이 좀 더 근본적인 해법이라는 원칙에도 대부분 동의하고 있다(Noel, 2002). 따라서 여러 서구 복지국가에서 시행하는 근로 중심 복지정책은 적어도 큰 틀에서는 별다른 차이가 없는 듯이 보인다.

그런데 여기에서 중요한 쟁점은 고용가능성(employability)에 관한 문제다. 현대 자본주의 체제를 자극하는 이른바 고용 없는 성장은 바로 일자리 없는 복지(welfare without work)의 전형으로 나타날 수도 있기 때문이다. 이것이 바로 근로중심복지국가의 최대 과제다. 대체로 복지국가의 재편 과정에서 제기되는 실업문제의 원인을 공급 부문(즉, 실업자 자신)에서 구하려는 관점이 지배적이다. 이러한 관점에서는 복지수급자가 일을 안 하고 복지급여에 의존해서 사는 이유는 복지급여가 노동 유인을 저하시키기 때문으로 설명하고 있다. 따라서 결국 실업은 실업자의 개인적인 선택의 결과라는 의미다.

사실 근로 연계 복지정책은 복지 개혁 과정에서 격렬한 담론의 주제가 되고 있다. 근로중심복지국가의 모형에서 지지자들은 이 정책이 복지 수급자의 근로 습관을 길러 주고 사회적 책임감을 느끼게 하며 노동윤리를 회복하는 데 도움을 준다고 주장한다.

근로중심복지국가 유형에서 근로와 복지는 자본주의 사회의 성격을 이해하는 데 필요한 두 가지의 핵심 개념이 되고 있다. 현대 복지국가에서 양자를 연결하는 고리의 역할은 노동시장이 맡고 있다. 노동시장 안에서 일자리를 얻는 데 성공한 노동자는 임금이라는 형태의 금전적 보상(compensation)을 받는 반면에 노동시장 밖으로 밀려난 노동자는 실업급여나 공공부조의 형태로 실업에 대한 보상을 받는다. 양자의 관계는 정치경제적 상황에 따라 때로는 상호 배타적인 것으로 때로는 상호 보완적인 것으로 인식되어 왔던 것이다.

Part

03

복지행정의 정책 및 관리 체계

복지행정이 복지국가를 운영하는 데 수반되는 장치로서 사회보장정책과 관리 체계를 들고 있다. 사회보장정책은 복지국가의 기본이 되는 사회 안전망(social safety network)의 형성에 필요한 이념과 가치를 제공한다.

현대 국가가 사회보장정책에 접근하기 위해서는 기본적으로 사회문제에 대한 해석이 요구된다. 산업자본주의 체제에서 사회문제는 사회보장정책의 대상이 되기 때문이다.

실천 영역에서 사회보장 체계는 목적 개념의 대상이 된 사회문제를 직접 해결하는 복지행정의 핵심 기제가 된다. 사회보험, 공공부조, 사회복지 서비스는 국가가 각종 사회적 위험(social risk)으로부터 국민생활을 제도적으로 보호하는 사회보장 체계의 내용이다.

복지행정이 이러한 내용들을 실천적 서비스를 통해 실행하는 데 필요한 제반 수단이 되는 것이 바로 운영관리 체계의 분야에 해당된다. 조직, 프로그램, 정책은 운영관리 체계를 구성하는 핵심 내용들이다. 휴먼 서비스는 이러한 관리 수단들이 효율화와 인간화를 달성하는 데 적합한 전달 체계라고 할 수 있다.

제 9 장 사회보장정책

현대 국가가 지향하는 제도적 복지를 실현하는 두 가지 가치는 복지 이념과 그 실천 수단이다. 복지 이념은 혼합자본주의 시스템에서 사회 보장에 대한 국가 개입의 의지를 측정하는 척도가 되고 있다. 국가복지에 대한 의지와 신념의 수준은 구체적 실천 수단이 되는 사회보장정책으로 나타난다.

사회 보장의 기본 맥락은 '국가에 의한 전국민의 최저 생활 보장(national minimum)'으로 유지되고 있다. 이것은 영국을 비롯한 구선진 복지국가에서부터 현대에 이르기까지 일관되게 고수하고 있는 국가복지의 핵심 기능이다.

사회보장정책의 형성구조는 민주주의, 정치 과정, 경제정책, 노조의 역할, 국제 관계 등에 의해 영향을 받는다. 이러한 영향력의 정도와 범위는 사회 보장과 이를 실천하는 복지국가의 관계, 그리고 그 운영 요소를 규정하는 변인이 된다. 사회보장정책은 평등주의에 근간하여 운영되는 기제다. 그러나 자본주의 체제에서 평등주의 가치가 독자적으로 작동되는데는 적지 않은 한계와 모순에 부딪치는 경우가 있다. 자본주의의 기저에는 기본적으로 생활의 개인 책임 원리를 부정할 수 없는 흐름이 상존하기 때문이다. 따라서 사회보장정책은 근간이 되는 평등주의에 능력주의를 가미시켜 이를 변증법적인 통로를 거쳐 환류시킴으로써 비로소 그 정당성을 확보하게 된다.

이 장에서는 사회보장정책을 형성하는 동기 및 구조와 이를 뒷받침하는 이념적 가치를 검토하고, 성격과 기능면에서 사회 보장과 복지국가의 관계, 그리고 그 운영 요소를 차례로 살펴본다.

제1절 형성 동기

자본주의를 형성하고 있는 자유정신은 산업사회의 진전 과정에서 여러 대칭적 가치의 필요성을 제기했다. 대체로 자유의 가치는 그동안 개인의 존엄성과 창의성을 바탕으로 생산력의 지속적 성장을 이뤄냈다. 그 결과 자본주의 국가들은 산업화·도시화·경제 성장·사회 이동 등 거시적인 사회경제적 환경 변화를 경험했다. 반면에 이러한 환경 변화에는 전체 사회의 도덕성과 공동체적 유대와 같은 평등의 덕목 내지 가치가 상대적으로 약화되는 대가를 치르게 되었다. 산업사회에서 평등의 가치는 개체의 창의성과 함께 인간의 조화로운 삶을 보장하기 위해 중요한 시민적·정치적·사회적 권리다(Derthick, 2008). 미쉬라(Mishra, 2000)는 국가가 모든 시민에게 최소한의 인간다운 생활 수준을 보장하기 위한 책임을 지기 위해 제도적 사회 보장 장치가 마련되어야 한다고 주장하면서 이것을 평등사상에 토대를 둔 사회권으로 해석했다.

현대적 의미의 사회 보장(social security)이라는 용어가 하나의 제도와 정책으로서 채용된 것은 1930년대를 기준으로 하고 있다. 1934년 뉴딜정책(New Deal Policy)을 입안할 때 사용한 사회 보장은 하나의 정치적 목표로서 독자적인 사회정책의 성격으로까지는 미치지 못했으나, 그 이듬해인 1935년 미국의 사회보장법이 제정됨으로써 분명 경제 보장(economic security)의 기능을 수행하는 제도적 위치를 차지하고 있었다.[1] 물론 그 용어의 역사성은 존재하지만, 영국은 사회 보장의 전형적 국가다. 이것은 현대 국가에서 사회보장정책이 전 국민의 국가에 의한 사회 보장이라는

1) 사회 보장이라는 용어가 제도적으로는 1935년의 미국의 사회보장법에 기원을 두고 있지만, 사회 보장의 내용이 되는 제도는 1880년대 독일의 사회 입법에서 출발하고 있다. 독일은 1883년의 건강보험, 1884년의 산재보험, 1889년의 노령폐질연금 등 사회 입법을 통해 사회보험제도를 실시함으로써 사회보장의 실질적인 내용을 처음으로 실시한 나라다. 다만, 독일의 경우는 사회 보장이라는 용어보다는 주로 사회정책 또는 사회복지정책이라는 개념을 갖고 있다.
1935년에 미국의 사회보장법이 제정된 이후, 이 용어는 전 세계적으로 보편화된 제도와 정책 차원의 개념으로 인식되었다.

제도 정신에 근간하고 있다.

현대 산업사회에서 사회 보장은 전체 구성원을 대상으로 직면할 수 있는 사회적 위험에 대처하기 위한 사회적 안전망으로서 기능을 수행하고 있다. 따라서 사회 보장은 그 서비스의 제공자와 수혜자 간에 교환되는 관리기술적 · 제도적 · 정책적 맥락의 인식이 형성되어야 한다. 현실적으로 사회 보장의 목적인 생활 보장은 구체적으로는 소득 결핍에 대한 소득 보장이며, 동시에 질병의 경우 치료비용에 의한 소득 저하를 방지하는 의미에서 의료 서비스 또는 의료비가 보장되어야 한다는 것이다. 또한 이것을 달성하는 방법 및 그 범위에 대한 이해가 전제되어야 한다.

사회보장정책이 형성되는 동기를 제공하는 주요 요인은 사회문제에 두어진다. 이러한 사회문제는 산업자본주의 체제에서 국가의 전형적인 역할 영역이 되고 있다. 즉, 국가는 정부를 통해 공공 이익을 구현하는 유일한 기제이기 때문이다.

산업국가에서 사회문제는 사회보장정책의 보호 대상이 된다. 따라서 현대 국가의 사회보장정책에 접근하기 위해서는 기본적으로 사회문제에 대한 해석이 요구된다. 사회문제에 대한 대응의 형태와 방식은 특정 국가가 처한 정치적 · 경제사회적 및 문화적 배경에 따라 상이하다. 동시에 사회문제의 원인도 역사적 배경과 경제 질서와 관련된 구조적 요인 등으로 다르게 나타날 수 있다.

사회문제가 발생했다는 사실은 정책결정자로 하여금 이를 해결할 정치적 의무를 전제하는 것이다. 따라서 본질적이고 공통적인 것은 사회문제에 대한 제도적 대응 기제로서 사회보장정책이 형성되는 동기를 제공하게 되는 것이다.

제 2 절 형성구조와 이념적 가치

1 형성구조

현대 자본주의 체제에서 사회문제의 원인은 대체로 산업화에서 찾고 있다. 그렇다면 유럽에서 산업화가 먼저 이뤄진 영국이 후발 산업국가인 독일에 비해 사회정책의 형성 및 사회 보장 입법이 시기적으로 먼저 이뤄져야 했을 것이다. 그런데 역사는 그렇지 않았다. 이것은 결국 사회정책의 수립 및 집행을 둘러싼 상황 조건에서의 차이로 설명될 수 있다. 이러한 상황 조건은 한 나라에서 사회보장정책이 형성되는 데 중대한 변수로 작용한다. 여기에서는 이러한 맥락에서 사회보장정책의 형성에 미치는 영향 변인으로서 민주주의, 정치 과정, 경제정책, 노동조합의 역할, 그리고 국제 관계를 중심으로 논의하고자 한다(Gordon, 2003).

첫째, 사회 보장과 민주주의 관계다. 사회보장정책은 민주주의 정치 체제를 정치적 기반으로 하여 비로소 형성·실현될 수 있다. 사회문제가 발생했을 때, 그것이 국민 개개인의 사회경제적 생활에 미치는 파급 효과를 민감하게 인식하고 정치적 정당성을 유지하기 위해 이에 대한 정책적 대응을 해야 하는 정치 체제가 전제되어야 한다는 것이다. 이러한 정치 체제에서는 동시에 사회문제에 대한 인식과 대응이 적절히 이뤄지지 않는 경우 정치적 정당성을 박탈하는 기회가 국민에게 보장되어야 한다. 전체주의 정치 체제에서도 사회보장정책이라는 외형이 존재할 수는 있다. 그러나 이 때 사회 보장은 소수에게 독점되어 있는 의사결정 과정의 산물에 불과한 것이다. 따라서 이러한 경우에 사회문제에 대한 객관적인 평가와 이에 기초한 정책적인 대응이 이뤄지지 않게 된다. 경우에 따라서는 사회 보장이 특정 계급에 대한 정치적 보상의 성격을 갖기도 한다는 것이 역사적 경험이다. 또 설령 객관적인 정책적 판단에 기초하여 사회 보장이 형성된다고 하더라도 민주주의적 기반이 취약한 정치 체제에서 사회 보장에 대한 급여는 단지 시혜적 성격을 띨 뿐 권리로서 의미를 갖지는 못한다. 정치권력의 자의적인 판단에 의해 사회보장적 급여 체계는 언제나 후퇴할 수 있는 상태를 유지하게 된다. 사회보장정책은 이와같이 민주주의 정치 체제에서만 형성이 가능하고 또 존재 의의를 갖는다. 그러나 반대로 균형된 사회보장정책이 이뤄지기 위해서는 민주주의 자체가 사회화되어야 할 필요가 있을 것이다. 민주주의는 제도적 장치의 마련과 더불어 국민 전체의 의사라는 규범적이고 동적인, 그리고 의지적인 요소에 그 정당성이 의존되어 있는 국가 형태다. 그런데 정치 과정의 실제에서는 국민 전체의 의사는 유권자 다수의 의사로 나타나게 된다. 따라서 사회보장정책의 결정 과정에서도 본래의 정신인 사회적 약자의 보호보다는 국민 다수의 이익에 봉사하는 정책이 채택되는 방향으로 결론이 나기도 한다. 특히 사회보험제도를 중심으로 사회보장정책이 시행되는 나라에서는 사회보장정첵에서 빈곤문제가 소홀히 되고, 중산층이 중심적인 정책 대상이 되는 불균형이 초래되기도 한다. 왜냐하면, 빈곤정책의 대상자는 적어도 사회보험 가입자에 비해서는 수적으로 소수일 뿐만 아니라, 질적으로 보더라도 그들은 로비활동 등을 통해 현실 정치에서 정치권의 정당성을 좌우할 만한 영향력을 갖고 있지 못하기 때문이다. 한 나라의 민주주의가 기능하는 과정에서 객관적인 상황에 대한 공개적인 논의가 이뤄져 정치의 논리와 더불어 정책적 논리가 중요한 비중을 차지해야 하는 이유가 여기에 있다(Marsh, 2002).

둘째, 사회 보장과 정치 과정의 문제다. 민주주의적 의사결정의 관행과 제도가 확립되어 있는 경우에도 사회 보장의 현실은 정치 과정의 실제 운영에 따라 다양하게 형성된다. 즉 국가 형태, 정부 형태, 국회의 구성, 정당 체계, 그리고 노동조합을 포함한 이익단체의 활성화 여부 및 이들의 정치적 의사결정의 참여도 등이 모두 복지국가의 정치 과정에 복합적으로 영향을 미치는 요소들이다(Kaim-Caudle, 2003). 예컨대 연방국가에서는 단일국가에 비해 주의 이해관계가 중요한 역할을 하기 때문에 이 점이 사회 보장의 의사결정에 장애 혹은 지체 요소로서 작용하는 것이 일반적이다. 연방이 사회정책을 시행하기 위한 헌법적 권한을 결여하고 있는 경우 특히 그러하다. 미국과 스위스가 여기에 해당하는 대표적인 예다. 양원제 국회 구조를 가지고 있는 경우에도 상원의 권한이 약화되어 있다면 이는 정치적 의사결정에 거의 영향을 미치지 않는다. 대통령 중심제 정부 형태에서 대통령은 독임제 최고 의사결정기관이다. 따라서 이 경우 비교적 단순한 의사결정이 가능하다. 이에 비해 의원내각제 정부 형태에서는 행정부의 수반은 국회의 직접적인 정책 책임을 부담하며, 따라서 국회의 구도가 정책결정에서 결정적인 역할을 수행한다. 민주주의는 기본적으로 대의제를 통해 실현된다. 그런데 나라에 따라서 직접민주주의적 요소를 가미하고 있는 경우가 있으며, 이 경우 직접민주주의적 요소는 일반적으로는 현상 유지적인 기능을 수행한다. 그만큼 사회정책적 조치를 취하는 데, 그리고 기존의 사회정책을 합리화하는 데 의사결정을 어렵게 하는 기능을 수행한다. 스위스가 여기에 해당하는 대표적인 예다.

셋째, 사회 보장과 경제정책이다. 사회 보장은 시장경제 질서를 대체하는 것이 아니며, 시장경제 질서를 전제로 이를 보충하는 기능을 수행한다. 극단적으로 표현하면 사회 보장은 시장 종속적인 이념과 제도라고 할 수 있다. 이에 상응하여 사회 보장은 시장경제 질서를 정당화하는 효용성을 갖는다. 특히 사회보험을 중심으로 사회 보장을 형성하는 경우 사회보험은 시장에서 형성된 소득 수준을 사회적 위험이 발생한

후에도 계속 유지시키는 기능을 수행하며, 따라서 시장의 원칙을 충실하게 지지하는 기능을 한다(Miliband, 2000).

넷째, 사회보장정책의 형성자 중 근로자의 이익을 대변하는 대표적인 집단이 노동조합이다. 한 나라에서 노동조합의 조직률이 높고, 또 전통적으로 노동조합이 정책결정의 중요한 변수로서 기능하는 경우 사회 보장에 긍정적인 영향을 미친다. 노동조합이 국가 주도의 사회보장정책의 추진에 긍정적이고 적극적인 역할을 수행하는 대표적인 나라로 스웨덴을 들 수 있다(Robson, 2000). 스웨덴에서는 노동조합이 사용자의 기업경영권을 수용하고 파업을 자제하는 대신, 사회 보장을 약속받고 이를 국가가 담보하는 내용의 국가·사용자 및 근로자 간의 대단합이 이뤄졌기 때문이다.

다섯째, 사회 보장의 형성에서 국제적 영향과 관련하여 주목할 만한 실험은 유럽연합에서의 입법이다. 다만 유럽연합의 입법은 주로 노동력의 이동으로 인해 발생하는 사회보장법적 불이익을 방지하는 목표를 가지고 있기 때문에 유럽연합 각국의 국내 사회정책적 권한을 제한하는 것은 아니다. 사회문제에 대한 각국의 대응을 좀 더 잘 이해하기 위해 거시구조와의 관련 속에서 각국의 사회 보장을 유형화할 필요가 있다. 잔여적 사회 보장에서는 사회적 위험에 대한 국가의 책임은 가족 혹은 시장의 기능에 보충적이며, 따라서 이러한 유형에서 공적 사회 보장은 사회의 소수 주변 집단을 주요 대상으로 한다. 이에 비해 제도적 사회 보장에서는 전국민이 보호 대상이며, 따라서 보편적인 사회 보장이 형성된다. 또 여기에서는 고용 및 노동환경 등의 문제 역시 사회 보장의 정책 영역에 포섭되어 사회보장정책은 전체 사회 질서로서 성격을 갖는다.

2 이념적 가치

이데올로기의 면에서 사회 보장을 평등주의와 실적주의 가치에서 접근할 수 있다. 평등주의 입장에서 국가는 보편적으로 모든 사람에게 최저 수준(national minimum)의 급부를 행하고 그 이상의 충족은 각자에 따라 수혜자 부담을 지운다. 그러나 이 경우 평등주의가 타당성을 확보하기 위한 전제 조건으로 각자의 균등한 소득과 필요도에 차이가 없어야 한다는 것이다. 이에 반해 실적주의는 소득에 비례하여 또 사고 위험의 정도에 따라 급부와 반대급부에 차이를 두게 된다. 이것은 사보험의 원리에 입각한 것으로 사회 보장의 합리성이 그만큼 상실되는 결과가 된다.[2] 사회 보장에서 실적주의란 보험료를 소득에 비례하여 징수하고 그 대신 급부도 소득에 비례하여 지급하는 제도다. 이러한 실적주의는 평등주의와 더불어 그 이론적 타당성과 한계를 동시에 내포하고 있다. 사회 보장의 이념에서 볼 때, 영국형의 평등주의가 합리적이지만, 최근에서 평등주의가 수정되면서 실적주의를 가미하는 경향이 나타나고 있다. 저소득자를 표준으로 한 균일 급부는 만인에서 공통된 최저 생활의 유지를 목적으로 한다. 영국이나 스웨덴 같은 평등주의를 채택하고 있는 사회보장국가에서는 비례연금이나 보족연금이 실시되고 있다. 실적주의는 노동자의 요구에서뿐만 아니라 국가의 입장에서도 재정적 관점에서 채용하는 경향이 있다. 그 이유는 균일한 거출로 충분한 재원을 조달할 수 없을 뿐만 아니라 실제로 최저 생활을 유지하는 데 부족을 느끼므로 결국 공공부조에 의한 보완이 요청되기 때문이다(Macarov, 2001). 반면에 실적주의를 채용하는 경우에도 반드시 최저 생활을 유지할 수 있다는 보증은 존재하지 않는다. 이것은 저임금 계층에 대한 사회 보장 급부가 최저생활비에 부족한 것을 보충하는 수준이기 때문이다. 이와 같은 평등주의와 실적주의는 사회 보장의 원칙에 대립되는 두 개의 지주이지만 현실적으로 양자를 혼합하는 방식은 적당하지 않다. 어디까지나 사회 보장의 전제는 평등주의에 있기 때문에 여기에 실적주의를 부가시키는 것이 바람직한 것으로 보고 있다.

제 3 절 복지국가와 사회 보장의 운영 요소

사회 보장은 복지국가와 밀접한 관계를 가지고 있다. 특히 사회 보장과 관련된 현금급여제도는 복지국가가 실현되는 측면이라고 볼 수 있다(Ploug, 2000). 이같이 복지국가에서 사회 보장이 차지하는 비중은 복지국가의 성격과 개념을 통해서도 알 수

2) 베버리지의 원칙에 크게 의존하고 있는 영국형 사회 보장이나 북구형의 사회보장제도는 평등주의를 기조로 하고 있음에 비해, 영국처럼 사회 보장의 혁명을 거치지 않고 사회정책이나 노동정책의 전통을 계승한 프랑스, 독일, 이탈리아와 같은 대륙형 사회보장 국가는 능력주의를 채택하고 있다.

있다.[3)]

여기에서는 사회 보장과 복지국가의 관계를 검토하고 이를 토대로 사회 보장의 운영 체계에 대해 살펴본다.

1 사회 보장과 복지국가

사회 보장은 현대 복지국가의 책임으로 받아들여지고 있다. 이러한 인식은 여러 유형의 복지국가에서 기본적으로 최저 생활 수준을 보장하고 있다는 데서 확인된다. 사회 보장이 의미하는 생활 수준은 적어도 최저 생활이며 이것은 생리적 한계의 정도에 그치지 않고 사회적 한계에서 최저 생활을 의미한다. 그런데 각국의 생활보호법에서 규정하고 있는 최저 생활이란 일정한 장소와 시기의 고정적인 수준으로는 보기 어렵고 이론적 생계비나 물가 상승을 고려하여 과학적으로 책정한 것이어야 할 것이다. 따라서 그 수준은 시대와 국가에 따라서 변화하며 생산력과 국민소득이 증가하면 당연하게 최저 생활 수준도 향상되는 탄력적인 수준이 되어야 한다.

그러나 최저 생활 수준의 보장은 자유주의 사회에서 생활의 자기 책임의 원리가 존재하기 때문에 신중한 접근이 요구된다. 또한 사회 보장은 최저 생활을 지향하지만, 그 이상의 생활은 각자의 노력에 의해 해결되어야 한다. 만약 현대 국가가 그 이상의 생활을 보장한다면 국민은 노력과 근로 의욕을 상실하기 때문이다. 한편 자립을 원칙으로 하는 현대의 자유주의 국가에서 사회보장제도는 개인과 국가의 책임을 각각 명확하게 구분하기 어려운 점이 있으나 어떠한 경우에나 국가가 항상 최저 생활을 보장해야 하는 것은 아니다. 또한 국가가 책임을 져야 하는 경우에도 수혜자인 본인에게 보험료 또는 조세의 명목으로 비용의 일부를 부담시키거나 면책 규정을 두는 이유도 그러한 점에 있다. 사회 보장의 성립 배경은 국민이 전반적으로 빈곤하게 된 때에만 가능한 것은 아니다. 국민들이 경제 불황, 실업, 질병, 저임금, 인플레이션, 세

3) 마쉬(D. C. Marsh)는 복지국가를 "모든 사람이 적어도 최저 생활 수준을 갖도록 하고 또 기회 균등을 증진시키려는 의식적이고 계획적인 정책(conscious and deliberate policies)이 있는 국가"라고 정의하고 있다(Marsh, 2002). 대부분의 학자가 사회 보장의 목적에 최저 생활 확보를 포함시키는 점을 고려하면 사회보장은 복지국가의 핵심 요소를 이룬다고 볼 수 있다.

금 등에 의해 잠재적으로 빈곤의 위험이 초래될 가능성이 나타날 때에도 문제된다(Barr, 2000). 또한 사회 보장은 사실상 생활 수준이 극히 낮은 국가에서는 존재하기 어렵다. 오히려 생활 수준이 높고 문화가 발달된 국가에서 빈부의 차이가 현격한 때에 더욱더 필요성을 절감하고 발전을 기대할 수 있다.

복지국가에서 사회 보장은 국민생활을 안정시키는 정책 목적을 수행하고 있지만, 그것은 동시에 국민생활에 대한 각종 요구나 이해 대립을 조정하는 기능을 갖고 있다. 사회 보장에서 기본적인 이해 대립은 노사 간의 갈등, 의료보험에서 진료 담당 측과 지불 측의 대립으로서 이것은 중요한 사회문제로 제기되고 있다.

사회 보장의 내용은 복지국가의 유형에 따라 다르게 나타나고 있다. 선별적 복지국가는 고용의 원리에 따른다. 이 경우에 현금급여를 받을 수 있는 자격은 사회구성원이 노동시장에 참여하여 권리를 획득함으로써 얻는다. 급여 수준은 비례 방식 및 기여금 비례 방식을 활용하며, 그 운영은 주로 고용주, 피고용주, 국가가 담당한다(Dobbin, 2000).

잔여적 복지국가는 다른 형태의 사회 보장이나 가족 부양을 받을 수 없게 된 사람들에게 생계를 유지해 주기 위해 급여를 제공한다. 급여 제공은 자산조사 방식을 활용하며, 국가만이 운영에 책임을 진다. 포괄적 복지국가에서는 전체 국민에게 기본 보장을 해주는 것을 목적으로 한다. 급여 수준은 균일 방식을 활용하며 국가가 운영에 책임을 진다.

2 운영 요소

복지국가가 사회 보장을 운영하는 데 고려하는 요인으로 주체와 대상, 급부 및 갹출, 그리고 결정 수준, 부가급부 등이 있다.

첫째, 사회 보장의 운영 주체는 국가다. 자본주의 국가에서 사회 보장은 국가가 전 국민의 최저 생활을 보장하는 제도다. 사회 보장의 주체가 국가라고 규정하는 이념 속에는 국가 이외의 자가 사회 보장의 주체가 될 수 없음을 의미한다. 오늘날 사회보장제도가 각국에서 다양한 형태로 발달하고 있고, 국가와 차원을 달리하는 여러 단체와 조직체들이 부분적으로 그 실시에 주도적 역할을 하고 있으나 이것은 어디까지나 국가가 주체가 되어 경영하는 정책사업의 보완적 기능으로 규정해야 할 것이다(김태성, 2003). 물론 자본주의 성격에 비춰 사회 보장의 주체를 국가라고 규정하는 것도 그 본질로서는 한계가 있다. 자기 책임의 원칙을 기본으로 하고 있는 자본주의 사회에서는 시민사회의 기본적 원리 그 자체에서 생활 보장 방식이 생기지 않는다. 문제는 자본주의가 고도로 발전하는 과정에서 왜 국가가 사회 보장을 해야 하는가? 그 논리를 해명하는 것이 중요하다.

둘째, 사회 보장을 사회보험과 공공부조의 통일체로서 파악할 경우 그 대상은 전 국민에 미치고 있다는 것이 특징이다. 역사적으로 볼 때 사회보험은 근로자를, 공공부조는 빈곤층을 대상으로 해 왔다. 그러나 오늘날 발달한 사회보장제도에서는 근로자와 빈곤층에 국한시키지 않고 그 대상을 확대하는 과정에서 전 국민이 포함되었고, 최근에는 외국 교포 및 이주 근로자에까지 확장시키고 있다. 일반적으로 자본주의 국가의 사회 보장은 고도로 발전한 단계의 체제적 위기를 극복하기 위한 사회개량정책으로서 등장한 것으로 보는 견해도 있다(Ringen, 2000).

셋째, 사회 보장에서 급부(benefit)는 수혜자의 이해관계, 재원·보험료·세제 등 관련 내용의 복잡성 등을 중심으로 고려할 때 매우 중요한 문제다. 급부란 금액으로 표시되는 이른바 급부비를 의미한다. 사회보장제도에서는 한편에서 개인적·사회적 욕구(need)에 따라 급부를 지출하고 상대편에서는 이것을 받음으로써 수입이 된다. 이 경우 급부는 언제나 욕구의 전부를 충족시킬 수 없고 현실적으로 제도적인 제약을 받아 욕구의 일부를 충족시키고 있을 뿐이다. 사회 보장은 연금, 의료, 실업, 산재 등의 사회보험 이외에 생활 보장, 사회복지, 보건위생을 포함한다(이인재 외, 2003).

넷째, 사회 보장의 급부 수준은 높을수록 바람직하지만, 여기에는 여러 가지 제한 조건이 가해지고 있으며, 그 하나가 갹출의 조건이다. 일반적으로 급부에 대해 갹출 조건이 문제되는 것은 사회보험이며, 그것이 조건이 될 수 없는 것은 공공부조의 경우다. 양자는 각각 그 근거를 가지는데, 사회보험은 갹출에 의한 권리로서 급부를 받게 된다. 공공부조는 갹출이 곤란한 경우에 오히려 그것 때문에 급부를 받게 되는 것이다. 그러나 사회보험에서 연금의 경우 갹출과 무갹출이 있으며, 갹출의 경우에도 사회 보장은 사보험과는 달리 피보험자의 갹출 이외에 사업주와 국고의 보조가 있다는 것을 주의할 필요가 있다. 사회 보장에서 급부와 갹출의 관계는 연금과 의료의 경우가 다르다. 또한 연금에서도 정액제와 비례제의 경우는 대조적이다. 「베버리지 보고서」에서는 연금보험에서 급부는 균일하게 정액을 보장할 것을 원칙으로 하고 이에 따라 갹출도 정액이 좋은 것으로 생각하고 있는데, 이것을 정액제의 원칙(flat system) 또는 균일 원칙이라고 한다.

다섯째, 사회보장제도에서 현금으로 지급하는 소득급부의 수준에 관한 결정 기준은 개별적으로 제시한 현실적 필요, 평균적인 필요의 측정, 갹출에 관련된 지급, 수익자의 과거 수익, 또는 생활 수준 등에 의거하고 있다.

여섯째, 사회보장 급부에는 기본 급부 이외에 부수적으로 부가급부와 보족급부가 있다. 이 두 가지 급부는 사회보장 급부의 개선 또는 질적 충실의 결과로 나타난다. 부가급부는 원래 임금제도와 관련되어 사용된 용어이지만, 오늘날 사회보장 급부에서도 쓰여지고 있다. 임금에서 부가급부는 기본 임금이나 급여 이외의 종업원에 대해 기업이 제공하는 현금급부, 현물급부 및 서비스 등의 비용을 의미한다(Statistical Division, 2002). 사회 보장에서 부가급부란 기본 급부 이외에 추가되는 급부다. 보족급부는 연금보험에서 1960년 이후 도입된 것으로서 대표적인 것은 영국이다. 이것은 전통적으로 균일제도를 채택한 영국에서 급부 향상의 필요성과 재원 부족을 타개하고 연금의 부족 부분을 보완하기 위한 것이다.

현대 국가가 지향하는 제도적 복지를 실현하는 두 가지 가치는 복지 이념과 그 실천 수단이다. 복지 이념은 혼합자본주의 시스템에서 사회 보장에 대한 국가 개입의 의지를 측정하는 척도가 되고 있다. 국가복지에 대한 의지와 신념의 수준은 구체적 실천 수단이 되는 사회보장정책으로 나타난다.

여기에서는 전형적인 국가복지의 형태와 방식으로 복지환경에서 여러 사회적 안전망의 역할을 하고 있는 사회보장정책의 틀을 이해하는 데 관심을 두고 있다. 사회보장의 기본 맥락은 '국가에 의한 전 국민의 최저 생활 보장(national minimum)'으로 유지되고 있다. 이것은 영국을 비롯한 구선진 복지국가에서부터 현대에 이르기까지 일관되게 고수하고 있는 국가복지의 핵심 기능이다.

최근 세계화와 신자유주의의 흐름을 타고 복지국가는 중대한 도전과 시련에 직면해 있다. 이러한 도전에 대한 처방은 대체로 복지국가의 재편으로 이어지고, 이러한 재편의 과정에서 기본적으로 시도되는 작업이 국가복지(state welfare)의 규모에 관한 문제다. 국가복지를 구성하는 핵심 영역은 바로 제도적 수준에서 보편적 생활 안정의 역할을 맡고 있는 사회보장정책의 내용들이다.

사회보장정책의 형성구조는 민주주의, 정치 과정, 경제정책, 노조의 역할, 국제 관계 등에 의해 영향을 받는다. 이러한 영향력의 정도와 범위는 사회 보장과 이를 실천하는 복지국가의 관계, 그리고 그 운영 요소를 규정하는 변인이 된다. 사회보장정책은 이념적 가치로 평등주의에 근간하여 운영되는 기제다. 그러나 자본주의 체제에서 평등주의 가치가 독자적으로 작동되는데는 적지 않은 한계와 모순에 부딪치는 경우가 있다. 자본주의의 기저에는 기본적으로 생활의 개인 책임 원리를 부정할 수 없는 흐름이 상존하기 때문이다. 따라서 사회보장정책은 근간이 되는 평등주의에 능력주의를 가미시켜 이를 변증법적인 통로를 거쳐 환류시킴으로써 비로소 그 정당성을 확보하게 된다. 사회보장정책의 내용은 바로 이러한 환류 기제를 거쳐 산출된 서비스의 급부 형태에 해당된다.

제 10 장 사회 보장 체계

사회 보장 체계의 내용을 구체적으로 형성하는 국가에 의한 생활 보장은 각종 사회적 위험으로부터 국민생활을 제도적으로 보호해 주는 데 그 의미를 두고 있다. 이것을 달성하는 방법으로는 사회보험, 공공부조, 사회복지 서비스, 공중위생 등이 있으나 일반적으로 이용되는 것은 사회보험과 공공부조를 지주로 형성된다.

이 장에서는 이 같은 사회보장 체계들에 대한 각국의 상황과 관점을 포괄적으로 검토하면서 가급적 공통의 원리를 갖는 내용들을 중심으로 논의하고자 한다.

제 1 절 사회보험

1 개괄

현대 사회에서 각국이 공통적으로 사회 보장의 핵심을 이루고 있는 장치로서 사회보험(social insurance)을 들고 있다. 사회보험은 국가가 사회보장정책(social security policy)을 실현하기 위해 보험의 원리 및 기술 방식을 도입하여 만든 사회경제제도다. 구체적으로 국가가 국민을 대상으로 질병, 사망, 노령, 실업, 기타 신체장애 등과 같은 사회적 위험에 직면하여 활동 능력의 상실과 소득의 감소가 발생했을 때에 보험 방식에 의해 그것을 보장해 주는 제도라고 할 수 있다.

그러나 사회보장 체계로서 이 같은 사회보험제도는 현실적으로 그 발전이 대단히 느리게 진행되고 있다. 일본의 경우를 보더라도 제2차 세계대전까지 제한적으로 산업노동자를 대상으로 하는 건강보험이 있었고, 전후부터 관련 제도가 단계적으로 마련되어 최근에 이르러서야 형식상으로 사회보험제도가 정립되었다. 급부 형태도 금전급부와 의료급부로 나뉘어, 소득수입에 따라 일정한 보험료를 갹출하여 정부 또는 각 단체가 그 자금을 장기적으로 유용하게 운용하고 있다(보건복지부, 2009).

미국의 사회보험은 실업보험과 노령유족보험이 주류를 이루고 있는데, 실업보험의 경우 전후 고실업과 사회 불안으로 제도의 큰 폭의 수정이 불가피했다.[1] 연방정부는 그동안 주정부로 하여금 헌법적 이유 등으로 제도의 시행을 적극적으로 유도하지 못했으나 이른바 조세상쇄제도(tax-offset procedure)에 의해 가능해졌다. 그 결과 모든 주에서 실업보험 프로그램을 위한 법을 제정했다.

독일의 사회보험은 질병보험(1883), 재해보험(1884), 폐질 및 노령보험(1889), 실업보험(1927)으로 구성되는데, 사회법전 총칙 제4조에 규정된 사회보험의 기능을 보면, ① 모든 사람은 법규에 따라 보험에 가입할 권리를 갖는다. ② 모든 사람은 자신의 건강을 보호하고, 유지하며 개선하기 위한 권리를 갖는다. ③ 모든 사람은 질병, 출산, 노동 능력의 약화 및 노령 시에 경제적 보호를 받을 권리를 갖는다. ④ 사회보험 가입자의 유족은 경제적 보호를 받을 권리를 갖는다 등의 내용을 담고 있다.

일반적으로 사회보험의 성립 요건은 다음과 같다.

① 가입은 법률에 의해 강제화된다.
② 급부 자격은 각자의 갹출을 토대로 하여 이뤄진다.
③ 급부의 결정 방법은 법률에서 정한다.
④ 각자의 급부 수준은 통상 갹출액과 직접 관계를 갖는 것이 아니고 그 이전의 소득과 가족 수에 따라 소득이 재분배된다.

---

1) 1948년 5월, 트루먼(H. S. Truman) 대통령이 의회에 보내는 교서를 통해 전후 사회보장 체제의 강화를 촉구하면서 특히 ① 노령·유족보험의 급부 개선, ② 노령·유족·실업보험의 보상 범위 확대, ③ 질병·폐질에 관한 보험 신설, ④ 빈민에 대한 공적 부조 개선 등에 대해 강조했다(Social Security Recommendation, 1948).

⑤ 장기적 관점에서 적절한 급부에 대한 재정계획이 확립되어야 한다.

⑥ 비용은 1차적으로 근로자와 사용자의 갹출에 의해 부담된다.

⑦ 사회보험계획은 정부에 의해 관리되거나 혹은 정부가 감독한다.

2 체계와 내용

사회보험의 공통적인 체계는 연금보험, 의료보험, 산업재해보상보험, 실업보험, 가족수당 등이 있다. 이들 제도의 도입 시기는 나라마다 차이가 있으나 대체로 산업화와 관련하여 산재보험이 가장 먼저 도입되었고, 그 다음이 의료보험, 연금보험, 실업보험 등의 순서로 진행되어 왔다고 볼 수 있다(보건복지부, 2009).

첫째, 연금은 그 운영 주체에 따라 공적연금, 사적연금, 개인연금 등으로 구분할 수 있다. 여기에서 말하는 공적연금제도란 일반적으로 가계를 책임지는 자가 사회적 사고(노령, 폐질, 퇴직, 사망 등)에 의해 소득 상실 등의 사유가 발생했을 때에 미리 설정한 기준에 따라 획일적인 급부를 지급하는 제도다.

또한 공적연금은 재원 조달의 방법에 따라 갹출제 연금과 무갹출제 연금으로 분류되고, 그 내용상 퇴직연금(retirement pension), 노령연금(old-age pension), 유족연금(survivors pension), 폐질연금(invalidity pension) 등이 있다. 이와 같은 공적연금은 다음과 같은 점에서 앞으로 논의될 공적 부조와도 명백하게 구분되는 사회보험인 것이다. 그 성격을 보면 ① 소득의 상실 내지 상당한 저하가 장기간에 걸쳐 생활 위험상의 보호를 받게 된다. ② 급부는 개개인의 욕구에 대응하는 것이 아니고 미리 설정된 기준에 따라 결정된다. ③ 사후적 구빈책이 아니고 사전적 방빈책(防貧策)의 성격이다. ④ 자산조사(means test)를 하지 않고 일정한 적립 능력을 기초로 한다. 현재 우리나라의 연금보험은 공무원연금, 군인연금, 사립학교 교직원연금, 국민연금이 있다.

각국의 경우를 망라한 포괄적인 연금 종류의 체계를 보면 다음과 같다. 운영 주체에 따라 공적연금(public pension), 사적연금(private pension), 개인연금(personal pension), 근무 기간에 따라 장래근무연금(future service pension), 현재근무연금(present pension), 과거근무연금(past service pension), 연금액의 결정 방법에 따라

완전연금(full pension), 감액연금(reduced pension), 경과연금(transitional pension), 그리고 연금 수급 기간에 따라 생명연금(life annuity)과 확정연금(definite annuity)으로 구성된다.

둘째, 의료보험제도는 상병이라고 하는 생활상의 사고와 분만 또는 사망이라고 하는 가계 지출상의 기복으로 인해 통상적 가계 지출 외에 일시에 많은 가계 지출을 하게 됨에 따라 가계가 파탄되는 것을 방지하기 위해 보험이라는 조직기술을 이용하여 가계 지출의 위험을 분산시킴으로써 국민생활의 안정을 도모하기 위한 사회보장제도다.

현대 자본주의 국가에서 의료보험에 대한 인식은 의료비가 인적 자원에 대한 생산적 투자인 동시에 경제 발전에 필요한 기술 인력의 확보와 능률 유지에 필수적 존재라는 것이다. 국가의 사회복지에 대한 이념이 잔여적 수준에 한정되어 있던 시기만 하더라도 의료비용이 생산적 투자가 아니고 소비에 관한 것으로 간주했다. 따라서 의료는 개인의 문제일 뿐, 사회적 · 국가적 책임이 아니라는 인식 때문에 의료에 대한 사회보장정책적 대처가 소극적이었던 것이다.

그러나 오늘날은 이러한 관점의 변화로 각 나라마다의 여건에 따라 경제적 · 사회적으로 효과적인 의료 서비스를 제공하기 위한 여러 제도적 장치로서 대두된 것이 바로 의료보험이다. 한국의 의료보험법은 국민의 질병, 부상, 분만 또는 사망 등에 대해 보험급여를 실시함으로써 국민보건을 향상시키고 사회 보장의 증진을 도모함을 목적으로 1963년 12월 16일 제정 공포되었다. 그러나 의료보험이 사회보험과 사회보장으로서 기능을 수행하기 위해 갖춰야 할 몇 가지 특징[2] 가운데 가장 중요한 강제 가입이 아닌 임의가입제를 채택했기 때문에 그동안 보험 효과를 거두지 못하고 시범사업에 그치는 결과가 되었다. 그러다가 1976년 제2차 의료보험법 개정으로 현행의 강제의료보험제도의 골격을 형성하게 된 것이다.

이것을 계기로 국민보건 향상과 사회 보장의 증진을 목적으로 1977년 7월 1일부터 의료보험제도가 본격적으로 실시되었다. 이후 1984년 12월 31일 6차 의료보험법의

2) 의료보험이 사회보장, 사회보험으로서 기능을 수행하려면 위험분산, 소득재분배 및 상호 부조의 효과가 있어야 한다. 그리하여 의료보험은 다음과 같은 특징을 갖춰야 한다. ① 의료보험은 정부 주도에 의한 강제 가입이고 사회 보장적 기능을 수행한다. ② 의료보험은 소득에 비례한 기여금(보험료)을 책정하여 부의 재분배 기능을 갖는다. ③ 의료보험은 경제적 부담을 보험 원리에 의해 완화해 줌으로써 위험 분산의 기능을 갖는다.

개정으로 의료보험의 적용 구분의 명칭을 실제에 부합하도록 하기 위해 제1종 의료보험법을 직장의료보험으로, 제2종 의료보험은 지역의료보험으로 각각 바뀌었고, 특히 직장의료보험은 조합의 통폐합이 이뤄지게 되었다. 그러다가 1998년 12월 현행 조합 방식 의료보험을 통합 방식으로 전환하는 「국민건강보험법」의 제정으로 먼저 지역조합과 의료보험관리공단이 통합되었고, 2001년에 다시 직장조합과 통합되어 국민건강보험공단으로 단일화되었다.

의료보험이 사회보험으로서 보편적 기능을 수행하려면 적어도 강제 가입적, 소득 재분배적 특징을 가져야 한다. 우리나라의 의료보험도 사회보험으로서 성격을 분명히 하고 있기 때문에, 이러한 특성들을 어느 정도 갖추고 있느냐의 문제는 합리적인 의료보험제도의 정착이라는 맥락에서 중요한 관심사가 아닐 수 없다.

셋째, 산업재해보상보험제도로서 현대 산업국가에서 산업재해나 직업병은 단순한 개인의 주관적인 주의력의 한계를 넘어서 발생하는 보편적 사회 현상으로 자리잡아 가고 있다. 따라서 산업재해는 이제 피해를 입은 근로자 자신이나 그 가족에게 경제적 보상을 제공하는 정도로 해결될 수 있는 문제가 아니라, 더 나아가 국가 노동력의 상실이나 가정의 파괴라는 면에서 접근해야 될 중요한 사회경제적 문제로 부각되고 있다.

복잡한 자본주의 생산 양식으로 산업재해가 과거에 비해 더욱 빈번해졌고, 또한 발생 형태도 날로 대규모화되어 가고 있는 실정이다. 그럼에도 그동안 이에 대한 보상 체계가 인도적·윤리적·제도적 측면에서 합리적으로 수립되지 못했다. 그러나 최근에 들어와 고도화된 산업화 과정에서 근로자의 생명 및 건강과 인간다운 생활을 위협하는 각종 산업재해에 대한 국가사회적 보상제도가 근로자의 시민권(복지권)의 차원에서 강조되기 시작했다.

우리나라의 산재보험제도는 1963년에 처음으로 국가재건최고회의에 의해 법제화되었다. 정부 수립 직후에는 제도적 보장 없이 다만 노조활동에 의한 단체협약을 통해 산업재해 문제의 해결을 시도해 왔으며, 1953년 근로기준법이 제정·공포되면서 재해 보상의 사용자 개별 책임제도가 확립되었다.

사회보험으로서 산재보험은 1963년 11월에 「사회보장에 관한 법률」과 「산업재해보상보험법」이 제정·공포됨에 따라 1964년 7월 1일부터 비로소 집단적 사용자 공동책임의 근대적인 산재보험제도로서 출발하게 되었다.[3] 그러나 초창기에는 미적용 사업장이 많았고, 보험자의 면책 한도를 너무 높게 설정하고 있어 실효성을 기하는 데 여러 한계가 뒤따랐다. 또한 이 제도는 근로복지사업으로 보험시설을 운영케 했는데, 1973년 산업재활원이 그 시초다. 그 후 1976년 12월 근로복지공사를 설립하여 직업병 치료 및 재활사업을 하여 왔으며, 현재에는 일반 요양병원과 특수시설을 운영하고 있다. 결국 산업재해보상제도는 근로자의 ① 소득 상실에 대한 실질적 보호, ② 충분한 의료보호 및 재활 서비스, ③ 안전의 장려 등 근로자의 노동력 회복과 생활 안정을 도모하고자 하는 데 제1차적 목적을 두고 있다. 또한 동시에 사용자에게도 재해에 대한 위험의 제도적 분산으로 경영의 안정을 기하고 근로자의 복지 구현에 이바지하게 함으로써 생산성 향상의 기회를 제공해 주고 있는 것이다(Rejda, 2004).

넷째, 실업보험은 근로자가 실직했을 때 일정 기간 실업급여를 지급하고 재취업을 촉진시켜 근로자의 생활 안정을 도모하려는 것으로 현재는 적극적으로 고용보험이라는 개념으로 사용하고 있다. 고용보험의 특징은 ① 임금 근로자의 실업 중의 생활 안정을 목적으로 하고, ② 노사의 보험료를 주된 재원으로 하여 운영되며, ③ 일정 기간의 갹출을 수급의 최저 요건으로 하고, ④ 강제 적용 방식, ⑤ 통상 1년 이내의 단기급부 기간을 두며, ⑥ 수급자에 대한 직업 소개의 운영과 불가분의 관계에 있다는 것 등을 들 수 있다.

고용보험사업에 소요되는 비용은 나라마다 다소 다르나 일반적으로 사용자와 피보험자가 부담하는 보험료와 국고의 부담금에 의해 충당된다.

다섯째, 사회보험에서 말하는 수당제도는 기본적으로 자녀가 있는 가족에게 정규적으로 지불하고 있는 현금급여를 의미한다. 일반적으로 가족수당의 개념에는 학비, 출생비, 출산 및 아동건강사업, 성인부양자수당 등이 포함된다. 급여 조건은 대부분 가족의 크기, 가족 소득과 관련되어 있는 경우가 있다.

---

3) 한국의 산재보험제도는 산업재해보상보험법을 중심으로 운영되고 있으며, 그 밖에도 산재보험의 효율적 관리를 위해 산재보험특별회계법이 있다. 또한 산재 환자의 효율적 진료와 재활을 촉진하기 위해 근로복지회사법 등으로 산재병원 및 재활시설을 설치·운영토록 하고 있다. 기타 제도관리의 개선은 노동부 근로보험국이 맡고 있으며, 구체적인 보험료의 징수와 재해 보상은 전국의 주요 도시에 설치된 노동부 지방사무소에서 맡고 있어 전적으로 정부의 행정기관이 관장하고 있는 것이 특색이다.

제 2 절 공공부조

1 개괄

기본적으로 사회보험의 재원은 피보험자의 적립금과 사용자 및 정부의 기여금으로 구성된다. 이에 반해 공공부조는 급부의 재원이 조세나 이전지출금(transfer expenditure)이 된다. 일반적으로 공공부조는 자산조사(means test)를 기초로 하여 사회보험에서 취급할 수 없는 극빈자를 대상으로 그들의 생활 안정을 위해 국가 또는 지방자치단체가 일방적으로 무상 부조하는 생활보호제도의 형태를 띠고 있다.

오늘날 자본주의 국가에서 공공부조가 이념적으로는 생존권의 차원에서 건강하고 문화적인 최저 생활을 지향하고 있다. 그러나 실제면에서 볼 때 경제 급부의 성격을 갖는 일시부조의 수준에 머물고 있다.

국가의 생활보호정책은 빈곤문제를 해결하기 위한 전형적인 공공부조에 속하는 생활보호제도에 의해 이뤄지고 있다. 우리의 생활보호제도의 경우도 사회보험 등 사회보장제도가 발전된 선진국과 같이 처음에는 잔여적 제도로서 소극적 의미로 출발했다. 그러나 산업화 과정에서 날로 빈곤문제가 가지는 사회적 중요성이 점증되면서 적극적 의미의 사회복지제도로 정착되어 가고 있다.

우리나라는 공공부조로서 생활보호제도를 수립하기 위해 1961년 12월 생활보호법이 제정・공포되었다. 이 법은 생활 유지의 능력이 없거나 생활이 어려운 자에게 필요한 보호를 행해 이들의 최저 생활을 보장하고, 자활을 조장함으로써 사회복지의 향상에 기여함을 목적으로 하고 있다.

절대 빈곤을 해결하기 위한 가장 핵심적인 제도로서 그 보호 대상자의 범위를 ① 65세 이상의 노약자, ② 18세 미만의 아동, ③ 임산부, ④ 폐질 또는 심신장애로 인해 근로 능력이 없는 자, ⑤ 기타 생활이 어려운 자로서 보호기관이 요보호가 필요하다고 인정한 자 등으로 하고 있다. 이 가운데서 가장 많이 차지하는 요보호자는 ⑤의 보호기관이 인정하는 저소득자다. 이들은 행정적 개념으로 자활보호자라고 하고 거택보호자는 ① ② ③ ④의 해당자와 또는 이들과 보호를 행하는 자이며, 시설보호자는 육아원, 영아원, 양로원, 모자원, 장애인 수용시설에서 보호를 받는 자다. 이러한 생활보호 대상자에 대한 보호의 종류는 생계 보호, 의료 보호, 자활 보호, 교육 보호, 해산 보호, 장제 보호 등이 있다.[4)]

이상과 같이 우리나라는 1960년대 초반에 이미 생활보호법을 제정하여 국가에 의한 저소득층의 생활 보호의 근거를 마련했다. 그러나 국가의 재정 사정에 따라 전면 실시하지 못하고 부분적으로 생계 보호만이 실시되어 왔다. 그러다가 1982년 생활보호법을 전면 개정해 생활보호 대상자에게 생계구호뿐 아니라 이들의 적극적인 자활 지원까지를 시행하게 되었던 것이다. 종래의 취로사업의 근거 규정인 자활지도에 관한 임시조치법을 폐지하여 그 내용을 자활 보호의 일부로 규정했다. 또한 생활보호 대상자 자녀에 대한 수업료 지원을 교육 보호로 바꿔 입학금까지를 국가가 확대 지원하는 등 지원 내용을 개선했다. 이에 맞춰 2000년 10월 국민기초생활보장법의 시행은 공공부조에 대한 기본 제도가 시민권의 차원으로 확립되는 계기가 되었다.

2 기본 원리

일반적으로 생존권 보장의 이념에 따라 생활보호제도의 기본 원리로 국가 책임의 원리, 최저 생활 보장의 원리, 자립 조장의 원리, 무차별 평등의 원리, 보충성의 원리를 들고 있다.

첫째, 국가 책임의 원리는 1601년 구빈법(Elizabethan Poor Law)에서 기인한다고 볼 수 있는데, 생활빈곤자에 대한 생존권 실현을 국가의 책임으로 인식한다는 것이다.

---

4) 생활보호 대상자의 보호의 종류에는 생계 보호, 의료 보호, 자활 보호, 교육 보호, 해산 보호, 장제 보호 등이 있는데 그 내용은 다음과 같다. ① 생계 보호는 보호 대상자에 대해 의식주 및 기타 일상생활의 수요를 충족하는 데 필요한 금품을 지급하여 그 생계를 유지시키는 것이다. ② 의료 보호는 의료보호법에 의해 생활보호 대상자 중 거택 및 시설보호 대상자는 1종, 자활 보호 대상자는 2종, 의료부조 대상자는 3종으로 구분하여 보호하고 있다. ③ 자활 보호는 보호 대상자의 자활 능력을 조장하기 위해 직업훈련, 생업 금융자, 취로사업 등을 실시하고 있다. ④ 교육 보호는 보호 대상자에게 수업료 기타 보호금품을 지원하는 것이다. ⑤ 해산 보호는 보호 대상자의 조산, 분만 전후의 조치와 보호를 말하고, ⑥ 장제 보호는 보호 대상자가 사망한 경우의 장제 조치를 말한다.

둘째, 최저 생활 보장의 원리는 단순하게 의식주를 해결하는 수준이 아니라, 인간으로서 존엄성을 유지하며, 문화적 생활을 향유할 수 있는 정도를 의미한다. 구체적으로 빈곤선(povert line)으로 나타나는데, 이것은 국가에 따라 상당히 신축적인 개념이다.

셋째, 자립 조장의 원리는 공공부조가 구빈(救貧)의 효과가 아니라 궁극적으로 방빈(防貧)의 의미를 가져야 한다는 것이다. 이를 위해서는 서비스의 급부 형태도 현물이나 현금의 제공보다는 자립할 수 있도록 교육과 고용의 기회를 마련해 주는 것이어야 한다.

넷째, 무차별 평등의 원리는 법률이 정하는 요건을 충족하는 한 포괄적으로 수급해야 한다는 보편적 부조주의를 의미하는 개념이다.

다섯째, 보충성의 원리는 수혜자가 자신의 자산, 능력 등을 본인의 생활 유지를 위해 우선 최대한 활용할 것을 전제하는 개념이다.

3 실시상의 원칙

생활보호제도를 수혜 과정에서 실시하는 원칙으로서 신청 보호의 원칙, 필요 적응의 원칙, 세대 단위의 원칙, 현금 부조의 원칙을 들고 있다.

첫째, 신청 보호의 원칙은 권리자의 신청에 의해 보호 의무를 행하는 것이다.

둘째, 필요 적응의 원칙은 요보호자의 개인 또는 세대에 실제적으로 필요한 것을 고려하여 유효·적절하게 행해야 한다는 것이다.

셋째, 세대 단위의 원칙은 소비생활이 일반적으로 세대 단위로 이뤄지고 있음을 고려한 원칙이다.

넷째, 현금급부의 원칙은 생활보호는 금전급부를 원칙으로 하고, 예외적으로 현물급부를 행한다. 그러나 수혜자가 관리 능력이 없을 때 전문 사회사업가가 판단해 시행한다.

4 내용 체계

공공부조는 생활보호사업과 의료보호사업으로 크게 구분되는데, 생활보호사업의 내용은 생계 보호, 자활 보호, 교육 보호, 의료 보호, 해산 보호, 장제 보호 등으로 구성된다.

제 3 절 사회복지 서비스

1 대두 배경 및 목적

사회복지 서비스에 대한 급부 형태는 물질적 · 정신적 서비스의 병존을 요구한다. 현대 사회가 산업화 · 도시화 · 정보화 시대로 전이됨에 따라 복잡다양한 사회문제가 급증되어 여러 면에서 열등한 계층에 있는 사람들에 대한 사회 적응, 인간성 회복, 사회 복귀 등에 필요한 사회복지 서비스의 수요가 증가되었다. 따라서 사회복지 서비스는 사회적으로 불우하고 열등한 위치에 있는 사람들을 대상으로 전문적인 지식과 방법을 활용하여 이들을 정상적인 사회인으로 복귀시키는 데 목적을 두고 있다.

2 서비스의 특징 및 체계

서비스의 대상도 주로 아동, 청소년, 노인, 부녀자, 장애인 등이 중심이 되며, 각국은 이들에 대한 서비스를 위해 각 나라의 사회문화적 상황과 경제 수준에 적합한 제도, 시설, 프로그램, 인사, 재정 등을 다양하게 운영하고 있다. 이러한 사회복지 서비스는 사회보험이나 공공부조에서 행하는 단순한 재정적 부조와는 달리 전문 사업가에 의한 전문 서비스만이 소기의 성과를 기대할 수 있는 특징을 갖고 있다. 그러므로 미국에서는 재정적 부조 업무는 준사회사업가가 담당하고 사회복지 서비스는 전문사회사업가가 담당토록 다원화하고 있다.

사회복지 서비스의 체계로는 가족복지, 아동복지, 청소년복지, 노인복지, 장애인복지, 부녀복지, 모자복지 등이 있다. 현행 우리나라의 사회복지법에 따른 시설의 종류는 다음과 같다.

① 생활보호법: 양로시설, 양육시설, 보호시설, 재활시설, 의료시설

② 아동복지법: 아동상담소, 영아시설, 육아시설, 탁아시설, 아동일시보호시설, 아동직업보도시설, 조산시설, 아동전용시설, 교호시설, 아동입양위탁시설, 정서장애아시설, 자립지원시설

③ 윤락행위 등 방지법: 부녀상담소, 직업보도시설

④ 장애인복지법: 장애인재활시설, 장애인요양시설, 장애인유료복지시설, 장애인이용시설, 장애인직업시설, 점자도서관, 점서 및 녹음서출판시설

⑤ 노인복지법: 양로시설, 노인요양시설, 실비양로시설, 실비노인요양시설, 유료양로시설, 유료노인요양시설, 노인복지회관, 노인복지주택

⑥ 모자복지법: 모자복지상담소, 모자보호시설, 모자자립시설, 미혼모시설

지금까지 살펴본 대상 집단의 성격을 통해 알 수 있듯이 사회복지 서비스 분야에는 국가 부문의 정책적·재정적·제도적 뒷받침과 동시에 전문 사회사업가집단의 전문적 지식, 기술, 그리고 인간화 정신이 조화를 이뤄야 비로소 사회복지의 정상화 이념을 확보할 수 있다고 본다.

제 4 절 공중위생

공중위생은 현대 국가에서 개인 및 환경위생의 원칙에 대한 위생교육을 통해 건강한 국민생활 수준을 확보하게 하는 사회보장제도의 일환이다. 공중위생의 보장 영역은 주로 인체적 측면에서 체육 및 레크리에이션, 구급, 질병 예방, 질병관리(임상적 진단, 임상적 치료 등)이 있으며, 환경적 측면에서는 식품위생, 피복위생, 건축위생, 대기, 하천 등의 환경오염 방지 등이 있는데, 이들 영역이 통합·종합화되어 운영되는 시스템이 필요하다. 공중위생 활동의 대상은 주로 각 사회집단으로 지역사회집단,

학교사회집단, 산업사회집단이 주류를 이루고 있다(Freidlander & Apte, 2000).

이상의 논의를 통해 볼 때, 결국 현대 국가에서 사회 보장 체계는 구성원의 생존권과 최저 생활의 보장, 생활과 경제의 안정 확보, 그리고 사회적 연대를 통해 공동체 사회를 실현해 나가기 위한 국가적 가치와 수단이라는 점으로 귀결된다고 하겠다.

제11장 운영관리 체계

사회복지행정은 이념과 정책을 구체적인 특정의 서비스로 전환하여 실천하는 데 있다. 사회복지 서비스를 실천하는 데는 기본적으로 조직, 운영관리, 프로그램 등이 전제되어야 한다. 이들은 사회복지행정을 구성하는 세 부분 요소다.

조직은 사회복지행정이 이뤄지는 데 필요한 내용 과정을 형성하는 장치다. 그 내용 과정의 본질적 실체는 정책과 프로그램이다. 사회복지정책은 그 이념을 실현하기 위해 주로 '무엇이 되어야 하는가?'와 관련된 당위(sollen)의 영역으로 주로 운영관리에 의해 실현된다. 이에 반해 프로그램은 실재론적 맥락에서 '어떻게 그것을 실현할 것인가?'에 관한 방법론적인 개념이다. 이러한 논리적 연계 맥락에서 접근하게 될 때, 프로그램은 복지적 목표를 실현하는 데 가장 중요한 실천 도구에 해당된다(Patti, 2000: 112-113).

사회복지행정의 주된 관심은 프로그램을 통해 가치 지향적인 고객집단에 대한 최적의 서비스를 제공하는 데 있다. 최적의 서비스는 사회복지행정의 기본 운영 목표이며, 실천 원리인데 이것은 바로 프로그램의 기획·개발·운영에 의해 이뤄진다.

사회복지의 제도화가 보편적으로 이행되는 현대 사회에서 프로그램은 서비스의 조건과 결과를 측정하는 주요 변인이 되어가고 있다. 사회복지행정은 그 서비스를 제공하는 데 고객 대상에 대한 적절성과 효율성을 주요 가치로 간주하고 있다. 이러한 가치의 실현을 위해 본질적으로 접근하는 것이 이 장에서 다룰 사회복지행정의 프로그램에 관한 운영관리 체계의 문제다.

따라서 제1절에서는 프로그램의 형성에 영향을 미치는 변수들을 알아보고, 이를 토대로 제2절에서 프로그램 운영의 내용 영역을, 제3절에서는 행정상의 프로그램 진단 분야를 살펴보고자 한다.

제 1 절 프로그램의 형성 변수 요인

여기에서는 사회복지 프로그램을 구성·관리하는 데 고려하게 되는 문제에 관해 논의하게 된다. 그 하나는 구성상의 기준이고 다른 하나는 운영상의 요인이라는 두 트랙(track)에서 살펴본다(Gates, 2005: 332-335).

1 프로그램 구성상의 기준

사회복지를 제도적 관점에서 접근하게 될 때, 특히 서비스의 적절성과 효율성의 확보가 중요하게 전제된다. 사회복지 프로그램은 서비스의 양과 질을 결정하고 그 배분의 수준을 전망하는 척도가 된다. 따라서 사회복지행정에서 프로그램을 개발하고 집행하는 일련의 과정에 대한 과학적 접근의 필요성이 대두된다.

일반적으로 프로그램을 개발할 때 사람·문제·목적·과정·장소 등에 관심을 가져야 한다.

사람은 고객 대상을 의미하는데, 그 충족 요건은 프로그램에 대한 실용성과 수용성이다. 실용성은 프로그램이 대상 집단에 대한 욕구를 증대시키고, 이해와 관심을 갖게 하는 것이다. 수용성은 프로그램이 가급적 그 활용 범위를 확장하여 누구나 보편적으로 참여할 수 있도록 하는 것이다. 프로그램은 수혜자가 직면한 어려움이나 고통을 해소하는 데 기여해야 한다.

즉, 문제 지향성을 가져야 한다는 것이다. 프로그램은 본래 의도한 바를 적합하고 일관성 있게 추구해야 한다. 적합성은 프로그램이 설정한 목표를 실현하는 데 그 목표 자체도 중요하지만, 수단도 또한 정당해야 된다는 것이다. 일관성은 지향하는 목표를 수단과 혼동하지 않고 유지시키는 것이다. 이를 위해 전략적 · 전술적 개념으로서 목표와 전술적 · 실천적 개념으로서 목적을 구분하여 이를 상위 및 하위 개념으로 연계시켜 사용하는 것이 바람직하다.

다음은 프로그램의 과정에 관한 내용이다. 프로그램은 정책의 맥락에서 이해되기 때문에 지속성과 체계성을 가져야 한다. 지속성은 일정한 목적을 가지고 결정된 프로그램이 제도적인 안정성을 확보했을 때 유지되는 것이다. 동시에 프로그램은 그 기능을 이행하기 위해 내적 · 외적 요소와 긴밀하고도 유기적인 네트워크를 형성할 필요가 있는데 이것이 체계성의 문제다. 내적 요소로는 프로그램의 기술, 정보, 지식, 능력 등을 의미하며((Skidmore, 2005: 221-223), 외적 요소로는 상호 영향 관계에 있는 인적 · 물적 환경을 말한다.

한편 프로그램이 이뤄지는 장소에 관한 문제가 있다. 장소는 포괄적으로 지역성을 기반으로 한다. 프로그램을 시행하는 기관의 지역적 · 문화적 조건과 특성이 다를 수 있기 때문에 그 결정과 서비스 과정에서 다양성과 상이성을 포괄하는 원칙과 표준을 마련해야 한다.

2 프로그램 운영상의 요인

사회복지는 욕구에 대한 반응의 체계로서 이해된다. 서비스에 대한 수요는 고객의 욕구에서 출발한다. 인간이 가질 수 있는 욕구는 복지환경의 다양성과 정비례한다. 따라서 최선의 서비스는 반응의 다양화로 대처해야 한다는 것이다. 최근 사회복지에서 이 같은 다양한 욕구 체계에 적합하게 반응하기 위해 보편적인 서비스에 관한 논의가 대두되었다. 욕구가 있는 곳에 그를 충족시킬 수 있는 다양한 서비스가 수반되어야 한다는 것이다(Witkin, 2002: 212).

이러한 맥락에서 여기에서는 욕구와 이에 대한 반응 기제로서 프로그램에 대한 접근이 이뤄지는데, 주로 목표, 평가, 관리, 기법, 분석, 그리고 기획상의 행정진단에 대한 기준이 검토된다.

1) 욕구

여기에서 준거는 욕구사정(need assessment)에 대한 부분이다. 기본적으로 욕구를 논할 때 '누가'에 해당되는 부분과 동시에 '무엇을'에 해당하는 부분에 대한 해석이 이뤄져야 한다.

2) 프로그램의 목표와 평가

여기에서 접근의 문제와 기준은 목표의 확인과 평가로 구분된다. 확인의 단계는 특정적이면서 동시에 보편적이어야 한다. 목표의 구분, 이원적 개념, 그리고 목표의 전환에 대한 검토가 이뤄져야 한다. 평가는 그 목적, 종류와 내용, 그리고 평가성이 검증되어야 한다.

3) 관리와 기법

기본적으로 프로그램 관리의 단계적 논리에 대한 검토가 이뤄져야 한다. 그 기준은 설계, 실행, 안정화 단계로 구분해서 접근할 수 있다((Hage & Aiken, 2003: 332). 다음으로 프로그램이 구비해야 할 조건과 기획상의 요소가 포함되며, 기법의 내용을 이루는 영역에 대한 검토가 이뤄져야 한다.

4) 프로그램 운영조직체의 분석

운영조직체의 구조, 영역과 목표, 그리고 외부와의 관계를 검토한다. 규제집단, 고객집단, 자원의 투입, 서비스 시장과의 관계를 주요 논의의 대상으로 한다.

5) 프로그램의 기획과 행정진단

여기에서는 기획의 범위, 형태, 과정에 대해 논의하고, 이를 토대로 행정진단이 이뤄진다. 행정진단의 내용에는 프로그램의 내부 분석, 기관 내부 상황 분석, 그리고 기관 외부 상황분석이 시도된다.

제 2 절 프로그램 운영의 내용 영역

여기에서는 이제까지 이뤄진 논의를 중심으로 각각의 프로그램 운영상의 내용 영역을 검토하게 된다. 프로그램을 운영하는 각각의 내용 요소들은 독자적으로 자신의 기능을 수행하면서 사회복지행정 및 정책과 프로그램을 형성・집행하는 준거로 작용하게 될 것이다.

1 욕구사정

일반적으로 욕구를 사회복지에서 분배의 개념으로 해석하는 경우 '누가 무엇을' 필요로 하는가를 결정하는 것이 욕구사정(need assessment)이다. '누가'에 해당되는 부분이 욕구의 주체적 개념으로서 빈민, 장애인, 아동, 노인 등과 같은 사회적 약자들에 의한 개인적 욕구라든가, 특정 지역이나 집단이 갖는 욕구를 말한다. '무엇을'에 해당되는 부분이 욕구의 객체적 개념으로서 의식주, 취업, 의료, 재활, 보육, 양노 등과 같은 재화와 서비스에 대한 구체적인 소비 욕구다. 양자간의 관계는 욕구의 주체가 객체를 결정하는 것으로 볼 수 있다.

사회복지 활동은 어떠한 문제를 해결하려는 사회적 욕구(social need)가 있기 때문에 시도되는 것으로 볼 수 있다. 따라서 이러한 욕구 충족에 상응하는 서비스가 수반되어야 한다. 서비스를 계획하려면 먼저 누가 어떤 서비스를 필요로 하고 있는가를 정확히 사정해야 한다.

이러한 맥락에서 여기에서는 사회복지 행정에서 서비스를 시행하게 되는 경우 필요로 하는 욕구사정과 관련된 영역에 대해 논의하고자 한다.

1) 욕구에 대한 인식과 확인의 문제

인간의 욕구는 그 동기와 근원이 매우 다양하다. 다양성의 범위를 크게 심리적인 것과 물질적인 것으로 구분할 수 있다.

전자는 인간 누구에게나 공통한 본원적 특성들에 관심을 가지는데 이것은 머슬로(Maslow, 1990)의 욕구단계론에서 찾을 수 있다. 그에 의하면, 인간 존재는 자신들의 욕구 충족을 단계적으로 진화해 가는 것으로 보고 있다. 인간이 점차 높은 단계의 욕구로 진화하는 것은 자신과 환경에 대한 지배를 증대시켜 나가는 것으로 해석한다. 따라서 이러한 단계로 밟아 올라가는 것은 곧 한 개인이 삶의 질을 높여나가는 것이라고 간주한다. 여기에서 중요한 전제는 상위 단계로 욕구가 발전해 가기 위해서는 그 이전 단계의 욕구가 반드시 선행되어 성취되어야 한다는 것이다. 상위 단계의 욕구는 하위 단계의 욕구 충족을 기반으로 할 때 달성될 수 있음을 의미하는 것이다. 여기에서 상위 욕구로 전이될수록 추상성을 띠고 하위 단계의 욕구들은 좀 더 실체적이라는 것이다. 후자는 욕구를 가지는 개인의 가치판단의 산물로 다양한 형태의 해석이 가능하다. 그러나 일반적으로 물질적 욕구는 그 동기와 근원면에서 볼 때, 단기적이고 비본질적이라는 것이다.

다음으로 욕구의 확인은 욕구사정의 일차적 과정인데, 이것은 개인과 사회의 안녕에 중요한 것으로 간주되는 인간적·사회적 존재의 질적인 상태를 확인해 내고 표시하는 것이다(Neuber, 1980: 13-22). 인간 욕구가 확인되는 과정은 사회문제가 규정되는 과정과 유사하다고 하겠다. 사회문제에 대한 규정이 사회적인 것과 마찬가지로 욕구의 확인도 사회적으로 이뤄지는 측면이 강하다는 것이다.[1)]

2) 욕구사정의 과정

욕구사정은 포괄적이고 체계적인 프로그램(욕구사정-계획-실천-평가)의 순환 과정에 통합되어 있다. 이 과정의 첫 단계에서 욕구 충족은 문제 및 욕구의 식별, 대안적 해결책의 모색, 하나 또는 그 이상의 해결책의 선택, 프로그램의 설정 및 실천, 그리고 평가를 포함하는 체계적 접근 방법으로서 장래를 위한 계획을 수립한다.[2)]

---

1) 사회적인 욕구 확인 과정에는 다음과 같은 요인들이 존재한다. ① 자원과 기술의 존재 여부다. 기존의 자원과 기술 수준 안에서 변화 가능한 조건들이 욕구로서 확인될 수 있다. 아무리 절박한 문제라도 그것이 현재의 자원과 기술로서 변화될 가능성이 없을 때는 욕구나 문제로서 확인되지 않는다. ② 정치적 과정이 존재한다. 다원적 정치 과정을 통해 특정 조건이 사회의 조직적 개입을 요구하는 것으로 확인되는 절차를 거쳐야 한다. ③ 객관적 정의와 사정이 필요하다. 자원의 조달과 할당을 담당하는 사회제도로서 책임성을 확실히 하기 위해 욕구로서 규정된 어떤 상태나 조건들은 객관적인 정의와 사정을 가능하게 하는 것들이어야 한다.

3) 욕구사정의 기법

욕구사정에서는 문제를 식별하고, 식별된 문제의 사회적 인과 관계를 알아내고, 프로그램 실행을 위해 사용할 수 있는 인적 및 물적 자원을 파악해야 한다. 이러한 내용을 고려하면서 그 기법을 구성하는 요소로서는 지표분석, 일반인구조사, 표적인구조사, 프로그램 운영자 조사, 주요 정보 제공자 조사, 행정자료 조사, 지역사회 의견조사, 통합적 방법 등이 있다.

2 목표

프로그램의 설계 및 그 운영에는 목표가 수반되기 마련이다. 이 목표를 이행하기 위한 구체적인 개입(intervention)이 실행된 이후 평가 과정이 있는데, 프로그램의 평가는 목표가 어느 정도 달성되었는가를 사정해 보는 것이다.

일반적으로 개입이론의 관점에서 목표 달성(goal attainment)의 단계는 첫째, 프로그램 계획 및 목표 결정 둘째, 프로그램 운영조직체의 구성 및 운영 셋째, 프로그램 목표 실현을 위한 프로그램 실시로 구성된다.[3] 첫 단계에서는 프로그램이 형성되고 달성하고자 하는 구체적이고 세분된 프로그램 목표가 선정된다. 이 때 목표 선정에는 명확성, 대표성, 실현가능성(feasability)이 고려되어야 한다. 둘째 단계에서는 수립된 프로그램을 구현하기 위한 조직체가 구성·운영되어야 한다. 이 조직체는 자원 조달을 통해 목표 달성을 위한 행동이 준비되어야 한다. 셋째 단계에서는 목표 달성을 위한 프로그램이 특정 지역에서 실천된다. 이같이 프로그램 목표를 구현한다는 것은 적어도 세 가지 단계의 유기적 조합이 전제되어야 한다는 것이다.

---

2) 욕구사정은 적어도 ① 지역사회가 갖는 문제들, ② 프로그램 또는 서비스를 필요로 하는 사람들 또는 집단, ③ 프로그램 또는 서비스의 종류 등과 같은 세 가지의 자료분석 차원을 다뤄야 한다.

3) 개입이론의 핵심에는 결과 목적, 결과 목표들, 워커와 클라이언트의 기대 등이 포함된다. 문제를 확인하고 그것에 개입하는 이론을 형성하는 과정에는 먼저 개입을 통해 무엇이 성취될 것인가를 규명해야 한다. 이러한 결과 목적은 주로 변화를 의미한다. 하나의 목적을 성취하기 위해서는 세분화된 목표들이 나타나야 하는데, 프로그램은 세분화된 목표들의 달성을 통해 목적의 성취에 기여한다. 사회사업이론에서는 이러한 세분화된 목표들을 워커와 클라이언트의 기대에 근거해서 설정된다고 보고 있다.

프로그램 목표가 결정되는 역동성과 그 실현 과정을 규정하려면 프로그램 운영 조직체를 관찰해야 한다. 운영조직체는 프로그램 목표를 성취하는 사회적 기능을 수행하는 주체가 된다.

프로그램 목표가 무엇으로 설정되어 있든 프로그램을 실시하는 조직체가 실제 행하고 있는 활동과 사회에 진술된 것과 사이에는 일정한 간격이 있게 마련이다(Perrow, 1990: 232-235). 이것은 실제로 공식목표와 작업목표, 목표 정의의 곤란, 목표 개념의 모호성, 목표의 이원화, 목표의 전환 등에 기인한다고 볼 수 있다. 이러한 어려움을 극복하기 위해 목표의 식별과 포괄적인 평가 기준이 제시된다.[4)]

3 평가

평가는 특정 개입이 목표 달성을 이뤘는지와 투입된 비용은 산출에 비례하여 효율적이었는지 등을 기준으로 그 성공 여부를 결정하는 체계적인 과정이다. 평가를 위해서는 프로그램에 대한 업무 수행의 적절성, 명시된 목적들의 적합성, 목표 획득의 가능성, 의도되지 않은 결과와 같은 것들에 대한 정보를 수집한다.

평가의 목적은 일정한 조직 상황에서 한정된 자원을 효율적으로 운영하여 사회복지 서비스를 향상시키려는 데 있다. 일반적으로 사회복지행정에서 프로그램을 평가하는 데는 노력(effort), 수행(performance), 적절성(adequacy), 효율성(efficiency), 과정(process) 등의 요소를 고려해야 한다.[5)]

사회복지 프로그램에서 평가에 접근할 때 봉사의 대상자는 적합한가? 서비스의 제공은 실용성을 가지는가? 봉사의 효과성은 어느 정도인가? 등에 대해 관심을 갖고

4) 프로그램 목표를 식별하는 전략으로서 목표를 상대적 중요성의 순위에 따라 등위를 정해서 평가할 수가 있고, 목표를 시간적 및 순서적 관점에서 평가하기도 한다. 그리고 이 두 가지를 통합해서 좀 더 정확하고 신빙성 있게 목표를 식별할 수도 있다.

5) 노력은 복지 서비스를 하기 위한 투입의 양과 질을 의미한다. 클라이언트의 수와 종류에 관한 정보, 사업의 종류 및 워커의 노력, 자원, 기대 등이 포함된다. 수행은 사업의 산출, 즉 노력의 결과를 측정하는 것이다. 수행 결과의 평가를 위해서는 클라이언트, 프로그램 및 전달 체계에 관한 단기적·장기적 목적들을 분명하게 해야 한다. 적절성은 프로그램이 자원과 크기, 범위를 적정하게 운용하는 것을 의미한다. 효율성은 노력, 실행 및 적절성 간의 상호 관계를 의미한다. 과정은 노력이 산출로 이행되는 중간 과정 또는 절차를 의미하는데, 프로그램이 결과를 산출하는 방법을 분석하는 것이다.

대처해야 하는데 이를 위한 논의 영역을 제시하면 다음과 같다(Suchman, 1997: 387-388).

첫째, 목적성에 대한 이해 영역으로 평가는 환류 기능이다. 이것은 필요한 정보를 확보하여 이 과정에서 효율적이고 바람직한 결과를 이끌어 내기 위한 기술적 판단이기 때문이다. 동시에 프로그램 담당자가 그 과정에서 행하는 활동에 대해 사회적 책임을 지도록 하는 것으로서 책임성 이행 기능을 갖는다. 한편으로는 평가 과정에서 가치와 사실 간, 또는 내재된 변수 간의 관계를 파악하여 이론 구축의 기능도 갖는다.

둘째, 경영 통제적 성격을 갖는다. 사회복지행정은 설정된 계획과 기준에 의해 효과적으로 자원이 획득·사용되고 있는지를 확인하여 목표달성도를 관리·통제한다.

셋째, 서비스를 개선한다. 평가정보는 서비스의 변화와 개선을 자극하는 데 유용하게 사용된다. 클라이언트의 성격 변화와 관련한 정보, 복수의 서비스 기술들 간의 우월성 비교, 충족되지 못한 욕구들에 대한 자료들을 통해 새로운 서비스 전달 체계를 찾게 하는 자극적인 작용을 한다.

넷째, 순응의 체계를 갖게 한다. 프로그램을 수행하는 데 관련된 법이나 규제, 절차 등에 순응하고 있는가 혹은 상부나 조직 외부로부터 요구되는 바람직한 성과의 도출에 대해 순응하고 있는가 등을 판단할 수 있게 한다(Freeman, 2000: 22-33).

다섯째, 대외 관계의 창구가 될 수 있다. 평가정보들은 프로그램의 성과를 외부 사회에 알리는 데 사용된다. 이것은 외부의 부당한 비난으로부터 프로그램을 방어하고 지지를 얻는 데 쓰여질 수 있는 것이다.

일반적으로 평가는 모니터링 평가, 효과성 평가, 효율성 평가 등으로 나뉘며, 이 들 평가 유형들은 각각의 평가기술에 따라 작업이 이뤄지겠지만, 관심 요소는 공통적으로 접근성, 지속성, 적합성, 포괄성, 통합성, 공평성, 비용의 합리적 배분에 두어지고 있다(Dornbusch & Scott, 1990: 363-365).

4 관리와 기법

여기에서는 프로그램을 운영·관리하는 데 유용한 접근 차원으로 설계, 실행, 안정화의 맥락에서 검토해 보고, 그 기법의 일반적 수준에 대해 논의하게 된다(Mintzberg, 1980: 132).

첫째, 설계 단계는 프로그램에 대한 이해관계자들로부터 공동의 관심과 동의가 어느 정도 이뤄졌을 때 착수된다. 따라서 가장 중요한 것은 조직체의 영향력이다. 신설 프로그램은 운영 정보와 지지를 얻을 수 있는 조직 내외의 관심과 영향력의 정도에 따라 성패가 갈린다고 할 수 있다. 동시에 다른 경쟁 관계에 있는 프로그램과의 수평적 보완성을 구축하여 조직 안팎으로부터 프로그램 설계와 관련된 자원과 정보 및 지지를 확보해야 한다. 이를 위해 특히 프로그램 설계자들의 자율성과 비공식성, 창의성이 요구된다.

또한 이 단계에서 계획과 자원 획득에 관한 학습 능력을 향상시킬 필요가 있다. 계획과업을 위한 수단으로서 개입전략의 선택이 있는데, 그 활동 양태로 교육(education), 예방(prevention), 개별치료(individual treatment), 재활(rehabilitation), 규제(regulation), 기존 프로그램에 대한 지지 및 강화(supporting or strengthening existing programs), 제도적 변화 유도(generating institutional change) 등이 있다(Kiresuk & Lund, 1997: 232-323).

자원 획득 과업은 필요한 투입을 확보해 나가는 전략적 맥락이다. 프로그램 관리자는 프로그램의 정당성과 효과성 증대를 위해 지속적인 자금 지원을 확보해야 한다. 비용-편익분석(cost-benefit analysis)을 통해 프로그램의 성공적인 수행을 도모해야 한다. 동시에 프로그램에 대한 조직 내외의 지지와 정당성, 그리고 참여와 같은 사회적·집단적 자원도 고려해야 할 것이다.

둘째, 실행 단계에서는 프로그램이 시행됨에 따라 이에 관련된 이해집단(지역사회, 다른 조직 및 집단)과의 상호작용과 영향력이 증대된다. 집단 내 또는 집단 간 이해가 교차함으로써 다양한 갈등과 가치의 상충 현상이 나타난다. 프로그램의 유지와 발전을 위해 자체 대응 능력과 정당성의 확보가 중요한 요건이다. 따라서 프로그램의 영역을 확장하여 그 정당성을 수립하는 노력과, 그리고 집단과 기관을 포함한 환경과의 관계를 발전시키는 역량이 결집되어야 한다.

실천 전략으로서 ① 자원 확보 기능을 들 수 있다. 클라이언트 집단의 확보, 클라이언트에 대한 공평한 서비스 기회 제공, 신뢰 관계의 구축 등을 통해 가용자원을 동원한다. ② 운영조직체의 구조를 환경 적응성을 고려하는 방향으로 설계한다. 직무세분화(job specialization) 및 부서화(departmentalization)와 수평적 분화(horizontal differentiation)를 한 축으로 형성하고, 집권화(centralization) 및 공식화(formalization)와 수직적 분화(vertical differentiation)를 또 하나의 축으로 하는 구조를 상정할 수 있을 것이다. ③ 프로그램 요원 능력의 개발 및 유지를 들 수 있다(Hoshino, 1998: 23-26). 요원들의 능력을 효과적으로 개발하는 일은 프로그램에 필요한 과업과 활동을 원활하게 수행할 사람들을 선택하는 데에서부터 시작해야 한다. 기본적으로 관리자는 요원 능력의 효과적인 발전과 유지를 위해 측정, 전략 선택·실행 및 평가의 과업을 체계적으로 실시해야 한다.

셋째, 안정화 단계에서는 프로그램의 책임성에 관한 문제가 중요하게 부각된다. 외부 환경과의 상호작용 과정에서 프로그램의 유효성, 능력, 신뢰성에 대한 확신과 보증을 해야 하는 과제가 부과된다. 이러한 과제를 수용하려면 규칙이나 절차 등이 발달해야 하고 조직구조가 좀 더 정교해져야 한다. 안정화 단계에서 추구해야 하는 주요 기능으로는 요원의 능력 개발 및 유지, 변화의 영역을 확충하는 업무 등을 들 수 있다. 요원 능력 개발에는 만족도 증대(업무의 적응성, 급료, 승진, 기회, 인간 관계 등), 작업 조건의 향상 등이 고려 요인이 되어야 한다. 변화 업무 영역에는 개인, 하위 체계, 전체 체계가 거시적 수준으로 설정되고, 이것을 뒷받침하는 미시적 차원으로 절차, 프로그램의 실용성, 목표 변화 등에 관심을 갖는다(Hoshino, 1998).

다음으로 프로그램 기법들이 가지는 함의는 궁극적으로 목적과 실행 수단 간의 합리적 관계를 형성하고 유지시키는 데 있다. 이러한 맥락에서 접근할 때 사회복지행정에서 프로그램 기법은 복지 프로그램의 합리적인 의사결정과 활동 및 진행에 대한 정보와 지식, 기술을 제공하여 산출의 생산성과 효율성을 증대시키는 데 있는 것이다(Tripodi & Fellin, 2008: 310-322).

여기에서는 사회복지기관에서 프로그램을 설계·관리하는 데 보편적으로 활용되는 MBO, PERT 기법들을 검토하고자 한다. 첫째, MBO 모형은 조직관리에서 하나의 독립된 실체를 가진 관리 도구가 아니라 일종의 활동 중심적이고 결과 지향적이며, 참여를 강조하는 원리로 본다. 또한 MBO는 목표, 계획, 모니터링, 평가 등의 프로그램 과정을 체계적으로 연결하는 방법으로 보기도 하고, 기획, 의사결정, 스태프 개발 등과 같은 조직적 활동을 활성화하고 통합시키는 시스템으로 간주하기도 한다. 이론적으로 MBO는 조직활동에서 참여를 통한 장·단기적 목적의 설정, 제안 과정, 목표 달성 여부의 평가 등을 위한 관리 체계다(Raia, 2000: 134-136).

일반적으로 사회복지행정에서 적용될 수 있는 MBO 모형은 과제에 대한 합의, 귀납적 방식의 목표 설정, 목표의 구체화, 활동과 자원의 결정, 주요 활동의 모니터로서 구성될 수 있다고 보는 것이다. 둘째, PERT는 목표와 수단을 합리적이고 체계적인 양식으로 연계시키고자 하는 프로그램 평가검토 기법(Program Evaluation Review Technique)이다. 즉, 프로그램을 명확한 목표들로 조직화하고, 진행 일정표를 작성하고 자원계획을 수립하며, 프로그램 진행 사항을 추적하는 데 활용될 수 있는 관리 도구다.

사회복지행정에서 주요한 유용점은 다음과 같다(Hoffer, 2007: 36). ① 프로그램 결정 시 개인별·분과별 목적들을 제시하는 과정을 통해 참여할 수 있다. ② 참여를 장려함으로써 자발적인 동기를 증대시킨다. ③ 개인별 목적들이 분과별 목적들로 전이되어 연대성과 결속력을 강화시켜 준다. ④ 부서별 목표의 성취 여부가 가능하므로 체계적인 평가를 하는 데 기여한다. ⑤ 장·단기 목표 설정을 장려함으로써 서비스 요구에 적극적으로 반응할 수 있다.

5 분석

여기에서 분석 단위는 프로그램을 운영·관리하는 조직체가 된다. 논의 대상은 조직체의 영역 및 목표, 외부와의 관계에서 규제집단, 고객집단, 자원의 투입, 서비스 시장이 된다.

1) 조직체의 영역 및 목표

기관의 영역으로 ① 기관이 취급하는 인간문제, 쟁점 및 관심의 범위, ② 서비스 내용, ③ 서비스 수혜집단 내지 계층이 있다(Levinson, 2002: 66-78).

목표 영역으로 목적(goal)-목표(objective) 연계의 측면에서 보면, ① 목적은 바람직한 성과를 나타내는 것이며, 프로그램의 개입으로 인해 성취될 결과를 의미한다. 목표는 주어진 시간 내에 프로그램이 성취하기를 의도하는 결과와 영향을 기술하는 것이다. 일반적으로 하나의 프로그램 목적에 다수의 목표를 갖는 것이 보통이다. 프로그램의 목적을 성취하기 위해 하나의 목적이 구체적인 부분 목표들로 분류된다. 행정적 목표(자원의 획득, 서비스 절차 이행 등), 성과목표(클라이언트에 대한 직접적 서비스 등)들이 성취되면 프로그램의 목적이 실현된다고 보는 것이다.

2) 외부와의 관계

첫째, 규제집단은 기관을 인가해 주고 기관 전체와 각 부서의 활동을 검토하며, 규칙을 제정한다. 규제집단의 규제 기능과 기대가 프로그램의 효과성 및 효율성에 미치는 영향을 통해 조직체의 평가 수준이 결정된다.

둘째, 클라이언트 집단과의 관계는 수혜 대상의 특성, 기관의 수혜 대상에 대한 관심 범위 등에 따라 조직체의 평가 수준이 결정된다(Weiner, 2009: 33-35).

셋째, 자원의 투입은 외부로부터 제공되는 자금과 인력을 의미한다. 투입되는 자원의 규모와 질에 따라 조직체의 평가 수준이 결정된다.

넷째, 서비스 시장과의 관계는 기본적으로 해당 기관이 프로그램을 제공하는 과정에서 갖게 되는 절차 및 교환 관계를 의미한다. 비교적 양자간의 관계가 호혜적・수평적으로 형성되는 것이 조직체에 긍정적인 평가로 작용하게 된다.

제 3 절 프로그램 기획상의 행정진단

사회복지 프로그램은 목적을 실현하기 위한 행동 단위들의 집합체라고 할 수 있다. 목적은 기본적으로 서비스를 기대하는 욕구 가치를 담고 있어야 한다. 이것을 이행하기 위한 행동 단위들의 집합체는 반응의 메커니즘이다(Siegel & Attkisson, 2008: 222-235). 사회복지 프로그램의 구성은 바로 이러한 욕구와 반응 간의 관계를 명확하게 설정하여 시도되어야 한다. 이러한 관계 설정의 기준이 마련되고, 그 토대 위에서 프로그램의 운영 요소를 도출하게 되는 것이다.

여기에서는 지금까지 접근한 프로그램의 구성 및 운영 요소에 적극적・부정적 영향을 미치는 변수들을 사전에 식별하여 그 안정성을 확보하는 장치에 대해 논의하게 된다. 이러한 안정성을 확보하는 장치는 프로그램이 가지고 있는 여러 요인을 예측・분석・정의하는 행정기획의 영역에 속하는 것이다.

사회복지행정에서 기획의 필요성이 다양하게 대두될 수 있지만, 주로 효율성, 효과성, 책임성의 이유에서 접근할 수 있다. 첫째, 효율성은 목적이 경제적으로 달성될 수 있도록 비용과 결과를 합리적으로 배분하는 노력이다. 사회복지행정에도 항상 희소자원으로 주어진 목표를 달성해야 하기 때문에 효율적인 운영이 중요한 과제다. 효과성은 목표 달성의 정도(degree of goal attainment)를 의미하는 것으로서 궁극적으로는 적극적인 효율성의 증대를 도모하는 것이다. 이러한 효과성은 계획의 형성, 계획을 위한 정책의 형성, 우선순위 및 자원 할당, 감독 및 평가와 같은 일련의 기획 과정을 통해 달성될 수 있다. 책임성은 기획 과정에서 평가에 해당된다. 사회복지행정이 사회적으로 인정받을 만큼 최선의 서비스를 제공하려면 미래 예측적인 기획 과정을 거치는 것이 매우 중요하다.

프로그램의 기획은 그 성격에 따라 중·장기적인 미래 예측을 위한 문제 접근 과정이라 볼 수 있다(Anthony, 1995: 35). 주어진 현재의 조건을 통해 미래를 예측하고 전망하는 데는 복잡한 변수의 파악·통제·조절과 같은 프로그램 기획상의 정교한 행정진단이 다음에서와 같이 요구된다.

첫째, 사회문제를 분석해 내야 하는데, 이를 위해 문제의 인지(perception), 진단(diagnosis), 해석(interpretation)의 단계를 거쳐야 한다. 둘째, 프로그램의 수혜자를 선정해야 한다. 선정 시 고려해야 하는 요소로 적절성, 형평성, 효율성, 적실성, 타당성이 중시되어야 한다. 셋째, 프로그램의 구성 및 운영 요소에 긍정적 효과를 기대하는 사회복지 실천이론을 결정해야 한다. 넷째, 서비스 절차의 확립이다. 이를 위해 수혜자의 욕구에 부합하는 서비스 전달 체계를 구성해야 하는데, 그 요체는 휴먼 서비스의 전달 체계 모형이다(Ehlers & Austin, 1995: 233-235). 휴먼 서비스는 인간, 조직, 환경을 고려하는 세 부문 요소로서 욕구·반응·환경의 지지를 동시에 유도할 수 있어 효율적 서비스 절차로 간주되고 있다(Hasenfeld, 2003: 50-83). 다섯째, 서비스 환경과 활동의 구체화를 실현하는 데는 조건에의 적응성, 활동의 표준성 내지 객관성을 통해 문제의 본질에 도달할 수 있다.

일반적으로 행정진단에는 다음과 같이 프로그램 내부, 조직체의 내부 및 외부로 구분하여 논의할 수 있다(Lauffer, 2000: 135-136).

첫째, 프로그램 내부에 대한 행정진단은 조건, 상황을 식별·판단해야 한다. 프로그램의 크기와 복잡성, 프로그램이 운영될 지리적 및 조직 내의 위치, 요원 충원, 자금 확보 및 일반 지원 체계다. 프로그램의 규모와 수용 능력이 크고 복잡성의 정도가 높으면 행정기획의 기술적·물리적 비용이 커질 것이다. 규모와 수용 능력은 예측의 시간적 길이와 관련이 있으며, 비교적 중·장기적일 경우, 미래에 대한 전망도 불확실성 요인이 더 많아질 것이다.

프로그램을 설계하는 조직의 위상이 주요 변수가 되는 경우이다. 중앙집권적 위상을 갖는 체제에서는 자원 유통, 커뮤니케이션, 조직 성원들 간의 이동 흐름이 비교적 편리하며 효율적이다. 분권적 체제를 유지하는 경우 전문성, 프로그램의 실용성·현실적합성이 확보되는 장점이 있다. 요원 충원의 기준이 되는 우선순위(priority)는 사명감, 능력, 전문성, 기타 조직 내외의 여건에 대한 대응 능력 및 관계 등이 될 수 있다. 자금 확보는 프로그램의 성격과 종류에 따라 달라진다. 보편적 성격을 띠는 프로그램은 자금 동원이 비교적 수월하거나 비용이 적게 들어 이에 대한 부담이 상대적으로 줄어든다. 그러나 새로운 수요에 대응하기 위한 프로그램의 개발은 비용이 많이 들고, 그 조달원도 확보하기에 그만큼 어려울 것이다. 일반 지원 체계도 보편성을 가지는 프로그램일수록 기존 지원 체계를 이용하거나 개선할 수 있어서 부담이 적으나 신규 프로그램은 새로운 서비스 체계를 신설해야 하고 동시에 그 타당성을 검토해야 하기 때문에 비용이 많이 든다.

둘째, 기관 내부에 대한 행정진단은 프로그램에 대한 내부 환경과의 상호 관계를 일정한 기준을 가지고 규명하는 일이다. 그 기준이 되는 요인으로는 기관 내부에서 프로그램의 참신성, 프로그램의 인지도, 프로그램의 중요도, 프로그램의 위상, 프로그램의 영향력의 정도, 프로그램의 개혁성 등이 있다(Houle, 2000: 223-226).

참신성의 정도는 프로그램의 목적, 설계기술, 활용되는 정보의 질적·양적 고려, 프로그램의 효과성이 하위 측정지표가 된다. 목적의 참신성은 가치판단의 영역이지만, 사실(fact)의 범주 내에서 확인할 수 있는 것은 이용자의 반응도에 의존할 수 있다(Boyle, 1981: 22-23). 규모, 파급 효과, 프로그램의 지속성 정도가 크고, 높은 경우 참신성이 평가되는 것으로 볼 수 있다. 인지도의 문제는 설계자 및 관리자뿐만 아니라 이용자의 이해력도 동시에 포함된다. 양자간의 인지도가 정비례 할 때 비로소 프로그램에 대한 주관적·객관적 인지도가 확보되었다고 말할 수 있다. 프로그램의 중요도는 프로그램이 가지는 자체의 기술적 기능이 어느 정도 수준에서 인정되고 있는가에 달려 있다. 동시에 이용자의 만족도와도 상관 관계를 가진다. 프로그램의 위상은 조직 내에서 프로그램이 활용되는 빈도(frequency) 및 성과(performance)와 관련된다 (Knox, 1996: 338-339). 조직 외적인 면에서는 다른 조직환경과의 관계에서 프로그램이 가지는 경쟁력과 관련이 있다. 프로그램의 효율성, 실용성, 이용 빈도가 높으면 그만큼 경쟁력이 있으며, 그 위상도 확보될 수 있을 것이다. 프로그램의 영향력(impact)은 산출 능력에 있으며, 산출 규모가 크고, 파급 효과가 광범할수록 그 영향력의 범위는 자연 넓어질 것이다 (Pines & Kafry, 2000: 23). 개혁성은 프로그램이 변화하는 환경에 어떻게 대처하는가의 문제다. 프로그램이 적응력과 반응성을 높이려면 자기 변신을 위한 동태성을 가져야 한다.

셋째, 기관 외부에 대한 행정진단은 프로그램을 이용하는 고객집단, 지역 주민, 관련 기관과 단체를 포함하는 상호 관계를 동태적으로 파악하는 접근이다.

고객집단은 그들의 욕구, 선호도, 집단의 특성 등이 중요 요인인데, 이 가운데서 특히 욕구 요인이 핵심 변인으로 작용하게 마련이다. 기본적으로 욕구에 부합하는 프로그램이 효율성이 높다는 것이다. 지역 주민은 프로그램에 대한 관심과 지지를 확보하는 일차적인 자원이 될 수 있다. 프로그램의 정당성과 지속성은 지역 주민의 이해와 인식에 의해 결정되기 때문이다. 따라서 지역 주민의 관심도를 이끌어 내기 위해 기본적으로 이들의 인구학적 · 경제적 · 정치적 · 문화적 조건들을 면밀히 관찰해야 할 것이다 (Hershey & Blanchard, 2007: 230). 다음으로 중요한 것이 프로그램을 둘러싸고 일어나는 자원과 서비스의 교환을 통해 상호 관계를 맺게 되는 관련 기관과 단체들에 대한 접근문제다. 프로그램을 개발하고 설계하는 집단의 입장에서 볼 때, 이들은 거시적 · 실질적 환경들이다. 이들 환경과의 상호작용의 결과에 따라 프로그램의 성패가 판가름난다고 볼 수 있다. 즉, 프로그램의 유지 · 발전을 위한 환경관리 전략이 수립될 필요가 있다. 동시에 정보의 상호 교환을 통한 기관과의 협동 노력이 더욱 중요하다. 이를 위한 전략으로 경쟁, 조정, 타협, 그리고 공동의 역할을 모색해 나가는 패러다임의 개발이 요구된다.

제 12 장 휴먼 서비스 전달 체계

이데올로기의 차원에서 볼 때 복지 서비스는 인간의 욕구를 충족시키는 삶의 이상적 상태를 지향하는 개념이다. 이러한 개념을 바탕으로 복지 목표의 실현을 위해 국가와 사회가 제도적 입장에서 다양한 실천적 접근을 시도하는 여러 기제 가운데 하나가 바로 휴먼 복지행정 서비스의 전달 체계라고 할 수 있다(Hasenfeld, 2003).

대체로 현대의 자본주의 국가들은 사회문제의 해결 장치로서 사회복지의 제도적 원리를 지향하고 있다. 이러한 입장에서 특히 현대의 사회복지는 국가의 복지행정을 근간으로 형성·발전하게 되었다(Clyde, 2000). 따라서 복지행정은 사회복지사업의 효과성, 효율성, 형평성 등에 관심을 가지게 되었고, 이러한 관심을 실천·반영하는 기제로서 휴먼 복지행정 서비스의 전달 체계에 대한 이론적·실제적 논의가 필요하게 되었다.

국가가 규모의 복지를 실현하기 위해서는 기본적으로 사회복지제도를 발전시켜야 하는데, 그 전제가 되는 영역이 바로 합리적·과학적인 서비스 전달 체계를 수립하는 문제라고 할 수 있다. 복지행정을 운용하는 데 ① 복지 서비스의 대상자는 어떻게 선정되는가? ② 이들에 대한 수혜 자격 요건은 어떻게 설정되는가? ③ 서비스의 양과 질을 결정하는 기준은 무엇인가? ④ 수혜 내용의 성격을 결정하는 요인은 무엇인가? ⑤ 서비스는 어떠한 절차와 방법에 의해 전달되는가? ⑥ 전달 과정에서 발견되는 문제점은 무엇인가? 등에 대한 정책 내용들이 실제로 표현되는 것은 바로 합리적인 서비스 전달 체계를 통해 이뤄지기 때문이다.

따라서 이 장에서는 전달 체계의 구성 요소, 특징과 문제점, 개선 방향 및 서비스의 전망에 대해 살펴보게 된다.

제1절 전달 체계의 구성 요소

1 개념적 틀

서비스 전달 체계는 사회복지제도의 운영에 근간이 되는 기반(infrastructure)으로서 급부 효과에 영향을 미치는 중요한 분야다. 이러한 전달 체계에 대한 개념적 이해는 두 가지 측면에서 접근된다(Morris, 2007).

미시적 맥락에서 전달 체계는 서비스 업무를 직접 집행하는 사회적 체계를 의미하는 개념으로서 휴먼 봉사자와 수혜자 간의 대면적(face to face) 관계를 통해 일정한 장(field)에서 서비스가 이뤄지는 서비스 전달을 위한 집행 체계의 형태다. 거시적 측면에서 보면 일정한 계층적 행정 체계로부터 단계적인 규제, 지시, 지원, 감독을 받으며 서비스를 실천하는 서비스 전달을 위한 행정 시스템을 의미한다.

실제의 분야에서 복지 서비스는 이 같은 집행 체계와 행정 체계라는 두 가지 하위 체계들의 상호 보완적인 기능에 의존하는 하나의 총체적 전달 체계에 의해 이뤄지는 것이다.[1] 이러한 개념적 틀은 전달 체계 전체를 논의하는 경우에도 적용될 수 있고, 또한 한 체계만을 분석하는 상황에도 유용하다고 보고 있다.

1) 행정 체계는 중앙정부의 보건복지부가 행하는 기획, 지원, 감독 등의 행정활동으로서 합리적인 법규와 규정에 근거하여 주로 관료제적 계통을 통해 수행된다. 반면 집행 체계는 역할자들이 치료와 변화가 필요한 수혜자들을 대상으로 사회심리적·재정적·물리적 및 치료적 개입을 한다. 이들은 전문지식과 사명감을 갖고 사람들에게 개입하는 인간 봉사자들이다. 이와같이 집행 체계는 주로 사람에게 서비스를 전달하는 특성으로 인해 행정 체계와 같이 규정이나 법규에 의해 해결될 수 없는 복합적인 인간문제를 다루며, 가치개입적으로 신축성이 필요한 운영을 하게 된다. 이러한 특성으로 이론면에서 집행 체계는 행정 체계와 분리해서 접근하는 것이 타당하다.

2 복지행정의 휴먼 서비스 관점

복지행정이 제공하는 서비스가 수혜자들의 욕구에 적합하게 반응하게 하기 위해서는 새로운 서비스 패러다임이 요구되는데 그 대안으로서 대두되는 것이 인간, 조직, 환경을 주요 요소로 하는 휴먼 서비스(human service) 개념이다(Weiner, 2009).

휴먼 서비스는 인간 존재의 가치와 도덕성을 중시한다. 수혜 대상자인 인간에 대한 보편적인 가치와 철학적 토대로서 휴머니즘을 지향한다(Slavin, 2005). 이러한 인간 존재에 대한 가치를 바탕으로 복지행정 서비스가 실행되어야 한다는 것이다. 따라서 서비스를 행정과 정책을 통해 실행하는 전문 사회사업가나 복지관료들은 전문적인 기술 이전에 이에 적합한 도덕적 가치와 인간적 심성이 전제되어야 할 것을 요구한다.[2)]

또한 휴먼 서비스는 인간 존재의 전체성과 개별성을 적극적으로 수용하는 입장이다. 수혜 대상으로서 개인을 통합된 하나의 전체로 이해하는 것이 바람직하다는 것이다. 개인의 제반 문제들은 서로가 긴밀하게 상호 관련되어 있기 때문에 하나의 문제를 접근하기 위해서는 유사한 다른 사례들과 결부시켜 이해해야 한다는 것이다. 이러한 관점이 전체성의 개념이며, 사회복지에서 연대성(solidarity)의 이념인 것이다(George & Wilding, 1986). 동시에 여기에서 간과할 수 없는 것은 전체성과 연대성은 클라이언트 집단에 속해 있는 다양한 개인들을 좀 더 효과적으로 개별화된 차원에서 이해하고 보호해 주기 위한 장치이며 이념이다.[3)]

2) 휴먼 서비스의 인간관으로 ① 존재 지향적 인간관(인간에 대한 가치를 사물로서가 아니라 존재 그 자체로 봄. 각각의 인간 존재를 하나의 귀중하고 독특한 실재로서 다루는 존재 지향적 인간에 관심을 둠), ② 성장의 잠재성과 인간 존재의 고귀함(인간 존재의 무한 잠재성에 대한 확신이 인간 존재의 고귀함에 대한 가치를 가능하게 함. 맥그리거의 Y이론적 인간관과 일맥 상통함), ③ 독특함에 대한 추구(삶의 의미와 핵심은 인간 각각의 독특성과 존엄성에서 찾을 수 있다고 봄), ④ 삶의 의미에 대한 추구(휴먼 서비스는 개인의 사유, 의미, 가치를 향유하는 데 기초가 되는 개념이며, 실체), ⑤ 인간 존재의 창조적 잠재성(인간 각자의 잠재력 배양과 창의적 활용이 가능하도록 하는 동기와 방법을 제시)을 들고 있다(Weiner, 2009).

3) 인간을 전체적이고 개별화된 존재로 보는 관점은 사회복지 전문직의 가치로서 오래 전부터 제반 실천방법론의 중심적인 가치이기도 했다. 다만 그것들을 실행하기에는 자원 부족이나 기술적인 장벽이 문제가 되었다. 그러나 20세기 후반에 이뤄진 다양한 정신적·물질적 기술들의 진보는 인간의 욕구를 개별화시키면서 한편으로는 전체적인 관점에서 접근하는 것을 가능하게 하고 있는 경향이다

휴먼 서비스가 지향하는 조직 유형은 초조직적(transorganization)이고 상호 교류적인 분야들로 이뤄진 시스템을 구상한다(Hasenfeld, 2003). 복지행정 서비스는 개별적으로 독자적인 기능을 발휘하는 조직들의 단순한 집합이 아니라 서로 보완적 기능을 공유하는 전문직 간의 혹은 분야 간의 상호 의존적 조직망으로 이해해야 한다는 것이다.[4] 복지행정 서비스가 이러한 조직 유형 내지 기능으로 이뤄질 때보다 서비스의 합목적성이 확보될 수 있다는 것이다.

휴먼 서비스가 구상하는 환경의 성격은 외부의존성, 역동성, 그리고 다면적 가치들이 상존하는 경쟁과 보완성을 갖춘 환경 유형으로 요약할 수 있다(Aldrich, 2000).

외부의존성은 사회복지를 둘러싼 여러 환경 요소의 영향에 대한 지속적인 관심과 관리를 함으로써 어느 정도 확보될 수 있다고 보인다. 복지행정 서비스의 수혜자인 클라이언트는 노동력, 기술, 건강 등 스스로의 자원 마련을 위한 자생력의 조건이 취약하다. 이러한 면에서 특히 서비스의 주체와 객체들이 환경의 영향에 대한 적응과 대응관리가 필요하다. 역동성은 오늘날과 같은 환경적 변화에 대한 탄력성과 유연성을 갖추는 전략이 필요하다(Hasenfeld, 2003; Blenkner, 2009). 가령 워커와 클라이언트, 워커와 거시적 환경, 클라이언트와 거시적 환경 간의 역동성을 유기적으로 확보하는 관리 체계가 필요하다.

원래 사회복지는 다면적 가치들이 공존하는 복합의 장이라고 할 수 있다. 따라서 이같이 다면적 가치들이 상존하는 사회복지에서는 그 서비스도 거시적으로 혼합재(mixed good)를 관리하여 공급하려는 전략이 요구된다.[5] 이렇게 될 때 개별 분야의

(Weiner, 2009).

4) 물론 서비스가 전달되는 핵심 과정은 워커와 클라이언트에 의한 대인적 관계에 있다. 워커와 클라이언트의 대면적인(face to face) 상호작용이 서비스 전달 과정의 핵심이며, 서비스의 조직화도 여기에 초점을 맞춘다. 그러나 이것이 개인으로서의 워커가 개인인 클라이언트와 만남을 의미하는 것은 아니다. 이러한 관계는 좀 더 사회적이고 조직적인 집단 과정에 의해서 가능하게 되었으며, 또한 워커와 클라이언트의 관계에서 워커는 엄격하게 말하자면 조직과 사회정책을 대변하는 공적인 존재로 보아야 하기 때문이다.

5) 사회복지 환경에서 이 같은 대립적인 다면적 가치들이 공존하는 상황은 앞으로 사회의 다원화와 더불어 더 많이 나타날 수 있는데, 여기에 대응하는 전략으로 영리조직과 비영리조직 간의 공유 영역(interface area of profit organization and non- profit organization)을 확충하여 역할 분담을 하는 문제와 사회복지조직들은 클라이언트를 위한 사적 급부(private benefits)와 사회를 위한 공적 급부(public benefits)를 동시에 제공하는 혼합재를 활용하는 방안도 검토될 수 있다.

복지이든 전체 사회복지이든 간에 다양한 분야에서 요구하는 기준과 책임성에 부응할 수 있다는 것이다.

3 전달 체계의 성격 및 구조

일반적으로 서비스 전달 체계는 구조 기능적, 운영 주체별, 서비스 종류별로 구분하여 그 성격을 접근하고 있으며, 이를 토대로 구조를 이해하는 요소가 수반된다 (Austin, 2001).

1) 성격

(1) 구조 기능적 성격

서비스 공급자들의 구조와 기능의 분화에 의해 전술한 행정 체계와 집행 체계가 있다. 전자는 서비스를 기획, 지시, 지원, 관리하는 측면과 관련된다. 후자는 수혜자들과 직접적인 대면 관계를 통해 서비스를 전달하는 과정을 말하는데, 대부분의 일선 사회복지 조직들의 역할이 여기에 해당된다.

(2) 운영 주체별 성격

서비스 전달 체계를 운영하는 주체에 따른 분류로 공공 서비스 전달 체계와 민간 서비스 전달 체계로 나눠 논의할 수 있다. 전자는 보통 사회보험과 공공부조와 관련된 서비스들을 제외한 대부분의 대인적 사회복지 서비스를 민간 서비스 전달 체계에 위탁 내지 의존하는 형식이다. 이러한 경우에 전술한 구조 기능적 분류와 연관시켜 보면 공공 서비스 전달 체계는 행정 체계의 성격을 띠고, 민간 서비스 전달 체계는 집행 체계로 분화되는 성향을 보인다(김만두, 2003).

(3) 서비스 종류별 성격

서비스 종류별 분류는 지역사회적 관점을 반영하는 유형이다. 다시 말해, 지역사회 안에서 서비스의 수요와 공급이 이뤄지는 네트워크를 가정한다. 가령 아동복지 서비스, 노인복지 서비스 등의 전달 체계는 각기 보육시설, 재가 서비스의 형태로 그 수급이 조정되고 있다.

2) 구조

서비스 전달 체계의 분석에는 조직군, 핵심 조직, 네트워크의 세 가지 요소를 중심으로 접근된다. 조직군은 전달 체계에 관련시킬 수 있는 모든 조직을 그 범위로 설정한다(Aldrich, 2000).

서비스 전달 체계를 어떻게 규정할 것인가에 따라 조직군이 각기 달라질 수 있다. 가령 전술한 운영 주체별 규정으로는 공공 전달 체계의 경우, 공공기관들의 위계망이 조직군이 되고, 민간 서비스 전달 체계에서는 민간조직들의 집합이 조직군이 될 수 있다(Austin, 2001).

핵심 조직은 전달 체계의 조직군에서 핵심이 되는 조직을 의미한다. 가령 노인복지서비스와 관련된 다양한 조직이 집합해서 조직군을 형성하는 경우, 이러한 조직들 간에 서비스와 관련된 복합적인 기능상의 통제력을 행사하는 조직이 바로 그 조직군의 핵심 조직이 된다.

네트워크 유지구조는 공식·비공식 복지조직 간의 기능상의 연계를 도모하는 장치를 말한다. 사회복지관협회, 사회복지협의회, 아동복지시설협회 등이 대표적 예에 해당된다.

4 전달 체계 형성의 원칙

서비스 전달 체계가 합리적으로 형성되어 있지 않으면 수혜자의 욕구조사, 자원배분, 수혜 범위 등의 설정이 어려워진다. 여기에서는 서비스 전달 체계를 형성하는 데 고려될 수 있는 원칙들을 특히 행정적, 서비스 제공의 측면으로 분류하여 논의하게 된다.

1) 행정적 측면

(1) 체계성

전달 체계를 상위 체계와 하위 체계로 구분하고 이를 연결시켜 주는 중간 체계의 설계가 행정의 효율성을 제고시킬 수 있다는 관점이다. 이 때 상위 체계(보건복지부)

는 정책결정과 관련된 계획 및 통제 기능을 하게 된다(변재관 외, 2009). 중간 체계인 광역시, 도 단위에서는 책임 기능 및 서비스 제공 기능을 담당하게 된다. 하위 체계(시 · 군 · 구 및 읍 · 면 · 동)에서는 대상자와의 접촉을 포함하는 초입(input) 기능을 하게 되는데, 이 때 기능상의 분담이 체계성과 일관성을 가져야 한다는 것이다.

(2) 접근성

보편적 서비스가 이뤄지려면 제공자와 수혜자 간의 접근성이 확보되어야 한다. 양자간의 거리를 좁히는 접근성의 대상 요소로는 시간, 위치, 장소, 효용성, 심리감 등을 들 수 있다. 사회복지 서비스에 대한 욕구-반응 관계가 성립될 때, 이를 용이하게 접근시킬 수 있는 전달 체계가 형성되어야 한다는 것이다.

(3) 조정력

현대의 사회복지는 단일의 서비스로 수혜자의 욕구 문제를 해결하기가 쉽지 않은 경우가 많다. 따라서 다양한 서비스를 여러 기관이 제공하는 경우가 있게 된다. 이 때 여러 서비스 기관이 각기 독자적으로 동일한 수혜자들에게 서비스를 제공함으로써 서비스의 효과를 저하시키고 자원을 낭비하는 문제를 유발시킬 수 있다. 이러한 경우에 대비하여 상이한 기관들 간의 유기적인 협조 · 조정이 합리적으로 이뤄질 수 있는 서비스 전달 체계를 수립해야 한다는 것이다(김필두 외, 2009).

2) 서비스 제공의 측면

(1) 형평성

모든 사회성원이 서비스를 신청 또는 이용할 수 있는 기회가 보장되어야 한다. 이를 위해 자산조사(means test)와 같은 객관적인 수혜 자격 요건(eligibility)이 마련되어야 한다. 이러한 원리에 비춰 서비스 전달 체계는 형평성을 최대한 확보할 수 있도록 형성되어야 한다는 것이다.

(2) 적절성

서비스가 수혜자의 욕구에 부합하는 정도(degree)를 측정하는 개념이 적절성 원리다. 수혜자들의 인지된 욕구(felt need)와 제공자가 판단하는 규범적 욕구(normative need) 간에는 일정한 차이가 있게 마련이다(Adams, 2006). 이와같이 욕구에 대한 과학적 측정이 어려운 상황에서 적절성 원리는 양자간의 심리적 조화가 중요하다고 생각된다.

(3) 포괄성

인간의 욕구는 다양하기 때문에 이에 대한 반응 기제로서 서비스의 기능도 또한 포괄성, 보편성, 통합성을 가질 것을 기대한다. 서비스 전달 체계를 형성할 때 포괄성의 원리는 복지 공급 및 수혜 범위와 직결되는 개념으로서 사회의 복지 수준을 측정하는 척도로서의 수단이 되기도 한다.

5 전달 체계를 위한 조직설계

복지 프로그램을 욕구에 적합하게 시행하기 위해서는 그것을 반영할 수 있는 조직설계가 수반되어야 한다. 조직설계는 합리적으로 업무를 할당하고 조합시킬 수 있도록 체계화되어야 한다(Hodge & Anthony, 2008).

휴먼 복지행정 서비스를 실현하기 위한 조직설계의 기본 방향은 관료적이고 위계적인 구성보다는 수평적이고 참여적인 구조에 초점을 맞추고 있다(Hasenfeld, 2003). 현대 환경의 동태성으로 인해 복지 서비스를 조직화하는 단계에서 개별 서비스들 간의 연계와 통합을 중시하는 체계성, 연속성, 접근성, 책임성을 고려해야 한다는 것이다. 수혜자들이 갖고 있는 인지된 욕구들을 어느 정도 충족시키기 위해서는 이와 같은 초조직적·개방적 유형이 좀 더 반응적이며 효율적이라는 것이다.

현재 우리의 경우 중앙정부와 지방자치단체 등 각 기관 간의 유기적 협력이 제대로 이뤄지지 않고 있는 실정은 바로 위에서 지적한 체계성, 연속성, 접근성, 책임성의 한계를 극복하지 못하고 있기 때문으로 지적되면서 그 해결을 위한 대안들이 모색되고 있다.[6] 좀 더 효과적이고 생산적인 휴먼 서비스를 실천하기 위해서는 조직 내외의 요인들과 상호 병존하는 연결망을 구축해야 한다는 것이다.

6) 해결 대안으로 계획, 조정, 통합을 통해 비연속성의 문제를 극복하고, 수혜자들이 프로그램에 대한 접근성을 용이하게 하기 위해 서비스 기구를 지역 가까이에 설치한다든가, 통신 및 정보화의 기술을 개발하는 문제가 고려된다. 또한 워커들의 전문화를 통해 프로그램에 대한 책임성의 확보를 도모할 수 있다고 본다.

제 2 절 전달 체계의 특징과 문제점

복지전달 체계는 일반적으로 책임성과 접근성, 통합성과 형평성, 그리고 전문성을 확보하기 위해 개편하게 된다. 그러나 현실적으로 이러한 기준들을 모두 만족시키기에는 여러 한계가 뒤따르기 때문에 상황을 고려해 적절한 수준에서 최선의 형태로 결정한다.

우리의 현행 전달 체계는 이러한 기준들을 과도하게 벗어나고 있는 수직적·이원화 형태를 취하고 있다. 따라서 인지된 복지 욕구와 규범적 복지 욕구 간의 차이가 크게 나타나는 결과로 빚어지는 현상을 검토해 보아야 할 것이다.

여기에서는 이러한 맥락에서 전달 체계의 특징적 경향을 개괄해 보고, 그에 따른 문제점을 규명하여 논의하게 된다.

1 전달 체계의 특징적 경향

현행 우리의 공공복지 전달 체계는 보건복지부 소관 정책을 행정안전부 산하 시·도→시·군·구→읍·면·동의 행정조직을 통해 일방적·수직적 체계로 집행되고 있다. 시·도에서는 복지부의 사업지침을 시·군·구로 시달하고 국고와 도비의 예산 배정을 하며 사업을 지도·감독한다. 시·군·구에서는 소관 행정구역의 사업지침을 시달하고 국고·도비·시군구비의 예산을 배정하며, 사업집행과 지도 감독을 수행한다. 읍·면·동사무소는 최일선 기관으로서 공공부조제도의 대상자 선정, 급여, 사후관리 등의 직접적인 대민 서비스 업무를 담당하고 있다(보건복지부, 2009).

이를 통해 국민기초생활보장법, 장애인복지법, 아동복지법, 영유아보육법, 모자복지법, 윤락행위등방지법, 의료보호법, 재해구호법등에 기초한 공적부조 업무가 시행되고 있다. 전문복지 담당인력으로는 1987년 이후 사회복지 전문요원이 읍·면·동사무소에 배치되기 시작하여, 1990년까지 6대 도시 동사무소에 324명이 배치되었고, 2009년 말 현재 4,100여 명에 이른다(행정안전부, 2008).

이들의 직무는 주로 생활 보호와 장애인 업무 등 취약계층 업무 전반을 담당하게 되어 있다. 따라서 사회복지 전문요원들은 업무량의 과다와 최근 실업 증가 등 복지 수요의 급격한 변화에 대응하는 데 여러 어려움에 직면해 있는 실정이다.

그러나 시·군·구의 현황은 이보다 더 열악하다고 볼 수 있다. 시·군·구청에는 대체로 복지직 공무원이 배치되고 있지 않아 기획을 비롯한 일관된 업무의 집행이 더욱더 어려워지고 있다.

이와같이 복지 업무가 일반 종합행정 체계 속에서 이뤄지며, 조직과 인력 등이 관리되고 있는 실정이다. 따라서 이러한 전달 체계에서는 다양한 복지 욕구에 반응하기 어렵고 재원을 투입하고도 복지 효과를 달성하지 못하는 결과를 가져오게 되는 것이다(이인재, 2003). 궁극적으로 현행 우리의 복지전달 체계는 정책결정기관(보건복지부)과 집행기관(행정안전부 소관, 지방자치단체)의 분리로 ① 전달 체계 조직구조상의 문제와 ② 서비스 전달(제공)의 책임성, 전문성, 효율성, 근접성, 통합성, 효과성의 기준에 미달하는 한계를 드러내고 있다.

2 전달 체계의 문제점

1) 조직구조상의 측면

(1) 서비스의 자율성 저해

앞에서 논의된 바와 같이 서비스 전달 체계가 수직적인 이원화 구조로 되어 있기 때문에 복지정책이 중앙정부의 방향과 기준에 따라 일선 지자체가 획일적으로 집행하는 형식이 된다. 이러한 형식적인 행정 체계에서는 수혜자의 욕구 충족을 반영할 수 있는 중간 과정이 생략되게 된다. 특히 지역 실정을 잘 이해하는 최일선 기관인 읍·면·동 단위에서 서비스 전달자로 하여금 수혜자의 다양한 욕구에 자율적이고 능동적으로 대응할 수 있는 구조적 수단을 배제하고 있다.

(2) 서비스 전문기관의 부족

보건복지부를 중심으로 하는 중앙과 지방정부의 복지정책 수립에 자문·조언·지원하는 서비스 전문기관이 부족한 실정이다. 현재 서울, 부산, 인천, 대구, 광주, 제주도를 제외하고는 이 같은 기관들이 빈약한 형편이다.

대부분의 도가 사무소를 두지 않고 부녀·청소년과장의 소속 하에 직능조직의 형태로서 운영하고 있으나, 사실 이 경우도 행정적 업무 처리에 관심을 둘 뿐 전문적 지도나 전문적 서비스 기능을 제대로 하지 못하는 실정에 있다(김필두 외, 2009).

(3) 위원회 기능의 형식화

복지행정 운영의 효율성 제고를 위해 분야별 프로그램에 관련된 위원회가 설치되어 기능하도록 하고 있다. 그러나 운영 체계의 이원화로 인한 조직의 신축성 결여로 위원회 활동이 소극적이며 형식주의에 머물러 있는 수준이다. 복지 부서에서 필요한 경우에 한해 소집되고, 사업 실적 및 계획을 설명하고 승인을 받는 정도에 불과한데, 이것은 그 구성원들이 복지에 대한 관심과 전문성이 낮은 것도 중요한 원인이 되고 있다(심재호, 2009).

2) 서비스 전달상의 측면

(1) 복지 전담인력의 부족과 역할 분담 체계의 부재

사회복지 전담인력이 일선 행정조직에 합리적으로 배치되어 복지 업무를 담당할 것을 요청하고 있다. 그러나 현실적으로 읍면동 단위에서 수행되는 폭증하는 업무량에 비례하여 전담인력이 부족한 실정이다. 대체로 1~2명의 복지 전문요원이 배치된 지역에서는 최소한의 대상자 선정 및 급여지급 등과 같은 기본 업무만을 수행할 뿐, 본연의 전문적인 서비스가 시도되지 못하고 있는 형편이다.

한편 행정안전부는 복지 전문요원을 별정직에서 일반직으로 전환하면서 직급 조정을 했는데(행정안전부, 2008), 조직 편제가 정해지지 않은 상태에서 직급만 조정되어 직급에 따른 업무 및 역할 분담이 제대로 이뤄지지 않고 있다.

(2) 수혜자 선정의 비합리성

공공부조 분야에서 대상자 선정은 기본적으로 자산조사(means test)에 기초한다. 공정한 대상자의 선정을 위해 과학적 조사 도구가 마련되어 하는데, 현실적으로 비합리적 수단들이 동원되고 있다는 것이다.

가령 전년도의 대상자를 그대로 선정하는 경우와 또한 전문인력의 부족으로 일선 계통의 임의적 보고에 의해 대상자를 선정하는 예도 있다. 이러한 비합리적 방법으로 자산조사를 하게 되면 선정상의 형평성은 물론 복지재원의 낭비를 초래하게 된다(이인재, 2003).

(3) 보호 내용의 한정성

공공부조와 기타 서비스 활동은 기본적으로 대상자의 욕구 충족과 문제 해결을 통해 자활을 실현시키는 방향이 되어야 한다. 현재 공공부조의 내용은 그 범주에서 한정적이고 선정적이어서 대상자들이 '건강하고 문화적인 최저 생활'을 유지할 수 있는 수준에 크게 미달하고 있다.

(4) 전문성의 결여

사실 서비스 전달 체계상의 문제는 근본적으로 전달자의 전문성에 있다고 본다. 우리의 경우 서비스 전달 체계상 중간 및 하위계층의 공무원들은 행정안전부의 지휘체계에 놓여 있기 때문에 전문성을 거의 지니고 있지 못한 경우가 대부분이다.

특히 최일선 계층은 종합행정 체계로서 사회 담당직원이 생활보호 대상자를 위한 서비스에 전념할 수 도 없고, 업무를 담당할 전문가로서 자질도 갖추고 있지 못하다. 또한 이들이 전문성을 어느 정도 갖추고 있는 경우에도 업무 처리상 보건복지부→행안부→시·군·구를 거쳐 내려오는 사무를 집행만 할 뿐 결정권은 거의 없는 상황에서 전문성을 발휘할 수 있는 기회가 적다(변재관 외, 2009).

사회복지 전문요원들의 경우에도 대학 등에서 전문적인 교육을 받은 사람들보다 보건복지부에서 6개월 정도의 단기 교육을 통해 자격증을 받은 사람들이 많아 그들의 전문성 자체도 그렇게 높지 않다는 것이다.

(5) 대인적 서비스의 미흡

일선 복지행정기관에서 행하는 업무는 대체로 생활보호사업이 주류를 이루고 있는 실정이다. 본질적으로 서비스 전달 체계는 수혜자를 상대로 자활을 위한 상담·지도 등 대인적 복지 서비스(inter-personal services)에 관심을 가져야 한다(Austin, 2001). 그러나 구호 대상자의 선정에서도 초기면담(intake interview), 자산조사(means test), 가정방문(home visit) 등이 행해지지 않고 있다. 일단 구호 대상자로 선정된 경우에도 정기적인 면담·지도와 같은 서비스가 적극적으로 시행되지 않고 있는 실정이다.

제 3 절 개선 방향 및 서비스의 전망

복지행정의 기본 개념은 서비스이며, 이것이 수혜자의 욕구에 적합하게 반응하려면 합리적 전달 체계가 수립되어야 할 것이다. 수혜자의 욕구 충족과 관련을 갖는 수혜 내용, 대상자 선정, 수혜 자격 요건 등은 바로 서비스 전달 체계를 통해 이뤄지기 때문이다.

이러한 맥락에서 여기에서는 합리적이고 효율적인 전달 체계의 형성을 위한 방향과 모형을 제시하고, 서비스의 전망을 진단해 본다.

1 개선 방향

1) 보건복지부의 정책결정 및 집행 기능의 유기적 연계

현행 복지정책 결정 기능과 집행 기능의 분리로 인한 문제점을 극복하기 위해 보건복지부가 지자체의 기본 성격을 침해하지 않는 범위 안에서 일선 복지행정기관을 직접 지휘·감독·통제할 수 있도록 하는 유기적 연계 장치가 마련되어야 한다. 이와 같은 현행 조직구조상의 한계를 그대로 방치한다면 복지 업무가 상의하달식으로 이뤄져 전문적·반응적 서비스의 제공을 더욱더 어렵게 할 수 있다.

주무부처가 결정과 집행 과정에 더욱 적극적으로 개입할 수 있는 제도적 토대를 만들어 주어야 한다. 이렇게 함으로써 취약계층의 자립·자활을 위한 서비스의 효과성과 효율성을 제고하고 수혜자의 복지 욕구를 충족시킬 수 있는 체계가 구축될 것이다(이인재, 2003). 또한 양 기능의 유기적 연계 장치를 함으로써 구조적으로 서비스의 자율성을 높일 수 있으며, 위원회 기능을 포함하여 주무부처가 정책을 입안하고 집행하는 데 기술적 자문을 받을 수 있는 서비스 전문기관의 활성화를 도모할 수 있을 것이다.

2) 복지 전문인력의 확충

복지 전문인력의 개념에는 개인의 자질, 지식과 기술, 행정적 역할 등이 포함된다(Gilbert & Specht, 2003). 전문인력의 확충은 서비스 전달 체계 개선의 중요한 전제 조건이 되는 분야다.

사회사업적 관점에서 정책 및 프로그램에 관한 결정을 하려면 중요한 행정관리 및 정책개발 직무에 사회사업가를 임용·배치하여 행정 책임을 맡기도록 해야 할 것이다(이재완, 2008). 날로 규모의 복지를 실현하려는 정책 개발이 필요한 상황에서 고객의 수요를 과학적으로 분석하고 개개인의 욕구를 파악하기 위해서는 기본적으로 복지 전문인력의 확충에 국가적 대응이 절실해진다.

2000년 10월 1일부터 시행된 지금의 국민기초생활보장제도가 정착되려면 우선 복지 전문인력의 증원이 필수적이다.[7] 이를 위해 정부는 사회복지 직렬화를 실시했다. 그러나 조직 편제가 마련되지 않은 상태에서 직급만 조정되어 직급에 따른 업무 분담 및 역할 분담이 이뤄지지 않고 있는 문제가 나타나고 있다. 복지 전문인력의 확충에 따른 사회복지 직렬화를 달성하기 위해서는 중앙정부의 의지와 지방정부 차원의 공동 노력이 요구된다.[8] 지방공무원의 신규 임용 시 5급 이상 공무원의 시험실시기관은 행정안전부 장관이고, 6~7급의 경우는 시·도인사위원회이며, 8~9급 공무원은 해당 지방자치단체 인사위원회가 되어야 한다. 따라서 지방공무원정원조례 등의 개정을 통해 사회복지 전담공무원을 확충하고 복지상담원과 같은 관련 전문 복지인력의 일반직 전환, 그리고 일반행정직 공무원의 사회복지직의 전직을 유인할 수 있는 법령 개정과 제도적 장치가 마련되어야 할 것이다(보건복지부, 2009).

또한 채용된 복지 전담공무원에 대한 업무 향상과 전문성 제고를 위해 재교육이

---

7) 사회복지 전담 행정조직의 설치와 관계 없이 전문 행정인력을 확충하는 것이 급선무라 할 수 있다. 국민기초생활보장제도의 시행에 따른 추가 업무 수행 등 긴급한 수요를 고려할 때, 최소한 7,300명 정도로 증원할 필요가 있을 것이다. 이러한 인원이 확보되면 전국 3,500여 개 읍·면·동에 2명 정도가량 배치할 수 있게 된다. 시·군·구(232개)에도 인력 배치 수요가 요구되고 있다.

8) 사회복지 직렬이 법령상으로 5급~9급까지 설치하도록 되어 있으나 실제로 7급~9급까지 직렬화가 이뤄지고 있다. 사회복지 전문요원은 읍면동사무소에 배치되어 있고 아동복지지도원, 여성복지상담원은 시·도, 시·군·구의 가정복지 담당부서, 시·도의 여성복지과 또는 여성회관(여성복지관) 등에서 활동하고 있다. 사회복지 직렬화는 기존의 행정조직 체계 내에서 관련법의 개정을 통해 현재의 공공복지행정의 문제점을 해소할 수 있는 사회복지 전달 체계의 대안이다.

체계적으로 이뤄져야 한다. 업무를 표준화하여 각종 서비스 프로그램의 관리에 대한 전문성을 향상시키는 대안이 강구되어야 할 것이다.

3) 복지환경의 활성화

현대 사회에서 사회복지의 환경적 특성은 독특하면서 다차원적인 관계를 갖는다. 복지 서비스 조직을 둘러싸고 있는 업무환경과 의존적・역동적인 관계를 유지하면서 대립적인 가치들과 변증법적 조화를 이뤄내야 한다(Hasenfeld, 2003). 대립적인 가치들 간 갈등 형태의 대표적인 경우가 혼합재(mixed goods) 생산에 따른 마찰이다(Austin, 2001). 서비스 조직들은 수혜자를 위한 사적 급부(private benefits)와 사회를 위한 공적 급부(public benefits)를 동시에 추구해야 한다. 수혜자에게 제공되는 서비스가 수혜자들에게 만족되는가만을 고려해서는 부족하고, 공공의 이해와 관심에 얼마나 부합되는가를 동시에 고려해야 한다. 문제는 이러한 두 가지 목적들이 종종 상충되는 경우가 많다는 것이다. 따라서 복지환경은 다른 요인들과 상호 지속적인 관심과 참여, 다양한 요구에 대한 적응이 중요하다.

인간 봉사를 하는 복지 서비스 조직은 수혜자와 제공자가 함께 기관의 정책 수립에 참여할 것을 선호한다(Challis, 2010). 지자체와 더불어 지역 주민들의 사회복지 체계에 대한 참여의 필요성이 증대되었다. 복지 서비스 조직들은 지역 내의 여러 대표로 이뤄진 자문위원회와 후원회를 구성하고 그들의 의견과 건의를 수렴하며, 이들의 욕구를 정기적으로 파악해서 정책과 프로그램에 반영해야 한다. 주민의 자원봉사 활동을 유도하고, 참여 프로그램을 개발하기 위한 지역복지협의체(network)를 구성하는 등 복지 서비스 조직은 복지환경들과의 의존과 적응 그리고 관련성과 역동성의 장치를 구축하여 도시형・농촌형 복지환경을 적극적으로 활성화시켜야 한다(Patti, 2000).

4) 대인적 서비스 기능의 강화

휴먼 복지 서비스의 실현을 위해 기본적으로 관심을 가져야 하는 것이 워커와 클라이언트 간의 대면적 접촉(face to face contact)을 통해 이뤄지는 대인적 복지 서비스다(Siporin, 2011). 공공부조 분야는 물론 사회복지 서비스 영역에서 고객과 워커와의 상담, 지도, 면담, 방문을 체계화하여 물질적・심리적 서비스의 효과를 도모할 수 있어야 한다(Garret, 2002).

사후재활 서비스의 실천 과정에서 이뤄지는 동기부여, 재사회화, 기술교육, 인간성 회복 등과 같은 급부 형태는 휴먼 복지 서비스의 중요한 전달 체계가 된다.[9]

5) 과학적인 행정관리 패러다임의 개발

복지 서비스 조직은 인간 봉사단체로서 사회에 대한 책임이 특히 강조된다. 수혜자들의 권리 존중, 공평한 서비스를 배분하기 위한 행정관리 패러다임이 개발되어야 한다.

그 대안으로 새로운 환경 변화에 대응하기 위해 서비스 업무의 전산화가 구축되어야 한다. 가령 자산조사(means test)의 과학화·객관화의 확보를 위한 전산망 간 연계 구축 작업, 일선 서비스 기관에 LAN 설치, 통합급여 지급과 보고를 위한 소프트웨어 개발 등이 고려될 수 있다.

궁극적으로 과학적인 행정관리를 통해 복지 서비스 전달 체계가 문제 해결 지향적인 종합복지정보센터로서 기능을 확대해 나가야 한다. 동시에 이를 위해 서비스 수급, 클라이언트 집단의 인간화에 부합하는 목표 설정, 자원 배당, 인원 선발, 통제, 사업평가, 요원 훈련 등과 같은 행정 과정에 대한 이해가 전제되어야 한다.[10]

지금까지의 논의 내용을 요약·정리하면 [그림 12-1]과 같다.

2 서비스의 전망

이러한 논의의 결과 예상되는 서비스 체계의 변화는 다음과 같은 몇 가지 측면에

---

9) 사후재활 서비스를 효과적으로 운용하기 위해서는 ① 기관 책임자의 사후재활에 대한 필요성 인정 및 지원 제공, ② 지역사회 주민의 욕구 측정, ③ 지역사회 내 가용자원 조사, ④ 중요한 서비스의 우선순위 결정, ⑤ 자금, 공간, 인원, 관리 책임의 적절한 배정, ⑥ 지속적인 감독과 개혁을 위한 평가작업 수행 등의 과정을 거치며, 이러한 과정을 통해 지역사회의 프로그램이 특정한 사후 재활 욕구를 충족하도록 추진해 갈 수 있다고 본다.

10) 사회복지에서 행정의 필요성이 바로 이러한 점에서 제기되는데, 좀 더 개별화되고 분화된 사회복지 활동을 위해 일반 행정의 지식과 관리기법을 합리적으로 차용하는 작업이 중요해진다. 따라서 사회복지행정의 영역과 패러다임은 이러한 배경을 중심으로 하여 개발·이해되어야 한다.

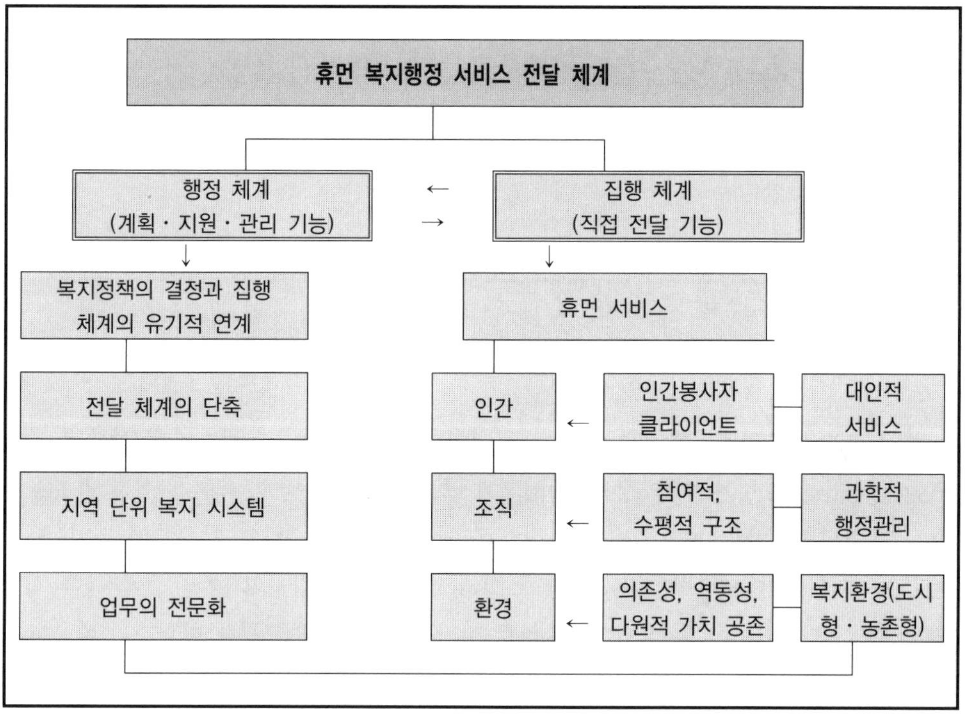

그림 12-1 휴먼 복지행정 서비스 전달 체계모형

서 고려될 수 있다.

첫째, 현행 사회복지의 정책부처와 집행부처가 유기적 협조 시스템을 구축하는 데 제도적 신축성을 갖게 될 것이다. 따라서 현재 문제점으로 작용하고 있는 집행 과정의 적절한 통제가 가능하게 될것이며, 동시에 피드백을 통한 사회복지의 정책부처와 집행부처의 기능 조정도 좀 더 용이해질 것이다.

둘째, 수혜 대상자 선정, 수혜자의 욕구 측정이 좀 더 객관적으로 이뤄지질 수 있을 것이다.

셋째, 수혜자와 복지 전문인력 간의 직접적 상호 교환의 체계가 확립됨으로써 지도, 상담, 원조, 방문 등의 대인적 서비스가 좀 더 활성화될 수 있을 것이다.

넷째, 지역사회에 있는 빈곤 및 수혜 대상자를 좀 더 정확하게 파악하여 적절한 관리와 문제 발생을 예방할 수 있을 것이다.

다섯째, 지역사회의 특성과 욕구를 파악할 수 있고, 이에 근거한 지역사회 중심(community-based)의 서비스를 개발할 수 있을 것이다.

여섯째, 사회복지 및 관련 분야에서 교육되고 훈련된 전문인력을 유효하게 활용할 수 있을 것이다.

제 4 절 전달 체계의 함의

복지 서비스의 전달 체계는 수립된 정책이나 프로그램이 수혜자에게 실행되는 일련의 과정을 작동하게 하는 장치다. 정책과 프로그램이 규범적 가치를 어떻게 효율적으로 실현할 수 있느냐는 문제는 전적으로 서비스 전달 체계에 의존하게 된다. 왜냐하면 수혜 대상자의 선정, 수혜 자격 요건의 설정, 수혜 내용의 성격 등에 관한 정책과 프로그램이 실제로 표현되는 것은 바로 서비스 전달 체계를 통해 이뤄지기 때문이다.

따라서 이러한 인식에서 국가가 규모의 복지를 실현하기 위해서는 복지제도·정책·재원·프로그램·시설 등을 발전시켜야 하는데, 그 전제가 되는 영역이 바로 합리적·과학적인 서비스 전달 체계를 수립하는 문제라고 보고 있다. 사회복지의 발전은 예산의 확충만으로 이뤄지는 것이 아니다. 예산의 확충과 더불어 전달 체계의 효율화가 수반되어야 재원의 낭비를 줄일 수 있다는 것이다.

국가복지가 제도적 수준에서 규모와 생산적 복지를 실현하기 위해서는 현행의 비합리적이고 비효율성을 갖고 있는 서비스 전달 체계를 고객 중심의 합리성을 띤 휴먼 복지행정 서비스로 전환해야 하는 정책적 노력이 필요하다.

우리의 서비스 전달 체계는 계획·지원·감독·관리 기능이 포함된 행정 체계와, 직접 전달 기능을 갖는 집행 체계라는 두 가지 하위 체계의 조합으로 운영되고 있다. 이를 토대로 행정 체계의 개선모형을 구성하는 요소로 ① 복지정책의 결정과 집행 체계의 유기적 연계, ② 전달 체계의 단축, ③ 지역 단위의 복지 시스템 형성, ④ 업무의 전문화에 대해 살펴보았다.

한편 집행 체계의 개선모형을 구성하는 요소로 휴먼 서비스의 전제 기준인 ① 인간(워커와 클라이언트): 대인적 복지 서비스의 강화, ② 조직(참여적·수평적 조직 유형): 과학적 복지행정관리의 개발, ③ 환경(의존성, 역동성, 다원적 가치 공존): 도시형·농촌형 복지환경의 유기적 조화에 대해 설명했다.

사회복지 분야에서는 정치사회적 이념에 따라 국가 개입의 범위를 둘러싼 논쟁과 갈등이 상존하기 마련이다. 그 논쟁과 갈등의 기본 배경은 성장과 배분으로 귀착된다. 성장 논리에서뿐만 아니라 배분 영역에서도 효율성의 가치는 중시된다. 이러한 맥락에서 우리의 실정에 적합한 국가복지는 효율성과 형평성, 반응성을 동시에 요구하는 휴먼 복지 서비스 전달 체계를 확립하는 것이 무엇보다 중요하다고 본다.

Part

04

복지행정의 전망적 분야

현대 복지행정이 지향해야 할 가치는 자유와 평등의 조화에 있다. 자본주의의 선순환을 통한 성장을 촉진시키고 그 동력을 평등을 도모하는 데서 찾아야 한다. '누구와 무엇을 위해 효율을 추구해야 하는가?' 하는 좀 더 분명한 방향과 목표가 있어야 한다.

성장과 복지는 현대 자본주의 시스템의 두 축이다. 개인의 능력 개발을 통해 동기가 유발되고 그 노력의 산물이 복지로 나타날 때, 효율성과 형평성은 조화와 접점을 이룰 수 있을 것이다.

이러한 관점에서 제4편에서는 앞으로 복지행정이 새로운 수요를 적극적으로 예측·대응해야 할 분야로서 생산적 복지의 토대 위에서 자원복지, 노인복지, 지역복지를 살펴보게 된다.

생산적 복지는 개인의 자조 능력과 다양한 유인 기제를 개발하여 근로를 통한 복지(welfare to work)를 의미한다. 현대 사회에서 자원복지는 단순한 봉사가 아니라 공공과 민간을 포함하는 공통적인 영역으로 그 역할이 확대되어 가고 있다. 사회의 고령화가 빠르게 진전됨에 따라 노인복지는 국가가 사회문제의 관점에서 노동력, 출산, 보육, 교육 지원정책과 함께 복합적으로 접근해야 할 과제다. 지방화 시대와 더불어 지역 발전, 주민자치, 주민 욕구 등은 지역복지가 해결해야 할 주요 분야가 되고 있다.

제 13 장 생산적 복지

생산적 복지는 케인스적 수요경제가 위기에 처하면서 드러난 복지국가의 한계를 극복하기 위해 제시된 여러 대안 가운데 하나다. 서구 복지국가들은 자유시장과 작은 정부를 지향하기 위한 방편으로 우선 복지개혁에 착수했다. 영·미를 중심으로 이러한 개혁의 근간은 사회복지를 공동체적 참여를 통해 자조와 수익자 부담의 개념으로 인식하고자 하는 것이었다. 이러한 전제는 국가경쟁력의 강화를 위해 시장의 활성화를 통한 복지 수급의 해결을 시도하는 것으로 해석된다.

인식론적 관점에서 생산적 복지는 이념면에서 경제적 효율과 사회적 형평을 동시적으로 추구함으로써, 현실적으로는 복지 의존도를 이성적으로 조절하려는 의도로 귀착된다. 서구 국가들이 경험했던 과정과 결과와는 다소 차이가 있지만, 우리나라에서도 문민정부와 국민의 정부를 거치면서 생산적 복지가 전략적·정책적 차원에서 채택된 바 있다.

이 장에서의 주안점은 생산적 사회복지를 통한 복지 의존도를 조절하는 문제는 자발적 동기 유인에 근간하여 개인적·사회적 욕구가 실현되는 것이 좀 더 생산주의적(productivist)이라는 인식이다. 이러한 복지 인식을 정책적·제도적 영역으로 수렴한 것이 생산적 복지의 체계가 되는 것이다.

따라서 제1절에서는 인식론적 관점에서 생산적 복지의 대두 배경, 이데올로기의 연원과 개념을 정의해 보고, 제2절에서 시장 및 정부의 역할과 관련하여 경제적 효율성과 사회적 형평성의 가치를 검토한 다음, 제3절에서 생산적 복지의 성격과 지향해야 할 정책 진로 및 제도적 장치를 중심으로 논의하고자 한다.

제 1 절 생산적 복지의 인식론적 관점

1 대두 배경

잔여적 사회복지가 제도적 영역으로 전이되면서 그동안 국가복지(state welfare)는 복지 제공의 체계로서 중요한 관심의 대상이 되어 왔다. 그러나 새로운 세기로의 전환기에 이르러 신자유주의적 세계화의 경향과 함께 전통적인 복지국가의 질서에 여러 변화가 초래되었다. 이러한 변화의 대체적 흐름은 국가복지의 축소를 전제로 한 각종 사회복지 개혁과 제도 및 정책 노선의 수정으로 나타났다.

생산적 복지는 바로 우리나라는 물론 서구 복지국가들이 직면하고 있는 새로운 복지환경에 대응하는 과정에서 제기된 여러 욕구 문제를 해결하기 위한 복지정치의 수단이자 정치적 수사((rhetoric)로 채용되었다(Ringen, 2003: 112-113).

우리의 경우 생산적 복지는 문민정부와 국민의 정부에서 각 정권의 복지주의의 철학으로 대변되었다. 문민정부에서 생산적 복지라는 용어는 '삶의 질의 세계화' 전략의 일환으로 채택되었다.[1] 국민의 정부에서 생산적 복지는 좀 더 이념적 가치의 차원으로 접근하고 있었다. 즉, 생산적 복지는 사회민주주의가 추구하는 형평과 신자유주의가 기초로 하는 효율을 변증법적으로 통합한 자본주의 체제에서 병존할 수 있는 근로 중심적인 공동체 복지주의를 상정한 개념이라고 할 수 있다.[2]

이보다 앞서 미국에서는 1996년 클린턴 행정부가 단행한 '복지의 개인적 책임과

1) 문민정부의 생산적 사회복지(productivist social welfare)는 삶의 질을 세계화시키기 위한 하나의 기본 원칙으로서 제시된 것으로 복지 수혜자의 자립을 위해 성장과 복지의 조화를 통해 균형적 복지국가(balanced welfare state)를 목표로 하는 것이었다.

2) 국민의 정부가 채택한 생산적 사회복지는 하나의 단순한 전략적 대안이 아닌 사회복지정책의 전반을 이끌고 나갈 기본적 정책노선 내지 이념을 의미했다.

근로 기회'를 조정하는 복지개혁법(Welfare Reform Act)을 근간으로 생산적 복지(welfare to work)라는 제도가 마련되었다.[3] 미국이 지향하는 생산적 복지의 기본은 복지 수혜자들을 복지로부터 근로로 전환(moving people from welfare to work)시키는 노동 유인적 복지 성격을 띠고 있다(국민복지기획단, 1996).

한때 사회민주주의 수준의 복지국가의 전성기를 구가하던 영국의 경우도 사정은 비슷했다. 1980년대 중반 제2기 대처 정부의 출범을 계기로 본격적인 공공 지출에 대한 통제를 시작으로 시혜성 복지에서 자립 강화의 복지로 전환하는 복지제도의 재편을 시도했다. 그러다가 마침내 1998년 블레어 정권 하에서 전통적 복지노선을 과감하게 수정하고 복지의 효율성과 생산성을 높이는 제3의 길로 들어서게 되었다.

1980년대 이후 소득 격차 확대, 근로 조건 악화, 복지 지출의 효율성 저하 등에 직면하여 시장경제를 유지하면서 복지를 강화하는 정책을 추진하고 있는 것이다. 결국 블레어 정권의 복지 노선은 시장 친화적 정책을 구사함과 동시에 시장 기능의 부정적 결과를 줄이는 선에서 정부 개입을 시도하고자 한 것이었다. 동시에 정부와 민간이 동반자적 관계를 유지하면서 복지 수준의 향상에 나서는 복지다원주의(welfare pluralism)를 지향하여 일할 능력이 있는 사람에게는 일자리를, 그렇지 못한 사람에게는 생활 보장을 해주는 노동 연계 복지를 추구했다. 영국은 이 같은 생산적 복지를 정착시키기 위한 제도적 장치로서 '새로운 합의(New Deal)'정책과 '고용촉진지역(Employment Zones)'정책 등을 추진한 바 있으며, 실업자의 개별 욕구에 부응하는 전문 조언 서비스를 제공하고 근로가구 세액공제제도(Working Families Tax Credit)를 통해 저소득 취업가구에 대한 세금 감면을 확대함으로써 근로 의욕을 고취하려 하고 있다.[4]

---

3) 클린턴 행정부는 복지개혁법안을 구체화하기 위한 정책대안으로 복지로부터 노동으로 전환시키는 개혁 대안인 welfare to work를 마련했는데, 이것은 국민의 노동권을 강조하고, 근로를 통해 복지 수혜자를 자립시키려는 데 목표를 두었다.

4) 영국이 추진했던 생산적 복지정책의 대표적 사례로서 뉴딜정책과, 고용촉진 지역정책 등을 들 수 있다. 뉴딜정책은 복지 수혜자들을 근로 현장에 끌어들이기 위한 노동 연계 복지정책으로서 주로 청소년 실업자, 장기실업자, 편부모, 장애자, 실업자 배우자들을 목표 대상으로 선정하고, 이들에게 취업 기회와 근로 의욕을 고취시키는 데에 관심을 두었다. 고용촉진 지역정책은 특히 실업이 구조적으로 만연되고 생활 수준이 낮은 저개발 지역을 고용촉진지역(Employment Zones)으로 선정했는데, 정부는 글라스고, 사우스 티스사이드, 리버풀, 남서 웨일스와 플리무스 등 5개 시범지역에 5천 8백만 파운드를 투입하여 촉진지역 실업자에게 취업 기회를 제공하고 고용 창출 기업에 대해 세제 지원 등

생산적 복지는 이같이 각 나라가 처한 복지 현실을 나름대로 타개해 나가기 위한 정치적·정책적 전략 내지 노선으로 전개되었다.

2 이데올로기의 연원과 개념

그러나 생산적 복지는 지금까지도 그 자체에 대한 개념 정의나 성격, 그리고 이것이 적용되는 구체적이고 특정적인 상황에 대한 적실성 문제 등을 포함한 이론화의 단계로까지에는 여러 연구 과제가 남아 있다고 본다. 따라서 복지정치의 노선과 수단의 차원에서 채택되고 있는 생산적 복지를 가능한 범위에서 보편화할 수 있는 논거적 틀을 형성해 보려는 시도는 매우 중요한 의미를 갖는다.

이러한 맥락에서 여기에서의 논의는 주로 생산적 복지에 관련된 이데올로기의 토대와 보편화된 개념을 정의해 보려는 시도에 초점을 둔다.

첫째, 생산적 복지는 복지국가의 재편 과정에서 국가 책임에 대한 여러 논란을 해결하려는 대안으로 제시된 이념이며 수단이다. 사회복지 서비스의 제공원으로 국가의 역할은 복지국가의 장래를 결정하는 중요한 문제다. 현대의 복지환경은 국가가 사회복지에 무한 책임을 질 수 없는 것이다. 따라서 사회복지에 대한 국가 개입의 범위는 이데올로기 측면에서 일정 수준으로 축소·조정될 수밖에 없도록 되어 있다.

이러한 사회복지의 이념적 관점에서 생산적 사회복지의 배경적 연원은 일반적으로 기든스(Anthony Giddens)의 『제3의 길(*The Third Way*)』에 두게 된다. 제3의 길은 복지의 적극적 확대를 지지하는 사회민주주의 이념과 복지의 축소와 시장경제의 효율성을 주장하는 신자유주의 이념을 통합한 정책 노선으로 볼 수 있다(Giddens, 2002: 223-226). 생산적 복지는 실용주의의 맥락에서 접근할 때, 제3의 길과 기본적인 문제 의식을 공유한다.

동시에 양자는 일정한 차이도 또한 가지고 있다. 제3의 길은 복지 종속(welfare dependency)이 감소되지 않는 원인을 국가의 과도한 복지재정 투자와 과잉 개입에 의한 비효율성에 두면서, 그 해결책으로 사회복지와 시장 기능과의 균형을 제시하고

유인책을 마련하여 실시했다.

있다. 반면에 생산적 사회복지는 국가복지의 확대를 전제하면서 동시에 시장 질서와 기능을 최대한 확보할 수 있는 방법을 모색하고 있다. 이러한 면에서 생산적 복지의 이념적 배경이 되는 제3의 길은 기존의 사회민주주의 복지 이념과 신자유주의 복지 이념을 탈피하여 변증법적으로 새로운 사회복지의 체계를 형성하고자 하는 시도로 보인다.[5)]

따라서 제3의 길은 복지 이념적 면에서 경제적 효율과 사회적 형평을 두 축으로 삼으면서 경제 성장과 복지국가를 동시에 유지·발전시킨다는 것을 기본으로 하고 있다. 이러한 복지 이념을 정책의 관점에서 접근할 때, 생산적 복지는 국민들이 단순히 소비적인 복지 수급자만이 아니라 노동시장에서 생산적인 활동에 참여할 의무를 진 개체라는 개인주의(individualism)를 지향한다 (Glennerster, 2005: 93-95). 반면에 생산적 복지는 공정한 기회 균등과 분배적 정의를 실현함으로써 공동체적 사회연대를 달성하려는 집합주의(collectivism)를 견지하면서 사회 보장 및 재분배와 이를 위한 경제적 부의 산출에도 관심을 갖는다 (Moynihan, 2000: 28).

둘째, 이러한 이념적 연원을 배경으로 볼 때, 생산적 복지의 지향점은 인간 중심적 자본주의를 실천해 나가는 것으로 전제할 수 있으며, 이러한 관점에서 개념적 논의가 이뤄져야 한다고 보는 것이다.

서구 복지국가들은 자유시장과 작은 정부를 구현하기 위한 방편으로 우선 복지 개혁에 착수했다. 영미를 중심으로 이러한 개혁의 근간은 사회복지를 소비적 개념에서 생산적 개념으로 인식하고자 하는 것이었다 (Doeringer, 2000: 128-130). 즉, 생산적 복지는 근로 중심의 경제활동의 참여를 복지 수급의 중요한 요건으로 전제하고, 복지 의존도를 낮춰 경제적 효율성을 제고하자는 것이다. 이러한 전제는 국가경쟁력의 강화를 위해 시장의 활성화를 통한 복지 수급을 해결하자는 의도로 해석된다. 지금까지의 국가복지 위주에서 급여 제공의 다원화를 도모하려는 경향으로 가고 있는 것이다.

복지 제공의 다원화 영역으로 우선 민영화 등의 방식을 통해 전달 체계를 다양화

---

5) 제3의 길은 기존에 정(正)으로서 수용되었던 사회민주주의라는 제1의 길의 문제점을 지적하고, 이에 대한 대안으로서 제1의 길의 모순을 지적하며 반(反)으로서 표방된 제2의 길인 신자유주의를 추종하는 것이 아니라, 양자의 단점을 배제하고 장점만을 받아들여 통합시킨 합(合)으로서 창안된 사회복지 체계를 의미한다.

하고, 이 과정에서 고용 창출이 복지문제의 근본적 해결이라는 인식이 폭넓게 자리하게 되었다.[6] 이러한 인식의 바탕에는 자본주의 경제 체제에서 생산적 복지의 개념과 수단이 향후 복지국가의 정치적 명분이며, 경제적 당위로서 유럽 및 미국과 동아시아 국가들이 직면하고 있는 복지문제를 접근하는 패러다임으로 받아들이고 있음을 알 수 있다.

우리나라의 경우 문민정부 하에서 생산적 복지는 전략의 차원으로 추상적인 개념에서 논의되면서 주로 복지재정을 확충하는 방안으로 접근되었다. 그러나 국민의 정부에서는 근로와 인간 개발을 통한 복지를 목표로 하는 주로 정책적 접근을 채용했다(삶의질향상기획단, 2000: 22-25). 즉, 생산적 복지는 사회적으로 불우한 계층에 있는 사람들 가운데서 근로 능력이 없는 계층에게는 최소한의 기초생활을 유지할 수 있도록 지원하며, 근로 능력이 갖춰진 계층에게는 인간 개발과 고용에 중점을 둔 지원을 통해 국가의 생산성과 복지를 동시에 추구하는 입장을 견지했다(주성수, 2000: 33-36). 아무튼 우리의 경우 생산적 복지는 그것이 전략의 차원이든 정책의 수단이든 간에 공통점은 서구 국가들이 경험해 왔던 소모적 복지의 전철을 밟지 않기 위한 대안으로 채택되었다고 볼 수 있다. 대체로 서구 국가들은 시장 원리와 민간 참여를 통해 사회복지의 비효율성을 극복하면서 복지 규모를 축소하는 방향으로 정책이 추진되었다(Mishra, 2000: 112-120). 그러나 우리나라의 생산적 복지는 국가복지의 규모를 확대하면서 동시에 시장의 질서와 기능을 최대한 담보할 수 있는 방식을 전제로 추진되었던 것이다.[7]

한편으로 생산적 복지는 서구 국가나 우리의 경우를 모두 포함하여 거시적인 사회정책의 틀에서 볼 때, 근로를 매개로 한 노사 협의를 거쳐 국가가 복지문제에 개입하게 된다. 따라서 이것은 이해당사자 간에 협력적인 복지 모형이며, 동시에 적극적인 정부의 노동시장정책의 관점에서 설명될 수 있다.

---

6) 일자리 창출이 복지의 중요한 전제라는 인식은 직업훈련정책, 직업배치정책, 직업창출정책 등과 같은 노동시장정책을 추진하는 동기가 되었다. 오늘날 OECD 회원국들이 복지국가에서 능력개발국가로의 전환을 시도하고 있음을 주목할 필요가 있으며, 또한 대부분의 복지 선진국들도 복지 개혁의 목표를 복지의존도(welfare dependence)를 낮추는 데 초점을 맞추고, 이를 위해 근로를 통한 복지(welfare to work)로의 채비를 서두르고 있는 추세다.

7) 우리 정부의 생산적 사회복지는 서구 국가들이 거쳤던 복지 확대→비효율→생산적 사회복지의 과정에서 비효율의 중간 단계를 생략하고 경쟁력을 갖춘 복지사회로 진입하려는 전략으로 설명된다.

제 2 절 경제적 효율성과 사회적 형평성

복지국가의 이념과 가치 체계가 18세기 프랑스혁명 이래 각기 민주주의를 표방하면서 자유와 효율을 중시하는 자유주의와 형평 지향적인 사회주의의 변증법적 조화의 산물로 나타났다(George, 1998: 18-23). 자유와 효율의 가치는 큰 시장, 작은 정부를 지향했지만, 결국 시장은 자원을 효율적으로 배분하는 데 실패했으며, 빈곤과 불평등을 증대시켰다.

반면에 사회적 형평의 가치도 국가가 정치적·경제적 권력을 모두 장악하게 됨으로써 전체주의적 지배와 시장 원리의 부재로 인한 경제적 비효율을 초래했다. 이렇게 볼 때, 복지국가에서 자유 및 효율과 형평의 가치는 시장과 국가의 혼합 정도에 따라 정부의 다양한 개입과 역할 형태를 갖게 하는 요인으로 작용해 왔다(Clayton, 2002: 77-80).

생산적 복지는 형평성의 가치를 근간으로 경제적 효율 가치를 통해 사회적 생산성을 제고하려는 적극적인 복지 서비스 체계를 의미하는 것으로 본다. 따라서 여기에서는 생산적 복지가 효율성과 형평성을 조화시키려는 관점에 초점을 맞춰 논의를 전개해 나가고자 한다.

1 경제적 효율성의 가치

경제적 효율성이 추구하는 가치의 목표는 사회적 파이(social pie)의 생산 및 축적이다. 사회적 파이의 현대적 개념은 물질적·심리적 측면에서 삶의 질을 높이는 문제와 관련된다. 삶의 질은 심리적 욕구의 만족으로 접근할 수 있다. 이 때 고려될 수 있는 만족감의 요소로는 개인의 안정감·자아 존중·자아 실현, 사회적 동질감, 우정과 애정, 자유와 평등, 미적 환경 등을 들 수 있다(Maslow, 1990: 55-60).

경제적 효율성의 가치는 인간을 만족시키는 유용성의 산물로서 물질 내지 대상 간의 상호 관계로 표현된다. 수혜자들에게 경제적·사회적 위협으로부터 안전감을 보증하기 위해서는 생산경제가 효율적으로 이뤄져야 한다. 경제의 생산 수준이 향상되고 사회 보장 및 서비스 프로그램을 운영하는 데 필요한 잉여를 낼 수 있어야 하기 때문이다. 이러한 의미에서 효율적인 경제는 사회복지의 수단적 가치이기도 하다. 다만 복지주의 입장에서 보면 순수한 자유주의적인 경제 체제 하에서보다는 오히려 정부가 소득의 재분배를 포함한 경제 과정에 적극 참여하여 수요·생산·시장의 운용 및 환경 등 여러 문제를 조절할 때에 더 큰 효율성이 증대된다고 보는 것이다(Esping-Andersen, 2000: 123-126).

전통적 사회복지에서는 형평성을 보편적으로 지향한다. 그러나 생산적 복지에서 형평성은 제도적 결과의 산물로서 인간을 단순한 수동적 수혜자로 만들기 때문에 주어진 기회를 통해 자아 실현을 도모하는 경쟁적 만족감이 저상된다는 것이다. 따라서 능동적으로 빈곤 해결을 위한 자립과 근로 동기가 저하되며, 이것은 전반적인 사회적 생산성의 하락을 초래한다는 것이다. 이러한 맥락에서 형평성을 사회제도의 궁극적인 가치로 두는 것은 자기 선택에 대한 제약이 과도하게 수반된다는 것이다. 이 같은 자기 선택에 대한 제도의 제약은 경제적 효율성의 가치에서 강조하는 자기 성취에서 획득하는 만족감의 가치에 비하면 훨씬 열등한 상태로 나타난다는 것이다. 이것은 마치 고전적인 형평성과 효율성의 '상충 효과(trade off)'와도 같은 문제라고 볼 수 있다. 예컨대 이것은 실업 극복과 고용 안정이라는 효율성과, 빈곤과 소득불평등이라는 형평성의 문제에 비유된다. 이러한 도전에 직면한 국가복지는 효율성과 형평성을 동시에 추구할 수 있는 생산적 사회복지 체계로 문제에 접근하게 된다.

여기에서 경제적 효율성의 가치는 물질적 소득 창출과 심리적 삶의 질의 생성을 동시에 추구하기 때문에 생산적 복지의 물량적 접근에서 삶의 질의 향상을 위한 총량적 접근이 필요하다(Pierson, 2001: 95).

전통적 사회복지는 국가에 의한 복지 수혜를 형평성의 관점에서 일방적으로 제공받게 된다. 따라서 수혜자들은 수동형의 무기력감과 근로 동기를 상실하게 되는 경우가 종종 발생된다. 복지국가 위기를 초래한 생산성 저하, 경기 침체, 빈부 격차, 실업 문제 등은 이 같은 복지 수혜자의 수동적 심리 상태에 기인하는 측면이 있다. 이것은 경제적 효율성의 가치가 창출되지 못하기 때문에 나타난다고 볼 수 있다.

생산적 복지는 바로 개인의 경제적 효율성의 가치를 창출하는 기제를 근로를 통한 복지에서 찾고 있다. 서구 복지국가에서 논의되고 있는 정책 대안으로 사회 안정, 균형 성장, 빈부 공존, 자원 절약, 생태 보호 등이 있다.

2 사회적 형평성의 가치

생산적 복지가 지향하는 사회적 형평성의 가치는 자본주의 체제에서 시장의 한계로 대두되는 배분적 정의를 실현하는 문제로 집약된다. 이를 위해 국가가 사회복지에의 개입을 통해 달성해야 하는 사회적 목적이 주어지게 된다. 이러한 관점에서 국가의 사회적 목적은 배분적 정의, 소득재분배, 자유시장에의 개입, 공공재의 증진을 들 수 있다.

배분적 정의의 핵심은 기존의 가치, 특히 경제적 가치를 어떻게 재배분하느냐 하는 문제로 귀착된다. 이와같이 공정한 배분에 대한 이상을 제시해 주는 것이 배분적 정의(distributive justice)이고, 이러한 배분적 정의의 내용을 다루는 분야가 곧 배분적 정의론(theory of distributive justice)이다.

사회복지에서 지향하고 있는 가치로서 배분적 정의의 원칙이 곧 사회복지를 실현하기 위한 복지정책의 형성, 집행, 평가 그리고 개선 방향까지를 제시해 주는 역할을 한다는 것이다. 이러한 맥락에서 여기에서는 특히 이를 위한 배분적 정의의 기준에 한정해서만 살펴보기로 한다.

사회복지를 위한 복지정책의 개발에 반드시 요구되는 문제는 무엇보다도 무엇을 얼마나(which and how much of income), 그리고 누구에게서 누구에게로(from whom to whom) 재분배할 것인가에 대한 기준을 설정하는 일이다. 이 기준은 정의로운 분배에 대한 우리의 이상(our ideal of just distribution)에서 찾을 수 있다. 그러나 문제는 그 내용면에서 시간과 장소를 초월해서 모든 사람에 의해 수용되는 정의의 기준이 불분명하다는 데 있다. 따라서 보편타당한 기준을 찾기보다는 한 시대에 정의로운 것으로 받아들여지는 합의된 배분적 정의의 기준(consensual criteria of distributive justice)을 찾는 것이 오히려 합리적이라는 것이다(Hobbes, 1990: 82-85). 따라서 상황에 적합한 합의된 배분적 정의 기준을 도출해 낼 수 있는 가능한 유형의 기준들로서 평등주의적 배분적 정의, 실적주의적 배분적 정의, 욕구 중심의 배분적 정의를 각각 검토해 보고자 한다.

먼저 평등주의적 배분적 정의는 한 사회의 경제재가 그 구성원 모두에게 동일하게 배분되는 것을 배분적 정의의 실현으로 간주하는 입장이다. 이러한 관점에서는 과연 완전 평등화(complete leveling)라는 것이 가능한가에는 의문이 제기될 수 있으나 적어도 그것을 궁극적으로 추구해야 할 목표로서 여기는 것이며, 따라서 좀 더 평등에 근접할수록 그만큼 더 정의로운 것이라는 사고 방식이다.

실적주의적 배분적 정의는 모든 사람은 각자 자기의 실적에 따라 그에 상응하는 몫을 받아야 한다는 것이다. 이러한 입장은 19세기 공리주의자들에 의해 사회 전체에의 공헌이라는 차원으로 개념상의 연결이 이뤄지면서 좀 더 큰 이론상의 발전을 보게 되었다. 사회에 대한 공헌도에 따라 그만큼 더 대가를 받게 되고 또 개인의 업적이 사회 전체 이익에 도움이 되는 것이라고 할 때, 이 실적주의에 대한 반론은 그만큼 줄어들 수밖에 없을 것이다(Mills, 1990: 22-35). 사람들이 자신의 능력 개발이나 노력을 통해 성공을 추구하고 그에 따른 대가를 소유하고자 하는 기회가 모두에게 동일하게 주어진 상태에서의 분배를 공정한 것으로 간주하는 것이 바로 실적주의적 배분적 정의의 입장이다. 즉, 이 관점은 결과로서 소득의 불평등보다는 복지나 소득 분배가 기회의 균등이나 경쟁의 원리에 입각해서 공정하게 이뤄지는가 하는 절차적 측면을 강조하게 된다.

욕구 중심의 배분적 정의는 인간 욕구(human need)를 배분적 정의의 기준으로 들고 있다. 즉, 한 사회의 경제재는 개개인의 인간적 필요, 또는 욕구에 따라 배분되어야 한다는 것이다(Lucas, 2000: 122-133). 인간 욕구 충족은 앞서의 평등주의 원칙을 좀 더 잘 실현시키기 위한 하나의 중재적 기준으로 간주될 수가 있다.

기본적으로 자본주의 체제에서 지향하는 것은 결과의 평등보다 기회의 평등인데, 이러한 가치의 실현은 사회적으로 불리한 계층의 사람들에게 더 많은 기회를 보장해 주는 적극적 차별(positive descrimination)이 중요하다고 본다.

제 3 절 생산적 복지의 성격 및 정책 진로와 제도적 장치

국가복지가 처해 있는 위기를 극복하기 위한 개혁의 일환으로 서구 사회에서는 우선 복지 수혜자의 자립자활을 모색하는 문제에 관심을 집중시켜 왔다. 수혜자들에게 스스로 능동적인 동기와 근로 의욕을 제고함으로써 그 과실에 기초하여 개인적 · 사회적 욕구가 실현되는 것이 더 생산주의적이라는 인식이다. 이러한 복지 인식을 정책적 · 제도적 영역으로 수렴한 것이 바로 생산주의적 사회복지(welfare to work)의 체계다.

여기에서는 자발적 동기부여에 근간한 생산적 사회복지의 성격 및 정책 진로와 제도적 장치의 마련에 초점을 맞춰 논의를 전개하게 된다. 기본적으로 생산적 사회복지는 형평(분배)과 효율(성장)이 상호간에 상충된 관계가 아니라, 상승 효과를 가져온다는 점을 전제하고 있다. 즉, 사회적 자원이 인간자본을 향상시키거나 고용 기회를 창출하여 경제 성장에 기여하고, 동시에 경제 성장의 결과 얻은 사회적 부는 다시 개인의 복지권을 위해 투자되어 전반적으로 사회적 생산성을 높이게 된다는 인식이다.

1 성격 및 정책 진로

생산적 복지는 기본적으로 인간자본을 개발 · 지원하여 복지 수급자 개인의 능력과 실적을 제고하는 데 중점을 둔다. 따라서 현대의 제도적 복지의 관점에서 모든 사회구성원은 개개인의 시민권과 노동권, 그리고 복지권을 신장시켜 인간다운 삶을 향유해야 하며, 이것은 사회의 기본권으로서 보장되어야 한다는 것이다(송호근, 2002: 33-35). 이러한 맥락에서 생산적 복지가 가지는 성격과 정책 진로를 다음과 같이 논의해 보기로 한다.

첫째, 생산적 복지는 모든 국민의 자율적 동기 유인을 중시한다. 국가제도에 의한 재분배가 중요한 복지 수단이 아니라 다양한 형태의 시장 경쟁을 통한 공정분배 구조가 요청된다. 개인의 능력과 실적, 그리고 창의성이 경쟁을 위한 힘이 되고 있다. 공정분배에 의한 적극적 복지는 단순히 최저 생활을 탈피하는 데 그치지 않고 개인의 무한 발전과 삶의 질의 문제와 연결된다. 따라서 복지 서비스를 향유하고자 시장 경쟁에 참여하는 모든 개인에게 근로할 권리와 기회를 보호하고 확대해야 한다.

이러한 목표를 실현하기 위해 생산적 복지는 기회 평등을 위한 정책을 적극적으로 전개해 나가야 한다. 기회평등정책은 특히 저소득층의 인적 자본을 적극적으로 고급

화시켜 시장소득에서의 불평등을 줄이는 것을 목표로 하는 일차적 분배정책이다(김태성, 2003: 140-191). 이것은 현재의 빈곤 내지 불평등의 해소보다는 미래의 문제를 해결하려는 좀 더 장기적·예방적 성격의 정책이며, 동시에 결과의 평등보다는 기회의 평등에 가치를 두는 정책이라고 할 수 있다. 이 같은 기회평등정책은 조세정책과 소득보장정책에 비해 경제 성장에 미치는 부정적인 효과가 상대적으로 적다는 사실이다. 오히려 미래의 인적 자원 향상이라는 측면에서 장기적으로 볼 때, 국가경제에 보탬이 된다고 하겠다.[8)]

복지제도와 시장경제 간의 관계에서는 복지제도가 민주주의 확립을 위한 도구이면서, 또한 순수한 시장경제의 폐해인 소득의 양극화, 실업, 노동의 상품화 등의 문제를 해결하기 위한 제도이기도 하다.

국민의 사회적 권리는 건전한 복지제도를 통해 구현될 수 있다. 여기서 건전한 복지제도라 함은 국민의 기본적 삶이 보장되면서, 개개인의 발전을 지원하지만, 복지에 대한 과도한 의지(dependency)가 제한되는 것을 의미한다. 이러한 복지제도가 구현될 때, 민주사회는 더욱더 발전하며, 발전된 민주적 공정성을 바탕으로 한 시장경제는 성숙된 자본주의로 나아가게 되는 것이다. 복지제도가 이와 같은 제 기능을 완수할 수 있을 때, 생산적 복지가 확립된다고 하겠다.

둘째, 생산적 복지는 노동권의 적극적 보장을 통해 인간이 사회적 존재(social man)로서 사회경제적 활동에 참여하여 느끼는 인간적 행복과 만족을 고려해야 한다는 것이다. 또한 사회경제적 활동으로부터 소외된 계층에게는 적극적으로 생산 과정에 참여할 수 있는 기회와 능력을 제공함으로써 자기 개발의 인도주의를 실현하는데 도움을 주어야 한다. 이를 위해 고용 기회를 창출하고 인적 자본을 개발함으로써 노동시장의 원활한 진입을 통한 고용 안정을 보장해야 한다.

이러한 특성을 반영하기 위해 생산적 복지는 적극적인 노동시장정책을 추진해야 한다. 일반적으로 노동시장정책은 기회 평등정책보다 현재의 빈곤과 소득 불평등의

8) 물론 이러한 정책의 한계도 또한 존재한다. 가장 큰 한계는 단순히 기회의 평등만을 강조하기 때문에 현재의 빈곤과 소득 불평등을 감소시키는 효과가 적으며, 또한 미래의 빈곤과 소득 불평등 감소 효과도 불확실하다는 서구의 여러 실증적인 연구들이 있다(Levin, 2003; Glazer, 2000). 따라서 기회평등정책은 현재의 빈곤과 소득 불평등의 문제를 어느 정도 해결할 수 있는 사회복지 체계가 갖춰져 있는 상황에서 미래의 예방책으로서 그 역할이 있다.

감소에 초점을 맞추고 있다(유길상, 2003: 125-128). 적극적인 노동시장 정책(active labor market)을 지향하고 있는 스웨덴 방식과 같이 이것은 경제가 불경기이거나 산업구조 조정이 요구되는 시기에 노동 수요의 창출이나 필요한 노동 공급을 적절히 조절할 수 있어 국가경제에도 긍정적인 영향을 미치고 있는 것으로 평가된다. 동시에 경기가 호황기일 때, 적절한 인력의 공급을 통해 불필요한 고임금을 억제할 수 있는 효과도 내고 있다(Milner, 2005: 33-36).

대체로 다음과 같이 세 가지 종류의 노동시장정책이 상정되고 있다. ① 저소득 근로자들이 각종 훈련을 통해 그들의 인적 자본을 향상시켜 적절한 일자리를 찾게 하는 노동 공급 측면의 프로그램이 있다. ② 적절한 임금을 주는 일자리가 부족해 이러한 일자리를 공공 부문 또는 민간 부문에 만들거나 특히 민간 부문의 저임금 일자리에 임금보조(wage subsidy)하는 방식의 노동 수요 측면의 프로그램이다. ③ 최저임금제도다. 이 가운데서 저소득층의 소득을 확실히 보장하는 방법은 노동 수요 측면의 프로그램인데, 가장 바람직한 것은 일정한 목표 임금보다 적은 임금을 받는 사람을 대상으로 일정 비율의 임금을 보조해 주는 임금보조 프로그램이 더욱 현실적이다(Betson & Bishop, 2002: 189-190). 노동시장정책이 어느 정도 활력을 가져오면 생산적 복지의 한 축인 근로복지 기반이 확충됨에 따라 수혜자의 능력과 자기 개발의 토대가 구축될 수 있을 것으로 보인다.

셋째, 생산적 복지는 기본적으로 모든 국민의 인간다운 삶을 중시하는 시민권적 가치를 지향한다는 면에서 제도적 복지의 성격을 띠고 있다. 개인의 시민적·정치적·사회경제적 권리는 현대 복지의 철학적 근거를 이루는 가치다. 복지에 대한 시민권적 관점은 시혜적 자선 구제가 아닌 제도적 권리로서의 사회복지를 제시한다. 따라서 생산적 복지는 경제적 개인주의의 가치와 안정·평등·인도주의라는 사회적 집합주의의 가치들 간의 절충을 반영하고 있다.

이러한 이념을 생산적 복지는 소득보장정책을 통해 구현하고자 한다. 현대 복지에서 소득보장정책은 사회문제 해결의 보편주의적 방식으로 채택되어 오면서 사회적 형평을 실현하고자 하지만, 국가경제에 미치는 영향이 적지 않아 여러 이데올로기적 논쟁을 초래하기도 한다. 따라서 경제 성장에 부정적인 영향을 최소화하면서 빈곤과 소득 불평등의 감소 효과를 낼 수 있는 소득 보장 프로그램을 개발해야 한다는 것이다(김기덕 외, 2005: 123-167). 소득보장정책은 일반적으로 사회보험, 공공부조, 사회복지 서비스의 프로그램을 통해 이뤄진다.

사회보험은 대부분의 나라에서 사회구성원의 삶의 안정과 최저 생활의 보장을 위해 주로 활용하는 제도적 방안으로 산업사회의 대다수를 구성하는 근로 계층을 대상으로 하는 복지제도다. 따라서 이것은 오늘날 서구 복지국가의 핵심 프로그램으로서 수급자 및 수급액의 규모면에서 가장 크다고 할 수 있다. 사회복지 총지출의 대략 60~70%를 차지하며, 중요한 것은 사회보험이 빈곤과 소득 불평등의 감소 효과가 가장 크다는 것이다.9)

사회보험이 근로 계층의 안정된 생활 수준을 보장하기 위해 마련된 제도적 장치라면, 공공부조는 현 시점에서 최소한의 생활 수준조차 영위하지 못하는 빈곤 계층의 생활 안정을 도모하기 위한 제도적 장치다. 공공부조는 사회권의 측면에서 가장 낙후된 제도이나 현재의 빈곤과 소득 불평등을 현실적으로 크게 줄일 수 있는 방법이다. 특히 생산적 복지에서 공공부조는 취약 계층의 사회적 배제와 빈곤의 악순환에서 탈피할 수 있도록 자활을 적극적으로 지원하는 사회 투자적 성격이 강하다고 본다.

사회복지 서비스 프로그램은 특히 노인, 장애인, 아동, 여성 등과 사회적 취약집단들이 일반인과 동일하게 사회적 기능을 정상적으로 수행하면서 삶을 영위하기 위해 관련 서비스를 제공하는 경우다. 생산적 복지는 단순한 경제적 지원뿐만 아니라, 공동체 복지 이념의 맥락에서 자활을 위한 심층상담, 지도, 직업훈련, 창업 · 기술 · 경영 지원 등과 같은 대인적 서비스(interpersonal service)와 포괄적인 근로 연계 서비스를 중시하고 있다.

2 제도적 장치

생산적 복지의 기본 관점은 전통적인 의존형 복지 노선에서 탈피하여 시장과 사회

9) 미국의 경우 소득보장정책에 의한 소득을 시장 소득으로만 볼 때, 빈곤층의 약 40%가 빈곤에서 벗어났는데, 이 가운데 약 70%는 사회보험에 의한 급여 때문이다(Danziger, 2003). 그러나 문제는 사회보험이 이처럼 빈곤이나 소득 불평등의 감소 효과가 크기 위해서는 사회보험이 충분히 성숙되어 수급자 및 급여액이 커야 된다는 점이다. 다시 말해, 사회보험이 성숙되지 않은 나라에서는 현재의 빈곤과 소득 불평등의 문제를 그것으로 해결하지 못한다는 것이다.

복지를 교차적으로 접근하자는 것이다. 즉, 이것은 시장과 사회복지의 틀 속에서 수혜자의 자립과 근로를 통해 능동적인 서비스 급부를 산출하는 것이다.

이를 실천하기 위한 제도적 장치로서 사회안전망, 사회적 투자의 활성화, 자립자활, 중산층의 육성, 조세제도의 개혁 등이 고려될 수 있다.

첫째, 사회안전망의 구축은 사회적 연대성(social solidarity)의 기초 위에서 접근되어야 한다. 사회적 연대성은 취약 계층에 대한 공동체의 지원과 보호를 뒷받침하는 사회구성 원리다. 생산적 복지는 자립과 상호 연대의 원칙이 조화를 이루는 복지 체계이며, 시민사회에 내재하는 사회공동체의 다양한 가치를 활용함으로써 최종적으로 자생적 복지 네트워크를 형성하게 된다. 사회안전망의 주요 내용은 근로 능력이 없거나 취업에 어려움이 있는 계층에 대한 빈곤 해결, 소득재분배, 근로 동기의 유발, 노동 유연성의 확보와 사회 통합을 목표로 한 기초생활 보장, 기본적 복지 서비스의 제공, 근로 연계 복지, 사회안전망의 체계화를 시도하는 제도가 고려될 수 있다. 이를 위해 기초소득・의료・주거・교육 프로그램, 취업정보 및 교육훈련, 노사단체 직업훈련 프로그램이 뒷받침되어야 한다. 그리고 여기에 최소한의 사회안전망은 사회보험(1차 안전망), 공공부조(2차 안전망), 긴급구호(3차 안전망) 등으로 체계화되어야 한다.[10]

둘째, 사회적 투자의 활성화는 현대와 같은 다양한 복지환경에 효율적으로 대응하기 위한 생산적 복지의 목표다. 세계화의 진전에 따라 창의성이 중심이 되는 교육제도를 통해 인간자본을 육성하는 데 복지예산을 투자하는 것이 경제 발전에 좀 더 생산적이라는 시각이다. 사회자원으로서 인간의 능력과 기능을 향상시키는 인간 개발 및 기능교육정책, 사회교육정책, 보건・복지 전문인력의 재교육 정책, 정보통신, 문화・영상산업 등 새로운 고부가 가치 분야 중심의 중소・벤처기업의 육성을 위한 제

10) 사회안전망은 3층 제도로 운영된다. 1차 안전망으로서 질병, 노령, 실업, 재해 등 제반 사회적 위험(social risk)에 대해 보험 원리에 입각하여 마련되어 있는 각종 사회보험제도로 구성된다. 건강보험제도, 국민연금 등 공적연금제도, 고용보험제도, 산재보험제도가 있다. 우리나라는 4대 보험제도가 모두 도입되어 있으며 급속한 적용 확대 과정을 거쳐 전국민 사회보험제도를 갖추고 있다. 2차 안전망은 빈곤선(poverty line) 이하로 떨어진 사람들을 위한 공공부조제도로 구성된다. 우리나라는 국민기초생활보장제도의 도입으로 빈곤 계층 누구나가 수급 자격을 얻을 수 있는 2차 안전망이 정비되었다. 3차 안전망은 천재지변, 전쟁, 경제 위기, 대량실업 등 긴급한 상황에 신속히 안전망을 구축하기 위한 긴급구호다. 긴급급식, 긴급의료 등이 이에 해당한다.

도적 장치가 상정될 수 있다.

셋째, 자립자활을 도모하기 위한 생산적 복지의 제도화는 빈곤 계층의 자립자활을 지원하기 위한 제도와 노인 등 사회 취약계층의 자립자활을 지원하기 위한 제도로 집약할 수 있다. 빈곤층에 대한 지원제도로 자활 창업, 공공근로, 지역봉사 등이 논의되고 있다. 노인 등 사회적 취약 계층에 대한 생산적 복지의 입장에서는 사회적 활동에서 은퇴한 노인 계층을 단순한 복지 수혜자로서 취급하기보다는 고령의 경제인구로서 보고, 적합한 분야에서 노인 창업과 취업을 적극적으로 지원해야 한다는 것이다. 이렇게 될 때 이들 계층의 전문성과 직능이 장기적으로 사회의 생산 기여적 자원으로 발전할 수 있다(한국보건사회연구원, 2009: 12-16). 이것은 사회적 효율성뿐만 아니라 사회 참여, 역할 복원과 같은 개인의 심리적 보상에도 크게 기여할 수 있게 된다. 노인의 유급 자원봉사 활동, 노인 창업, 실버산업 등을 지원하기 위한 제도적 장치가 고려될 수 있다.

넷째, 생산적 복지가 궁극적으로 지향하는 인간 중심적 자본주의 복지는 생산 과정에서 공정한 기회 균등과 분배적 정의를 실현하기 위한 공동체적 사회 연대를 강조하는데, 사회 연대의 대상으로 중산층을 이념적 목표로 하고 있다. 따라서 서민의 중산층화를 도모하는 중산층 육성이 보편적인 생산적 복지의 목표다. 이를 위해서는 기본적으로 공정한 시장 질서가 확립되어 시장 경쟁에 의한 정상적인 분배 혜택을 받는 계층이 최대한 확보되어야 한다. 기업의 투자와 고용 확대 및 유인정책, 성과배분제 활성화 제도, 형평조세 제도, 종업원지주제, 국민연금, 건강보험 등 사회보장제도의 민주적 설계와 효율적 운영 등은 중산층을 보호·육성하는 대안적 장치가 될 수 있을 것이다(삼성경제연구소, 2009: 22-23).

다섯째, 근로 동기와 의욕을 제고하기 위한 조세제도 개혁을 통해 생산적 복지의 목표를 실현시킬 수 있을 것으로 보인다. 이를 위해 초과 근로, 생산성 향상, 신제품 개발 등 성과급에 대한 세제 지원 강화를 위한 제도, 조세정보관리 시스템을 강화하여 세원 포착률 제고와 이에 병행한 세율 인하로 형평성과 효율성을 동시에 확보하는 제도, 근로소득세 중심의 중산층 세부담 경감 및 자산·불로소득에 대한 과세 강화를 위한 제도 등을 고려해 볼 수 있다.

제 4 절 생산적 복지의 함의

복지국가에는 이론적으로 국가조정론과 국가책임론이라는 두 개의 대립적인 복지 논리가 존재한다. 국가조정론은 복지를 성장에 종속시키며 시장 기제를 통해 복지 혜택을 분배하고 시장의 실패가 발생하는 경우에 한해 국가 개입이 가능하다. 윌렌스키와 르보의 잔여적 복지 관점을 말한다.

국가책임론은 복지를 국가정책의 최상위 명제로 설정하고 제도적 기제를 통해 시장의 한계를 보완하며 시민들의 사회적 권리 실현이라는 포괄적 책무를 국가의 고유 기능으로 상정한다. 윌렌스키와 르보의 제도적 복지 관점을 가리킨다. 현실적으로 이 두 관점은 모두 진공 상태에 존재하는 것이 아니라 더 넓은 사회문화적 상황의 반영이며 산업화의 진전에 따라 국가 책임의 수준으로 전이된다.

생산적 복지는 기존의 잔여적 복지로부터 현실적으로는 적정 수준의 복지를 추구하면서 장기적으로 좀 더 생산적이고 동기 유발적이며, 시장 친화적인 복지 수준을 지향해 나가는 제도적 장치라고 할 수 있다. 이러한 제도적 기제의 실체가 복지의 국가책임론의 입장을 가진 국가의 복지행정이며, 이러한 사회가 추진해야 하는 과제를 바로 생산적 복지정책의 내용 경향으로 보고 있다.

제14장 자원복지

현대 자원복지(voluntarism) 활동에 대한 사회복지적 관점은 머슬로(A. H. Maslow)가 제시하는 인간의 기본적 욕구 충족의 범주를 넘어선 자아 실현과 공생·공영의 본질적 요소에 있다. 사회복지의 잔여적(residual) 수준에서 다뤄져 왔던 자원봉사는 가시적으로 어려움에 직면하고 있는 개인 또는 계층에 대한 일방적 구제활동으로만 이해되었다. 이와같이 단순한 소극적 동기와 지원으로 자원봉사를 접근하는 데서 활동자와 수혜자 간의 욕구 충족, 동기와 의욕의 제고 및 유지 등에 한계가 드러나고 있다.

현대와 같은 제도적(institutional) 수준의 사회복지 환경에서 자원봉사가 특정적·편향적·자선적 개념에서 이뤄지는 경우, 헌신적으로 봉사하는 활동원의 다양한 욕구를 충족시키지 못하고, 나아가 동기와 의욕의 상실로 그 활동이 중단되는 사회구조적 문제가 제기될 수 있다는 것이다(Knowles, 2010). 또한 수혜자들에게도 일방적으로 받는 형식의 자원봉사로는 보편적인 인간 상호 관계를 형성하는 사회화 과정에 부정적 영향을 미칠 수 있다.

따라서 인간의 정상적인 성숙과 바람직한 사회 관계는 상호간의 연장선상에서 상호 보완적으로 도모해 나가야 한다는 관점에서 기존의 자원봉사가 자원복지로의 패러다임을 전환해야 한다는 논의가 활발하게 제기되고 있다. 이러한 논의는 대체로 현대 국가의 제도적 사회복지의 원리와 정신에 그 토대를 두고 있다. 윌렌스키와 르보

(Wilensky & Lebeaux, 1990)의 제도적 사회복지는 사회복지가 구빈, 자선, 구제, 시혜의 개념이 아니라 국가의 정당한 기본권적 시민권의 입장에서 접근하고 있다. 이같이 사회복지는 지원을 필요로 하는 사람들의 입장에서 그 사람과 함께 상의하면서 실천하게 된다. 그럼에도 자원봉사는 그 개념상 주는 자와 수혜자의 차별화를 내포함으로써 그 본질에 역행할 가능성이 크며, 동시에 비전문성이 문제가 되고 있다. 이에 반해 현대적 사회복지의 관점에서 접근하는 자원복지는 양자 간의 대등성과 전문성이 제도적으로 확보되어야 한다는 측면을 중요한 전제로 한다.

이러한 논거와 관점을 중심으로 이 장에서는 현대 국가의 모든 분야에서 제도적 사회복지의 중요한 부분으로 새롭게 대두되고 있는 자원복지의 활동 영역을 살펴보고자 한다. 현대적 자원복지 활동의 본질적 의미는 활동자와 수혜자 간에 일방적으로 주고받는(give and take) 관계가 아니라, 인간 상호간에 평등한 관계 속에서 공동의 복지 욕구를 실현하는 데 있다. 즉, 자원복지 활동의 과정은 수혜자의 욕구뿐만 아니라 그 역할을 통해 동시에 활동자의 욕구도 함께 달성되는 것을 고려하고 있다(Bradshaw, 2011).

따라서 논의를 전개하면서 자원복지의 통합화(integration), 정상화(normalization), 사회화(socialization), 그리고 공동 참여(full participation)를 지향하는 가치에 초점을 맞추고자 한다. 이를 위해 제1절에서 현대적 자원복지의 요소를, 제2절에서 자원복지 활동의 영역을, 제3절에서 자원복지 활동의 활성화 방안에 대해 살펴본다.

제 1 절 현대적 자원복지의 요소

현대 자원복지가 사회 통합과 사회문제의 해결을 위한 보편적 수단이 되고, 시민과 국가 간의 역할을 새롭게 설정해야 한다. 잔여적 수준의 사회복지 환경에서 자원봉사는 자선적·구제적 성격을 갖는 특정적 대상에 대한 자발적인 활동으로만 인식되었다. 그러나 사회복지를 국가와 정책의 맥락에서 제도적 입장으로 접근하는 현대적 관점에서 자원복지는 단순한 개인적 차원의 선택주의에 국한하지 않는다. 다시 말해, 현대적 자원복지는 개인의 존엄성과 가치를 기초로 사회공동체적 책임을 수행함으로써 인간의 공동의 복지 목표를 지향하는 보편주의에 입각하고 있다(Dunn, 2000).

따라서 보편주의를 지향하는 현대적 자원복지에 대한 접근은 추구하는 이념적 가치와 활동, 그리고 활동의 기제가 되는 조직(기관)의 관계를 검토해야 할 것으로 보인다. 이러한 맥락에서 다음에서는 이들 요소를 중심으로 논의를 전개하게 된다.

1 자원복지의 이념적 가치

사회복지가 국가 책임 원리로 채택되는 과정에서 자본주의 이념에 포괄적 가치들이 부가되었다. 사회복지의 하위 체계에 속하는 자원복지에도 같은 맥락에서 다의성을 갖는 이념적 가치들이 대두되고 있는데, 대체로 다음과 같은 내용들이 있다(Ilsley 2003).

1) 자유 의지

자유 의지(free will)는 인간이 자신과 현상을 바라보는 비결정론적 관점을 의미한다. 모든 판단과 결정의 근원은 오로지 자신의 자유 의지에 귀결된다는 믿음에 동의한다.

자원복지 활동은 기본적으로 개인의 자유 의지나 자발적 의지를 존중하는 데서 출발한다. 사회구성원의 자발적 참여가 민주사회의 기본 전제가 된다는 점에서 볼 때 자원복지 활동은 민주시민의 의무인 동시에 보편적 권리가 되는 것이다.

이러한 인간의 자유 의지를 자원복지 활동과 구조적·체계적으로 연계시키는 역할과 장치를 마련하는 일이 국가와 사회의 몫이다. 국가와 공공이 만들어내는 관련 프로그램, 정책, 제도들이 자발적 동기와 자유 의지를 한층 고무시키고 이들의 활동에 적극적인 지원과 유인책이 되어야 한다.

2) 보편주의

자원복지는 단순한 선택주의에 기초한 개인적 차원의 윤리적 봉사에서 공동체적 차원의 제도적 책임과 권리로 인식되어야 한다. 이렇게 될 때, 기존의 수혜자 간 또는 수혜자와 활동자 사이에 존재하는 차별성을 초월하여 복지 욕구의 보편주의와 공공성을 지향할 수 있게 된다.

3) 자아실현성

자원복지 활동은 개인의 헌신성을 주요 요소로 한다. 헌신은 개인의 사회적 비전과 이상을 실현하고자 하는 동기와 믿음에서 나온다. 자원복지에 대한 이러한 헌신적 활동을 통해 자아 실현(self actualization)의 체험적 학습원(learning source)이 되는 자신의 가능성과 잠재력을 발견하고 그 결과 만족감과 성취감을 갖게 된다. 이와같이 체득된 자아실현성은 자원복지 활동의 지속성, 교육성, 이타성, 개척성 등에 중요한 영향을 미친다(Darvill & Munday, 2000).

4) 민주성

민주성을 지향하는 가치는 참여, 기회 균등 그리고, 인간주의와 자율성의 요소 등을 들 수 있다. 자원복지는 자율성과 헌신성을 토대로 자신이 희망하는 분야에 자유롭게 참여하여 활동할 수 있는 것을 전제한다. 따라서 활동자에게 균등한 참여 기회를 보장하고, 동시에 수혜자에게 균등한 욕구충족의 기회를 제공하는 것은 민주주의에 가치에 부합하는 일이다.

5) 복지성

자원복지는 활동자의 자아 실현과 수혜자의 욕구 충족을 통해 공동의 복지를 형성할 수 있는 토대를 마련하게 된다. 자원복지 활동이 상정하는 특정 대상, 계층, 지역사회는 바로 공동복지의 주요 영역으로 분류된다. 복지국가는 공동복지의 영역을 확대하여 자원복지의 보편적 복지성을 관련 제도와 정책에 반영해야 한다.

2 자원복지 활동

자원복지의 이념적 가치는 자원복지 활동의 지침이 된다. 자원복지의 이념적 가치로 논의된 내용들이 활동자와 수혜자에게 공동의 유의미성으로 작용하려면 기본적으로 활동의 정당성이 확보되어야 한다. 따라서 여기에서는 자원복지 활동의 정당성과 수용 능력의 전제가 되는 분야를 중심으로 논의를 전개하기로 한다.

첫째, 자원복지 활동을 이념적 가치인 공동 복지의 맥락에서 볼 때, 사회교환이론(social exchange theory)과 관련시켜 생각해 볼 수 있다. 사회구성원 각자는 자신의 욕구 정도에 따라 상대방에게 도움을 주는 정도를 정해 어떻게든 상대방에게 도움을 주는 행동을 할 수 있다. 그 행동으로부터 도움을 받는 상대방의 입장에서 볼 때 그가 받는 도움에는 어떠한 형태로든 어느 정도의 대가가 필연적으로 지불되어야 한다. 즉, 호혜적 상호작용이 필수적이라고 보는 것이 사회교환이론의 명제다(Blau, 1980). 이러한 호혜적 정신은 두 가지 기능을 하는데, 개인의 이기심을 규제하는 것과 인간 관계를 안정시키는 것이다. 이 원칙을 통해 각 개인은 혼자서는 살 수 없기 때문에 타인의 이익도 고려해야 한다는 점과 개인 간에 어느 정도의 공유된 이해가 존재한다는 사실이 인정된다. 이러한 사회 구성 원리로서 교환이론의 호혜정신과 행동은 자원복지의 공동 복지 내지 보편주의의 이념적 가치와 수혜 원리를 수립하는데 기초적 사고를 제공할 수 있을 것이다.

둘째, 자원복지 활동은 이러한 사회적 교환이론의 관점에서 접근하는 바와 같이 인간의 공동복지를 이념적 가치로 하여 실천하는 과정이라고 볼 수 있다. 주요 실천 내용으로 ① 인간 이해, 인간성 회복, 자아 실현 기능, ② 시민의 사회화 기능, ③ 사회복지기관 및 시설복지의 기능, ③ 문제 해결 기능, ④ 복지정책의 개발과 수정 지원 기능, ⑤ 복지공동체의 문화 창조 기능 등을 들 수 있다(Brasnett, 2000).

셋째, 이러한 실천 기능을 수행하기 위한 자원복지 활동의 구성 체계를 고려하는 문제다. 즉, 자원복지 활동은 자원복지 수요기관, 자원복지 공급기관, 자원복지 조정기관, 그리고 이를 둘러싼 외부 환경과의 상호작용 속에서 이뤄진다(Kramer, 2001). 이것을 특히 체계별 측면에서 보면 추진 체계, 관리 체계, 지원 체계로 구분된다. ① 추진 체계는 활동자와 수혜자와의 연계 및 조정, 자원복지 활동기관 간의 유기적 관계의 도모, 자원복지 활동의 조직화를 목적으로 각종 자원복지센터, 자원복지단체협의회, 자원복지 활동기관 등이 포함된다. ② 관리 체계는 자원복지 활동을 좀 더 효율적으로 수행하기 위한 활동자의 모집, 홍보, 교육, 배치, 평가 등의 관리 과정을 의미한다. ③ 지원 체계는 자원복지 활동을 둘러싼 외부 환경으로 물질적·재정적·인적 지원을 행하는 기관이나 단체를 말하는데, 지원 주체에 따라 여성개발원과 사회복지협의회 등과 같은 공적 지원 체계와 한국자원봉사협의회와 같은 민간 지원 체계가 있다(김기태, 2009).

3 자원복지기관

자원복지가 소기의 목적을 달성하기 위해서는 전문 자원복지기관이 활성화되어야 한다. 전문 자원복지기관의 운영 주체를 유형별로 보면 민간주도형, 관주도형, 관민협동형으로 구분된다.

특정 유형을 선택하는 데는 사회복지에서 자원복지가 차지하는 역할의 범주, 자원복지 활동에 대한 사회의 이해도와 학습의 정도 등이 주요 변인이 된다. 자원복지의 이념적 가치 체계에서 자유 의지, 자아실현성의 가치에 대한 이해도 내지 학습도가 크면 민간주도형이 지배적 경향을 보인다(Skidmore, 2000).

자원복지는 기본적으로 개인의 동기와 자발성, 그리고 헌신성에 대한 믿음에서 출발한다. 이 두 가지 가치는 개인의 만족감과 성취감을 자원복지의 결과물로 대체한다. 이와같이 자원복지가 개인의 동기와 성취감 사이에서 일정한 욕구충족도를 나타나게 될 때 순수한 사명감을 가지는 민간집단들이 그 주체적 역할을 맡게 된다는 것이다. 동시에 체계적인 프로그램과 정책 그리고 제도적 지원에 의해 자원복지가 이뤄질 때 그 수혜 범위는 비교적 보편주의의 경향으로 나타날 것이다. 민주성과 복지성의 가치 경향에 대한 믿음이 큰 사회에서는 자원복지기관이 관(官)의 적극적인 지원과 민(民)의 자발적 참여로 형성·운영된다는 것이다(Routh, 2009).

이러한 자원복지기관들의 기능은 그 유형과 큰 차이 없이 대체로 ① 조사와 연구, ② 교육 및 훈련, ③ 상담 및 지도, ④ 홍보 및 조직화 기능, ⑤ 재정 지원, ⑥ 프로그램의 개발 및 보급, ⑦ 그리고 국내외 교류 등이 있다(Routh, 2009).

제 2 절 자원복지 활동의 구성적 범위

자원복지 활동은 그 동기가 되는 개인 및 집단 수준에서 지향하는 명확한 정신적 가치가 있어야 한다. 현대 복지국가에서 다의성을 갖는 자원복지의 이념적 가치가 바로 그것이다. 그 다음으로 이러한 믿음과 철학을 실천할 수 있는 이론적·실제적 배경이 구비되어야 한다. 이러한 논거(theoretical foundation)와 원천(sources)은 자원복지 활동의 정당성과 수용 능력을 확보하기 위한 중요한 전제가 되고 있다. 사회교환이론의 관점에서 접근된 자원복지 활동의 동기, 실천 내용, 구성 체계가 이에 해당한다. 다음으로 자원복지의 기관에 관한 내용이다. 이것은 자원복지의 목표를 수행하는 실체적 장치에 대한 이해다.

여기에서는 이러한 논의의 기준을 토대로 현대 자원복지 활동의 내용과 경계를 설정하는 구성적 범위에 대해 살펴보기로 한다. 자원복지의 가치, 활동 기준, 활동기관의 특성적 유형과 역할이 의도하는 결과적 실체를 분류하면 다음과 같은 활동의 구성적 범위가 제시될 수 있다.

1 가정의 역할을 촉진하는 활동

자원복지 활동의 초기 대상은 아동, 청소년, 장애인, 노인 등 사회의 비복지적 문제와 환경에 직면해 있는 계층이다. 잔여적 사회복지 환경에서는 가정(가족)에서 일어나는 문제들은 주로 가족, 이웃, 친척, 종교단체 등에 의해 해결되었다. 그러나 사회의 산업화가 진전됨에 따라 개인주의, 자유경쟁주의, 합리주의 등의 영향으로 가정문제의 사회적 성격이 대두되었다. 따라서 약화된 가족의 기능을 회복하고 가정문제의 사회적 차원의 문제를 해결하기 위한 여러 대안 가운데 하나로 자원복지가 가정의 역할을 적극적으로 촉진하기 위한 활동이 되었다.

여기에서는 이러한 맥락에서 자원복지 활동의 초기 대상 영역을 중심으로 논의하게 된다.

첫째, 아동은 특히 자신과 사회를 위해 욕구 충족에 대한 면밀한 관찰을 통해 안정된 성장을 해야 할 필요가 있다. 욕구 충족에는 본능적인 일차적인 생리적 욕구와 이차적인 인격적·사회적 욕구가 있는데, 이러한 욕구들이 균형을 이룰 때 비로소 바람직한 인격이 완성되는 것이다. 욕구 충족이 원만하게 이뤄지지 못하면 좌절감이나 불신감, 타인이나 환경에 대한 적개심을 갖게 되는 경우가 있다. 따라서 자원복지 활동의 대상이 되는 아동들에 대한 환경에의 적응 학습은 동기와 믿음, 그리고 잠재력을 토대로 한 자아실현성의 입장에서 접근해야 할 것이다.

일반적으로 빈곤 가정의 아동, 유기 혹은 학대 아동, 장애인 가정의 아동, 영아시설 내지 육아시설 등에서 보호·양육되고 있는 시설아동들이 자원복지 활동의 주요 대상이다. 따라서 자원복지 활동은 유아보호·교육, 탁아시설, 아동 선도 및 사회교육, 어린이 기능 교실, 자모 상담 및 교육, 불우아동 결연과 같은 아동복지사업과 연계적 활동을 도모해야 한다.

둘째, 청소년은 삶의 전체 가운데서 심리적·육체적으로 과도기적 단계를 경험하는 특수한 조건에 있다. 대체로 청소년기에는 이기적이고 개인주의적이며, 연대 의식이 희박하고 장래에 대한 전망이 근시안적이기 때문에, 일관된 가치 의식이 대체로 부족한 현상을 보이고 있다. 따라서 특히 이 시기에는 가정과 사회의 이성적·정서적 보호가 필요하다. 따라서 청소년에 대한 자원복지 활동의 사회화 기능은 성장기의 학습 도구로서 중요한 의의를 갖는다.

일반적으로 청소년을 대상으로 한 자원복지 활동의 구체적 내용은 다음과 같은 것들이 있다. ① 일반 청소년: 상담, 캠프 지도교사의 보조 역할, ② 근로 청소년: 야간학교 학습지도(중학교 및 고등학교 과정), 생활 및 신상 상담(전화 및 내방), 기술지도 및 취업 알선(수공예, 목공예, 타자, 기계, 제작 등), 청소년 도서실 및 휴게실 관리, 여가 선용을 위한 취미 지도(서예, 레크리에이션 등), 사무보조(접수 및 분류), ③ 비행 청소년: 정신교육 분야 지도, 특별활동 지도, 직업훈련, 학과목 지도, 종교 지도 및 상담

셋째, 장애인에 대한 완전한 참여와 평등이 사회 통합의 관건이다. 소외와 불평등한 처우가 장애인이 겪는 고통이고 이것이 사회 통합을 저해하는 요인이기 때문이다. 현대 국가에서 자원복지 활동의 이념적 가치는 사회 조화, 사회 통합을 통해 인간의 보편주의를 실현하는 데 있다. 자원복지 활동이 이러한 인간의 보편주의적 가치를 실

현하기 위해 다음과 같은 점에 더 많은 배려를 해야 할 것이다. ① 자원복지 활동은 장애보다 인간에 더 큰 비중을 두는 시각이 필요하다. ② 장애인을 개별화하여 각 장애인에게 요구되는 적절한 자원복지 활동을 해야 한다. 이렇게 될 때 장애인 각자가 각기 독특한 개성을 가진 인격체라는 사실을 인식할 수 있을 것이다.

일반적으로 장애인 자원복지 활동의 내용으로 ① 장애인을 위한 학습지도(녹음, 점역, 수화활동), ② 생활상담(취업 알선 등), ③ 기관자료실의 관리 보조, ④ 부름의 전화봉사, ⑤ 무료진료, ⑥ 그룹활동 지원, ⑦ 시각장애용 점자출판 돕기, ⑧ 국내 및 해외입양사업 등이 있다. 넷째, 인구의 노령화가 급속하게 진전됨에 따라 노인문제가 사회문제화되어 가고 있다. 이에 따라 특히 노인복지의 분야에서도 소득, 의료, 주거, 사회적 서비스 보장 등 제도와 정책의 차원에서 적극적인 대응이 이뤄지고 있다. 그러나 노인문제는 이 같은 제도와 정책의 한계를 벗어나서 해결해야 하는 영역이 있다. 노인이 가지는 사회적·심리적 소외 현상은 바로 자원복지 활동의 고유 영역이 될 수 있는 것이다(김경호, 2009). 자원복지 활동은 노인문제를 완화하거나 해결하기 위한 각종 사회적 서비스에 참여할 수 있어야 하는데, 그 활동 영역은 대체로 ① 사회적 서비스: 노인복지 프로그램의 발견, 개발, 주선을 통한 서비스 제공, ② 가정 봉사원 서비스: 노인가정을 방문하여 서비스 제공, ③ 서비스 정보 제공, ④ 대인적 서비스, ⑤ 환경 개선 서비스 등이 있다.

2 시설 및 공공기관의 역할을 보조하는 활동

현대 국가들이 잔여적 사회복지에서 제도적 사회복지로 전이되는 과정에서 자원복지 활동도 시설 및 공공기관을 중심으로 적극성을 띠고 있다. 시설을 중심으로 한 자원복지 활동의 내용에는 주로 시설 입소자를 위한 분야별·대상별 활동, 프로그램의 개발·지도·보조를 위한 활동, 시설의 발전을 돕기 위한 활동, 시설 서비스의 전문화를 위한 활동, 지역사회를 위한 활동으로 분류된다(Mellor, 2005).

이와 같은 활동들은 ① 가사보조(tending) 프로그램: 생활환경, 식생활 지원, 난방관리, 기타 가사보조, ② 대인적 서비스(personal care) 프로그램: 생활상담, ③ 재활서비스(rehabilitation) 프로그램: 의료보건, 가정관리(household management), 가족원 능력 향상, 정신적·신체적 기능 회복, ④ 사회적 서비스(social care) 프로그램: 생활정보 교환, 생활보조금품 수령 지원, 취미활동 지원, 직업 소개, ⑤ 가정자원복지 및 공동체 형성 프로그램, ⑥ 민주시민의 능력 향상 프로그램, ⑦ 사회의 비복지적 문제의 해결과 예방을 위한 프로그램, ⑧ 사회복지정책의 개발과 조정 지원을 위한 프로그램 등과 같이 자원복지의 이념적 가치를 실현시키기 위해 편성된 프로그램을 통해 이뤄진다.[1)]

공공기관을 통한 자원복지 활동은 주로 노동 제공, 도서 정리, 사무보조, 섭외활동, 컴퓨터 지원교육, 의약품 제공, 갱생보호, 공동모금 지원, 조사연구 지원, 자문·고문·이사 운영위원, 전문위원, 계몽활동, 제도 개발·수정 지원 등이 있다.

이와같이 자원복지 활동이 시설 및 공공기관에 개입하여 이뤄지는 경우 중요하게 대두하는 문제가 바로 관리조정자(volunteer coordinatior)의 역할에 관한 것이다. 현대 자원복지의 공동 복지성과 보편성 그리고 민주성을 확보하기 위해 활동자들에게 요구되는 조정의 영역이 날로 전문화되고 있다. 여기에서는 관리조정자의 조건과 기능, 그리고 실천 원리에 대해 논의하고자 한다.

첫째, 관리조정자의 조건에 관한 내용이다. 여기에는 관리조정자의 적성과 자질이 포함된다. 먼저 관리조정자의 적성이란 동기, 특성, 기술, 자아 의식, 지식 등을 포괄하는 개념이다. 보야치스(Boyatzis, 2008)는 자신의 연구 결과 효율성 지향, 영향력에 대한 관심, 적극성, 자기확신감, 구두 발표 기술, 개념화 능력, 개념의 진단적 사용, 사회화된 권력(socialized power)의 사용, 집단 과정의 관리 등을 성공적인 관리조정자의 적성으로 제시했다. 관리조정자의 적성은 자원복지 활동이 지향하는 이념적 가치 가운데 자아실현성의 전제적 변수가 된다. 다음으로 관리조정자의 자질에 관한 문제다. 자원복지 프로그램이 발전하고 대인적 서비스가 빈번해짐에 따라 프로그램을 총괄·감독하는 역할이 요청되는데, 이것은 관리조정자의 자질에 의해 충족된다. 대체로 논의되는 자질적 요소로서 포용력과 리더십, 인간에 대한 이해와 지식, 행복에 관한 직관력, 사업추진력, 통찰력 등을 들고 있다(The National Volunteer Center, 2001).

---

1) 이러한 자원복지 활동에는 일정한 전문성을 필요로 하기 때문에 활동자와 social worker들의 공동참여 파트너십 형식(joint partcipation partnership)을 띠는데 이 경우 양자의 서비스 제공상의 조정 능력이 요구된다.

이상에서 논의된 관리조정자의 자질과 조건은 자원복지 활동의 사회적 책임을 강조하는 것이며, 그 역할의 내용이 특정한 지식과 인격을 필요로 하므로 전문성이 요구된다. 자원복지 관리조정자는 커뮤니티 워커(community worker)로서 복지기관에 소속되어 있으면서도 지역사회의 여러 시설 및 재가 요보호자 사이에서 중간자적 전문조정자로서 위치를 확보해 가고 있다.

둘째, 관리조정자의 기능은 활동의 목표, 가용자원, 조직, 프로그램 등에 따라 다양하게 인식되고 있다(Ilsley & Niemi, 2009). 여기에서는 POSDCoRB의 원리에서 일부를 제외한 자원복지 활동에 관련된 요소를 중심으로 논의한다.[2)]

① 프로그램 기획 수립 단계(planning): 기획 수립은 기본적으로 여러 대안 가운데 실천 방안을 선택하는 것으로 세분하면 욕구사정(needs assessment), 사명진술(mission statement), 목표와 목적 설정(establishing goals and objectives), 프로그램의 구성 요소 설계(design program components), 설비와 재료 획득(obtaining facilities and materials), 분위기의 창조(creation of climate), 유급 직원의 관리(involvement of paid staff), 직무설계(job design) 등이 있다.

② 조직화 단계(organizing): 설정된 목표를 달성하기 위해 사람들을 구성하고 역할을 규정하는 것이다. 이같이 직무와 역할을 배치하는 데 수단적 기제가 되는 것이 위임(delegation)과 조정(coordination)이다. 전자는 시간과 지식의 한계를 전제로 합리적 시도가 중요하며, 후자는 역할 중복을 극복하여 유기적 시스템을 구축하는 데 있다.

③ 인사 단계(staffing): 자원복지 활동자의 모집・면접・배치・교육훈련의 과정이다.

④ 지도 및 감독 단계: 바람직한 지도 감독은 복지 활동자를 책임지고 지도할 수 있는 직원을 지정하는 것이며, 지도 감독은 직무분장(job description)에 명시하고 그 내용에 합당한 것이어야 한다. 동기부여(motivation), 지도(guidance), 인정(recognition) 등이 여기에 포함된다.

⑤ 통제(controlling): 관리, 평가, 연계 개발, 자원복지 조정자의 지속적 교육 등과 같은 프로그램과 자원복지 활동에 관련된 행정적 통제가 여기에 속한다.

---

2) 자원복지 관리조정자의 기능에는 다양한 견해가 있다. 일즈리(Paul J. Ilsely)는 모집, 사정, 훈련, 직무 부여, 회합과 의사결정, 지도의 여섯 가지를 제시했다(Ilsely, 2003). 샤이어(Ivan H. Scheier)는 선발과 배치, 역할 이해, 지원 제공, 홍보자, 직무기술의 명확화 등을 들고 있다.

셋째, 관리조정자의 실천 원리가 확립되어 이것이 활동의 정당한 준거가 되어야 한다.

① 목표의 정당성과 객관성: 이해 관련자의 의견을 폭넓게 수렴하여 명확한 목표를 설정하고 이를 객관적으로 공정하게 추진할 수 있는 장치를 마련한다.

② 문제 해결의 효율성: 자원복지 활동의 과정에 전문가를 참여시켜 프로그램의 해석, 운용, 정보 교환을 통해 활동 결과의 효율성을 고려해야 한다.

③ 평가기법의 과학화와 정기적 피드백: 평가기법을 척도화하여 계획 수립, 평가, 재수립, 평가 등의 환류 체계를 확립하고 이를 정기화해야 한다.

④ 민주적인 사회화 기제의 확립: 자원복지 활동의 성공적 달성을 위해 활동자, 전문가 등 이해 당사자들의 자발적인 학습 과정이 정례화되어야 한다. 오리엔테이션, 연수, 능력 향상과 발전의 기회를 위한 세미나 등을 정기적으로 개최한다.

⑤ 자원과 욕구의 관리: 관리조정자는 항상 지역사회의 자원복지 자원과 욕구의 관계를 조정・관리하여 활동의 효율성과 형평성을 고려해야 한다.

3 일반 사회의 역할을 선도하는 활동

국가복지는 현대 사회에서 제기되는 여러 유형의 사회문제를 해결하기 위한 기제(social problem-solving mechanism)로서 위상과 역할을 갖는다. 이러한 경우 국가복지는 주로 정책과 제도적 장치를 통해 이뤄지며, 사회의 변동과 다원화에 따라 수혜 영역도 확대되고 있다. 여기에는 복지재정, 프로그램, 정책비용의 규모도 또한 크며, 따라서 국가 부담이 가중된다.

최근 복지의 민영화(prevatization)가 복지국가의 대안으로 대두된다(Johnson, 2007). 대체로 복지의 민영화 논리는 국가 부담을 완화하고 여기에 상대적으로 민간부문(private sector)의 참여를 유도하여 공동 주체의 형태를 모색하자는 것으로 귀결된다. 이 같은 민관 공동의 복지 파트너십을 구성하는 데는 기본적으로 공공 부문과 민간 부문의 공유 영역(interface area of public sector and private sector)을 확충하는 시도가 전제되어야 한다(Savas, 2009). 현대 사회에서 제도적 개념의 자원복지 활동이 활성화되면서 바로 하나의 사회 공유 영역으로서 그 역할과 위상이 새롭게 설정되어 가고 있다.

이러한 맥락에서 여기에서는 자원복지 활동이 일반 사회의 역할을 선도하는 분야를 살펴보려 한다. 복지의 민영화와 더불어 사회 가치의 분화에 따라 자원복지 활동이 확대되고 있는데 대체로 시민운동, 환경, 교통, 선거문화, 보건・의료, 문화 예술 영역을 들 수 있다(Kidneih, 2009).

첫째, 시민운동의 성격을 띤 활동으로 각종 사회적 캠페인, 계몽적 행사의 주최, 민원인의 안내, 행정기관에 대한 지원활동 등이 있다.

둘째, 환경문제에 대한 참여로 환경 의식 교육활동, 환경보존 활동, 재활용 활동, 환경감시 활동 등이 있다.[3)]

셋째, 교통문제는 모든 사람이 겪는 사회문제라는 인식에서 출발한다. 교통 정리, 교통안내 등으로 교통사고 예방을 위한 활동, 교통 신호 체계의 조사, 안내판 수리, 교통 위반 차량(매연 차량, 과적 차량, 주차 위반 차량) 감시와 같은 교통환경 개선활동이 있을 것이다.

넷째, 특히 현대에 와서 선거문화를 정착시키는 데 자원복지 활동의 역할이 좀 더 적극적이다. 활동 영역으로 선거사무실 지원 업무, 연설회, 연설, 대담 지원 업무, 후보자 홍보 및 여론 수집, 상대방 후보 감시활동, 선거운동과 관련된 법률자문 활동, 공명선거 감시활동, 후보자 후원기금 모집, 유권자 교육, 선거관리위원회 선거 업무 보조, 시민단체의 공명선거 캠페인 활동 등이 있다.

다섯째, 보건・의료 분야에서는 병원이나 보건소와 같은 의료기관에서의 활동이 있다. 외래 환자를 위한 활동, 입원 환자를 위한 활동, 병원 업무 지원활동이 해당된다.

여섯째, 문화 및 예술 분야에서의 활동은 삶의 질과공동체 의식의 함양에 기여할 수 있을 것이다. 유적지 보호, 문화재・박물관 안내, 문화재 조사와 같은 문화시설의 보존 활동과, 지역사회 문화활동에의 참가, 지역 도서관 도서 및 자료 정리, 행사보조, 모금활동과 같은 문화 및 예술사업 지원활동이 있다. 기타 법률구조・교정, 스포츠, 소비자 보호 등 다양한 자원복지의 사회 선도 역할이 있을 것이다.

---

3) 이러한 활동을 하고 있는 시민단체나 학교의 자체적 프로그램에 참가하여 공동복지를 구현하는 경우도 있다.

제 3 절 자원복지 활동의 활성화 방안

현대의 자원복지 활동이 개인 및 집단의 자발적 동기와 국가의 제도적·정책적 지원으로 공동의 시스템을 형성해 갈 때, 강력하고 적극적인 사회문제 해결의 위상을 확보하게 될 것이다. 이것은 바로 국가와 민간 부문의 역할 공유를 통해 두 부문의 한계를 극복하면서 자원복지 활동의 활성화를 도모하는 방향이 되기도 한다.

국가의 지원을 통해 개인과 민간 영역의 가치를 실현하고, 개인과 민간 수준의 동기와 헌신, 그리고 창의성을 동력으로 전체 목표를 달성할 수 있기 때문이다. 자원복지 활동은 장기적으로 공적 서비스의 부담과 한계를 보완하면서, 기본적으로 인간의 욕구 충족과 사회문제의 해결을 위한 새로운 국가 복지의 패러다임으로 정립되어야 한다.

이러한 맥락에서 여기에서는 자원복지의 이념적 가치와 활동, 그리고 활동기관의 현상을 중심으로 활성화 방안에 접근해 보고자 한다.

1 자원복지 활동 영역의 체계화

기본적으로 자원복지가 활성화되려면 그 활동 분야를 합리적으로 발견하고 분야별 전문성을 확보하는 준비를 해야 한다. 자원복지도 일반 사회복지와 같이 욕구에 대한 반응(reaction to need)이다.

현대 사회는 욕구의 다양화가 보편적으로 전제되고 있다. 이러한 점에서 자원복지 활동의 대상 영역을 합리적으로 체계화하여 공동의 보편적 욕구에 부응해야 하는 것이다.

앞에서 언급한 자원복지 활동의 대상 영역을 체계화의 맥락에서 분류해 보면 다음과 같다. ① 가정의 역할을 지원하는 활동으로서 개인 간, 이웃 간의 가정에서 시작하여 아동·청소년문제, 여성문제, 노인문제, 장애인 및 질환자 문제, 편부모 가정 및 빈곤가정 문제 등이 있다(Smith, 2000). ② 시설 및 공공기관의 역할을 보조하는 활동으로서 그 조직을 이용하는 클라이언트의 욕구 충족과 사회적 목적을 달성하기 위해 필요로 하는 것이다(Smith, 2000). ③ 일반 사회의 역할을 선도하는 활동으로 자연환경, 주거환경, 범죄 및 교육, 교통, 시민운동, 계몽 및 질서 유지, 구호 서비스 등이 좀 더 체계화되어야 한다.

2 관련 활동 프로그램과 제도의 준비

활동 영역이 체계적으로 확보되면 욕구에 반응하는 기제로서 프로그램과 제도 등이 개발되어야 한다. 다양한 욕구에 반응하기 위해서는 보편적인 프로그램이 마련되어야 할 것이다.

관련 활동 프로그램으로는 가정방문 자원복지 프로그램, 시설·기관 자원복지 프로그램, 공공행정 자원복지 프로그램, 환경 자원복지 프로그램, 교통·범죄·법률 자원복지 프로그램, 교육·의료·경제 자원복지 프로그램, 정치·문화·체육·관광 자원복지 프로그램, 사회의식 개선 및 구호 자원복지 프로그램, 도시·농촌 및 국제협력 자원복지 프로그램 등이 고려되어야 할 것이다(Wilson, 2011).

3 자원복지기관의 운영 모델

자원복지 활동 영역을 합리적으로 설정하고 관련 활동 프로그램을 구성한 다음, 이를 활동자와 클라이언트가 공동 욕구를 실현할 수 있도록 수행하기 위해서는 기관(조직)의 운영 모델이 적실성 있게 선정되어야 한다. 이를 위해 먼저 자원복지기관의 내·외적 유인 조건을 개선하고 적합한 운영 모델을 제시해야 할 것이다.

운영 체계의 유형에는 관립민영형이 있는데, 이것은 민간과 정부의 지원 체계가 일치하는 면에서는 좋으나 신규 조직의 구성에 따른 지방자치단체의 과중한 재원 부담이 수반된다. 다음으로 관민협동민영형이 있는데, 지방자치단체의 과중한 재원 부담을 일부 경감시킬 수 있는 장점이 있으나 안정적인 운영재정이 확보되지 않을 때 사업 추진과 조직 운영에 어려움이 있다. 관립관영형은 자치단체가 단독으로 설립하여 정부 주도로 운영하는 형태인데, 우선 안정적인 운영 재정을 확보할 수는 있으나 자원복지의 기본 이념에 배치되며 타율성을 띠게 될 것이다.

따라서 특정한 운영 모델을 선정하게 될 때, 반드시 기관의 관리 능력의 향상, 기관 간의 전문성과 연계성 강화, 재원 조달 문제 등의 변수를 고려해야 한다(Miringoff, 2009).

4 자원복지 활동의 인적 자원

자원복지 활동은 사회복지의 분야로서 시민 참여의 한 형태다. 따라서 이를 통해 공동체 의식을 높이고 사회문제를 스스로 해결함으로써 민주시민의 역량을 갖춰 나가는 학습 기회의 장이기도 한 것이다. 따라서 여기에 참여하는 조직적·비조직적 수준의 구성원에 대한 관심은 매우 중요하다.

여기에서는 주로 자원복지 활동자와 관리자를 포함한 자원복지 활동에 관련된 인적 요소에 관해 논의하게 된다. 자원복지 활동자들은 자발적인 동기와 헌신에서 참여한다. 그러나 이들의 동기와 헌신적인 사명감이 지속성을 갖게 하는 데는 스스로의 노력뿐만 아니라 관리자와 전문지도자의 건전한 유인 조건이 또한 중요하다(Witkin, 2008). 우선 자원복지 활동자의 참여 동기는 이기적 내지 이타적 관심에서 출발하지만, 사회적 관계·인정·성취 등과 같은 친화 지향적·성취 지향적 동기로 발전하게 되는데, 여기에 관리자의 역할이 중요하게 작용한다.

따라서 자원복지 활동자는 기관이 정한 직무기술서(job description)를 토대로 자발성과 자유 재량권을 갖고 동기유지와 계발에 관심을 가져야 한다. 동시에 관리자는 활동자의 변화 욕구를 파악하고 충족시키며, 개인의 특성과 능력을 발휘할 수 있도록 기회(opportunity) 증진을 위한 지원자로서 역할을 해야 한다

5 자원복지 활동에 대한 육성책 마련

자원복지 활동이 자발적 동기를 토대로 하지만 오늘날 그 수요와 클라이언트의 성

격을 고려할 때 국가사회적 측면의 육성책이 뒷받침되어야 활성화가 가능하다고 본다. 즉, 국가사회와 자원복지단체 간의 역할 분담을 통해 공동의 사회문제 해결에 참여하는 방안이 강구되어야 한다.

국가는 복지사회의 실현을 위한 공·사 협력 관계를 구축하고 사회 통합의 촉진에 자원복지 활동을 실천 장치로 활용해야 한다. 그리고 국가가 정책적 차원에서 여성, 퇴직자, 노인 등과 같은 지역사회의 유휴자원을 합리적으로 개발해 줌으로써 자원복지 인력과 효율적 재원 배분의 문제도 해결할 수 있을 것이다.

제 15 장 노인복지

현대 사회에서 노인문제는 자연적 현상인 인간 유기체의 생물학적 측면과 자본주의의 고도화에 따른 산업화 과정에서 수반되는 이른바 선진국형 사회 현상의 맥락에서 접근할 수 있다. 인간은 연령이 증가함에 따라 일정한 유형의 노화 과정(aging process)을 거치게 된다. 일반적으로 노령기에 이르면 신체적 능력의 저하를 시작으로 사회적 관계와 역할의 축소 내지 상실, 그리고 경제적 지위의 하락, 자아정체감의 와해와 같은 심리적 현상 등을 경험하게 된다.

사회과학적 인식에서 보면 이같이 누구에게나 노령기에 직면하게 되는 신체적・사회적・심리적 상실감 등이 다양한 욕구 결핍 및 일정한 갈등 과정을 거쳐 사회문제로 대두되는 것이다. 현대 산업사회에서 노인문제의 사회문제화는 노인층의 다양한 의존적 욕구들을 국가와 사회와 가정이 일정한 수준에서 제대로 충족시켜 주지 못하고 있는 데서 비롯된다고 할 수 있다.

전체 인구 중에서 노령 인구의 비율이 급속도로 증가하는 고령화사회(aging society)에서 다양한 성격을 가지고 제기되는 노인문제에 대한 인식, 이것을 합리적・인간적으로 해결하는 노인복지 서비스의 체계를 수립하는 일이 무엇보다 중요하며, 이것이 바로 이 장에서 다루게 될 핵심 내용이다.

제 1 절 고령화사회

인구의 노령화로 인한 고령화 사회가 급격하게 진전되고 있다. 따라서 노인문제의 해결을 위한 목적적·실천적 기제로서 노인복지가 사회복지의 중심 영역으로 부각되어 가고 있는 실정이다.

지구촌 인구의 평균수명은 지난 50년 이후 남녀 함께 20년 정도 늘어나 현재 60세 이상 노인층의 비율은 10명 중 한 명 정도로 나타나고 있다. 이 같은 경향은 전반적인 고령화 사회의 현상으로 지금도 전 세계적으로 매달 1백만 명씩 증가하고 있다(United Nations, 2009).

이 같은 추세가 유지될 때 2050년과 2150년에 가서는 각각 5명과 3명 중 한 명이 노령층에 편입될 것으로 전망된다. 산업화의 측면에서 보아도 인구의 노령화는 노동력의 노후화와 세대 간 갈등 등, 사회·경제·문화적으로 극심한 충격이 아닐 수 없다. 또한 노령층의 약 절반가량이 도시에 거주하고 있어 도시화의 가속과 인구 이동·사회 불안 등의 문제도 발생시키게 된다. 여기에다 60세 이상 여성 노령층이 절반 이상을 차지해 사회의 여성화도 또 다른 문제로 대두하고 있다.

특히 노령층이 많은 유럽 국가들의 경우 낮은 출산율과 높은 수명에 따른 노동력 부족과 사회 전체의 노후화가 급속하게 진행되고 있다. 이 같은 노령층이 계속 일자리를 지키게 되고 이로 인한 새로운 젊은 노동력의 노동시장 유입을 차단하게 됨으로써 신·구세대 간 마찰을 빚기도 한다.

개발도상국들의 경우 전 세계 노령층의 80% 이상을 차지하고 있고, 노령화가 더욱 빠르게 진행되고 있는 상황에서도 여기에 대처할 만한 노인복지제도나 대책이 거의 전무한 실정이기 때문에 문제의 심각성은 더욱 가중되고 있다. 우리나라의 상황만 보더라도 1960년에는 65세 이상 노인 인구가 전체 인구의 2.9%인 72만 6천 명에 불과했으나 1998년에는 6.6%인 3백 5만 명으로 증가했으며, 마침내 지난 2000년도에 7.1%를 차지해 이미 고령화사회(aging society)에 진입했다. 이러한 추세대로라면 2020년경에는 14.4%로서 한국도 본격적인 고령사회(aged society)로 접어들 것으로 전망된다.[1)]

현재 우리나라를 포함해 전 세계 노인층들이 직면하고 있는 여러 문제 중 가장 공통적인 현상으로 경제적 빈곤, 건강문제, 열악한 복지시설, 취업 기회의 부족으로 인한 역할 상실, 그리고 여러 면에서의 지위 하락으로 나타날 수 있는 소외 및 고독 등의 심리적 요소를 들 수 있다.

한국 사회에서도 급속한 산업화와 도시화의 진전으로 인해 전통적인 대가족제도가 소가족제도로 전이됨에 따라 여러 노인문제를 유발시키고 있다. 대표적인 현상으로 우리의 전통적인 대가족제도가 소가족제도로의 구조 및 기능 변화를 통해 대가족제도 하에서 높은 지위와 권위를 행사해 오던 노인들의 위치에 여러 변화를 초래하게 되었고, 이것은 결국 사회구조 및 현상과 관련된 사회문제로 연결되고 있다.[2]

제 2 절 노인문제의 인식

현대 사회에서 과학문명의 발전과 산업화 과정에서 향후의 노인문제는 좀 더 적극적으로 사회문제의 해결이라는 차원에서 인식하고 이를 정책적·제도적으로 접근해야 한다. 앞에서 선·후진 국가를 막론하고 노령화의 급속한 진행 추세를 살펴보았다. 그러나 역시 여러 나라가 공통적으로 이러한 경향에 적합하게 대처해 나가고 있지 못하고 있는 실정이다. 선진국에서조차 앞으로 연금 부담자와 수혜자의 역전 현상

1) 65세가 넘은 노인이 총 인구의 7%가 되면 고령화사회에 진입하는 단계라 보고, 14%가 되면 본격적인 고령사회로 간주하고 있다. 특히 이 같은 노인인구 비율이 7%에서 14%로 이행되는 기간이 프랑스 115년, 미국 75년, 영국 45년, 스웨덴 85년, 일본이 26년이 소요된 데 비해 우리나라는 22~23년으로 비교적 빠르게 진행되고 있다.

2) 특히 유교문화에 사회적 뿌리를 두고 있던 우리의 경우 노인은 전통적으로 가족들로부터 가계의 계승자로서 존경과 권위를 보장받아 왔다. 그러나 1960~70년대 이후부터 산업화와 도시화에 따른 자본주의 사회의 발달로 인한 가족제도 변화의 일환으로 가족 성원의 분리가 촉진되기 시작했다. 그 결과 특히 가족들에 의한 노인의 보호 기능이 점차 소극화 내지 상실되어 가는 현상이 나타났다. 서구 사회에서는 단신 또는 노인 부부 세대가 60~80%를 상회하고 있으며, 동양인 우리나라와 일본에서는 아직 자부부(子夫婦)와 동거하는 비율이 높게 나타났다. 그러나 한국 사회도 그동안 상당한 정도로 소가족제도로 이행되고 있어 과거와는 달리 단신 및 노인부부 세대가 날로 증가하고 있다. 이러한 노인문제는 비록 자부부가 동거하는 경우에도 여러 전통적인 가치관의 차이 등으로 인해 가족상의 권위나 지위의 변화가 일어나게 되고, 이러한 결과가 심리적·사회적 문제를 유발시키고 있다.

이 벌어질 노인복지 구조를 우려하고 있는 실정이다.[3]

이러한 상황에서 우리나라의 노인복지 현황은 물론 미래의 제도적 · 정책적 전망도 그렇게 긍정적인 것으로만 평가할 수 없는 처지에 있다고 보아야 할 것이다.[4] 노인계층에 공통적으로 나타나는 빈곤, 정신적 · 신체적 질환, 역할 및 지위 상실, 소외 등과 같은 노인복지의 영역은 단순히 물질적 비용만으로 해결될 수 없는 성격을 띠고 있기 때문에 특수한 사회적 관심의 대상이 되어야 한다.

노인문제의 사회문제화는 결국 노인층의 다양한 의존적 욕구들을 국가와 사회가 일정한 수준에서 충족시켜 주지 못하는 데서 비롯되고 발전한다고 볼 수 있다. 사회복지 영역에서 노인복지는 특히 노인층의 사회적 · 심리적 · 신체적 한계 내지 장애에 초점을 맞춰 가면서 이를 복합적이고 동시적으로 접근해야 한다.

따라서 점점 사회문제의 중심 분야로 자리하고 있는 노인층의 문제를 노인복지의 메커니즘 내에 정상적으로 수용하기 위해서는 이론적(목적 내지 가치 차원), 실제적(기술 내지 수단 차원) 분야에서 본질적 · 체계적 접근이 좀 더 과학적이고 합리적으

3) 선진 국가들이 우려하는 연금 부담자와 수혜자의 역전 현상이란 기본적으로 일하는 사람보다 어떠한 동기에서든 간에 실업 상태에 있는 사람이 더 많아 연금제도 자체를 더 이상 유지하기가 힘들다는 것이다. 그 때문에 수혜 기간을 단축하거나 수혜 액수를 축소하는 방안이 대두되고 있지만 노령층의 반발이 워낙 거세 각국 정부들은 손을 못대고 있다. 노령사회화를 의식한 독일 등 일부 국가는 노령층 스스로가 개인보험 의존도를 높이는 한편 국가연금 혜택을 줄이는 이른바 혼합형 복지제도(mix social welfare system)의 도입을 적극적으로 모색하고 있다.

4) 노인층에 공통적으로 직면한 문제가 대체적으로 보아 경제적 빈곤, 정신적 · 신체적 질환 등인데, 이를 해결하기 위한 복지비용, 복지시설, 복지제도 등이 아직도 생활의 기본선을 유지하지 못하고 있는 실정이다. 전체 노인의 약 절반 이상이 월 평균 소득 20~25만 원에도 미치지 못하며, IMF 이후 이 같은 경제적 어려움은 더욱 가중되고 있는 형편이다.
또 65세 이상 노인의 약 78%가 장기간 치료 · 요양을 요하는 만성 퇴행성 질환을 갖고 있으며, 전체 노인의 35%가 다른 사람의 도움 없이는 일상생활을 유지하기가 어려운 상태다. 현재 노인 관련 복지시설은 전국적으로 양로시설 101개소, 요양시설 68개소, 치매전문요양시설 4개소 등 모두 174개소에 9,500여 명이 이용하는 데 그치고 있다.
이에 따라 정부는 현재 17개소에 불과한 유료 노인복지시설을 확충하고 2015년까지 치매요양시설을 70개소로 늘리며 저소득 생활보호 노인 대상 노인복지시설을 일반 노인에게도 실비로 제공키로 했다. 또한 경로연금제도를 적극적으로 운용하여 월 4만~5만 원씩을 지급하고 있다. 이 밖에 종업원 5인 이상 기업에서 55세 이상 고령근로자 고용 비율이 6% 이상인 경우 초과 인원 1인당 일정 금액을 지급 보상하는 고용장려금제도를 실시하고 있다. 물론 복지는 파이(pie)가 전제되어야 한다. 하지만 이러한 제도와 정책들은 기본적으로 노인층의 국가와 사회에 대한 의존 욕구를 어느 정도 현실적으로 충족시켜 줄 수 있을 때 비로소 그 의미를 찾을 수 있다.

로 시도되어야 한다고 본다.

제 3 절 노인복지 서비스

1 휴먼 서비스 관점

자본주의의 고도화 과정에서 나타난 산업화·도시화의 구조는 노령층의 경제적·사회적·심리적·신체적 지위와 현상을 급속하게 저하시키고 소외 의식을 조장하는 결과를 초래했다. 인간의 생애주기(life cycle)에서 종착 단계에 해당하는 노년기에는 특히 생물학적인 면에서 여러 약화·소멸 현상을 자주 접하게 된다(Pressey, 2000).

현대 국가에서 노인복지를 포함한 사회복지가 이념적인 면에서 적극적으로 제도적 수준으로 전이되고 있다(Wilensky & Lebeaux, 1990). 따라서 노령층에서 제기되는 일련의 노령화 현상 내지 노인문제를 지나치게 숙명론과 결정론적 관점에서 접근하는 것은 올바른 문제 해결의 방향이 될 수 없다고 본다(Ward, 2000).

현대 노인복지이론의 관점에서 노인문제의 해결을 위한 접근 방향은 노인들의 대환경적 욕구의존도를 과학적으로 파악하여 이를 정립하고, 이를 가능한 수준에서 충족시켜 줄 수 있는 정책 대안을 모형화하는 작업이 중요하다. 노인복지는 이들 노인층의 개인적 행태, 사회적 지위와 인식 등을 적극적으로 재규정하거나 변화시킴으로써, 궁극적으로는 개인의 안녕을 유지하거나 증진시키는 문제에 기여하는 것이다.

비록 생물학적인 면에서 삶의 다양한 퇴행기를 경험하는 노인층이라고 해도 인간의 자유 의지와 환경의 적극적 개선을 통한 부단한 관심, 그리고 인본화된 제도적 지원 등을 통한 비결정론적 관점에서 노인문제를 접근하려는 노력이 필수적이다(Botwinick, 2009). 이러한 경향성의 의미와 원리 그리고 철학을 포괄적으로 내포하고 있는 것이 바로 노인복지의 휴먼 서비스(human service) 개념이다.[5)]

---

5) 20세기 후반에 와서 휴먼 서비스 산업이 급격하게 팽창하는 추세를 보이고 있다. 경제가 성장하고 서비스 산업이 활발해지면서 이전까지는 크게 관심을 갖지 못했던 인간들의 직접적인 욕구에 대한 관심의 증가를 가져오게 되었다. 휴먼 서비스는 가치와 기술의 동시성을 강조하는 복합 서비스 시

휴먼 서비스의 기본 이데올로기는 사람과 함께, 사람에 대해 직접적으로(directly with and on people) 봉사한다는 것이다. 휴먼 서비스는 본질적으로 서비스의 대상이 물질이나 하드웨어적인 것이 아니라, 오히려 그것들을 주관성에 입각하여 작동할 수 있는 존엄한 위치에 있는 인간 그 자체라는 사실이다. 따라서 이들에 대한 서비스는 원칙적으로 간접적인 매개 수단에 의해서가 아니라 의지와 철학, 그리고 가치가 담긴 직접적·인격적·인간적으로 이뤄진다는 것이다(Slavin, 2005). 따라서 휴먼 서비스는 서비스 수혜자가 자연스럽게 서비스 과정에 참여하게 된다는 점에서 기존의 사회복지 서비스와는 구분된다.

노인복지 서비스에서 노인층은 곧 서비스의 원료이며 원천인 동시에 산출물(욕구충족)인 것이다.[6] 이러한 관점에서 볼 때 휴먼 서비스는 욕구 의존도와 욕구충족도 간의 간극을 질적·양적인 면에서 어느 정도 좁혀 줄 수 있는 서비스 체계를 전제하고 있다고 볼 수 있다. 이러한 면에서 결과적으로 휴먼 서비스는 행정의 인간화를 강조하는 인본주의 행정과 철학, 원리, 지향 관점, 그리고 관리전략을 둘러싼 조직과 환경의 동태적 변수들을 동시에 존중한다는 면에서 공통점을 가지고 있다(Weiner, 2009).

2 목적과 가치적 측면

노인복지는 개체로서 인간의 존엄과 가치를 현상적 차원에서 규범적 영역으로 승화시켜 접근하고, 실천하려는 과정적 개념의 성격을 띠고 있다. 이것은 노인복지의 본질이며, 지향해야 할 이념적 방향이다. 사회과학적 입장에서 한정해 보면 현대 사회에서 노인문제는 자본주의의 고도화에 따른 산업화, 도시화, 문명화의 영향으로 삶

스템으로 볼 수 있는데, 이 개념에서의 요체는 관념상의 개인이 아닌 실체 내지 존재상의 인간 중심의 서비스라는 데에 그 연구의 가능성과 잠재성을 평가하고 있다.

6) 휴먼 서비스는 서비스의 대상이 되는 고객들을 직접적으로 변화 혹은 유지하기 위해 제공되며, 변화나 유지의 대상인 클라이언트는 곧 서비스를 위한 원료이고 서비스 결과 발생하는 산출물인 것이다. 따라서 휴먼 서비스는 이러한 인간을 다루는 서비스를 운영할 때 그 원료이자 산출물이 되는 인간 존재에 대한 가치를 명확하게 전제해야 할 필요가 있는 것이다. 때문에 휴먼 서비스가 좀 더 발전의 틀을 모색하기 위해서는 조직 및 환경 등과 같은 인본주의 행정과 목적적·수단적 가치들을 공유해야 하며, 앞으로 휴먼 복지행정의 이론 체계를 형성하는 과제를 검토하는 노력이 수반되어야 할 것이다.

의 구조와 방식이 변화됨으로써 제기된 사회 현상이다(Binstock, 2008).

따라서 현대 사회에서 노령층에 관련된 노인문제가 전통적 의미에서 가족문제로 진단·해결하기에는 여러 복잡성과 전문성이 수반되기 때문에 일정한 한계가 뒤따르게 마련이다. 노인복지는 국가와 사회와 가정이 일체감을 갖고 경제적·기술적·정서적·인본적인 관점에서 복합적이고 동시적으로 접근해야 할 분야다.

또한 인간은 연령이 증가함에 따라 일정한 유형의 노화 과정(aging process)을 거치게 된다(Alder, 1990). 먼저 신체적 노화가 진행됨에 따라 신체 조직상의 변화가 일어나며, 이는 곧바로 육체적 질환으로 연결된다. 또한 이것이 정서 및 성격 변화 등과 같은 여러 심리 현상을 수반하게 된다. 동시에 여기에다 사회적 지위 및 역할 저하로 인한 경제적 빈곤, 사회적 소외감 등을 유발하게 된다. 따라서 노인들은 이 같은 노령화 현상에 대처해 나가기 위해 다양한 한계적 욕구들을 스스로 해결하지 못함을 인지하고 타자에 의존하게 되는 이른바 욕구 의존도가 높아지게 된다.

여기에서는 이러한 맥락에서 노인복지의 목적 및 가치 차원에 관련된 노인복지의 이념, 노인복지의 주체 및 객체, 노인층의 욕구 의존 분야를 중심으로 논의하고자 한다.

1) 노인복지의 이념

현대 사회복지에서 이념 문제는 산업자본주의 국가에서 복지 개념을 국가의 제도적·정책적 차원으로 수용하는 입장이다. 전체 사회구성원이 모든 영역에서 행복하고 만족할 만한 수준의 안녕을 유지하기 위해서는 국가가 적절하고 효율적이며 다양한 서비스를 제공해야 한다는 것이다. 즉, 사회복지를 잔여적 사상에서 제도적 이념으로 전이시켜 시민권, 사회권, 복지권, 행복추구권 등과 같은 권리론의 측면에서 접근해야 한다는 인식이다(Wilensky & Lebeaux, 1990).

현대의 복지국가는 국민의 사회 보장과 사회복지를 실천하기 위해 생활 전반에 적극적으로 개입하는 것을 책임과 원칙으로 하는데, 그 내용으로는 기본적으로 소득, 교육, 주택, 대인적 서비스 등이 핵심을 이룬다. 복지국가는 이를 위해 경제적으로 혼합경제를 유지·발전시켜야 하고, 이념적으로는 민주주의, 자율과 창의성, 경쟁, 인간의 존엄성, 공동체 의식, 배분적 정의, 인도주의, 평등의 실현 등을 강조한다.

노인복지를 포함한 사회복지에서 이념 문제는 국가를 제도적 복지 주체로 전제하고, 국가가 사회복지 문제에 어느 정도 개입(intervention)하고 또 어떠한 방법과 수단에 의해 서비스를 집행해야 할 것인가를 규범화한 개념이다(George & Wilding, 1986). 따라서 사회복지에서 이념은 특정 사회의 사회복지 수준을 결정하는 하나의 준거가 되는 의미가 된다. 이러한 관점에서 볼 때 노인복지 이념은 기본적으로 사회적·정신적·신체적인 면에서 모든 노인층의 정상화 확보를 의미한다.[7] 이러한 정상화 이념에 근거하여 국가의 노인문제에 대한 개입 정도, 방법, 대상자 선정, 서비스 형태, 시설 유형, 재원 등 제도적·행정적·정책적 수준 등이 결정되는 것이다. 이렇게 볼 때 노인복지 이념은 노인복지의 목적적 구성 체계를 이루는 제일의 전제적 가치가 되는 것이다.

따라서 현대 국가에서 노인복지의 이념은 ① 노인의 자립을 유지·증진하기 위한 정상화(normalization), ② 노인의 개별적 인격 및 욕구의 존중(individualization), ③ 노인 자신의 선택 및 결정(self-determination), ④ 적절한 활동성의 유지 및 영향력 행사와 참여(participation), ⑤ 노인 욕구의 합리적 충족을 위한 제반 제도 및 서비스의 연계와 통합(integration) 등을 들고 있다(The Swedish Institute, 2000). 이 같은 현대의 노인복지 이념은 지난날의 구빈법을 중심으로 한 노인층에 대한 부정적·소극적 방법에서 탈피하여 시민권의 입장에서 적극적으로 모든 영역에서 정상화 가치를 도모해 주자는 의지를 내포하고 있다고 볼 수 있다.[8]

2) 노인복지의 주체 및 객체

원칙적으로 오늘날 노인복지는 국가 내지 그 위탁기관이 주체가 되고 있다. 이러한 맥락에서 국가의 구체적인 실시 주체를 정책 주체, 경영 주체, 실천 주체로 구분한다.

우선 정책 주체는 국가의 노인복지정책을 입안·계획·결정·집행하는 전 정부

---

7) 노인복지에서 정상화 이념은 특히 사회적·신체적·심리적 영역을 강조하는데, 사회적으로는 빈곤·주택·환경문제의 해결, 신체적으로는 질병 없이 건강한 생활을 유지할 수 있는 보건 서비스의 지원, 심리적으로는 고독, 소외, 역할 상실을 방지할 수 있는 제도적·정서적 노력을 통해 사회 일원으로서 다른 사람과 동등한 정상적인 삶을 영위하는 것을 의미한다.

8) 현대 노인복지 이념은 구빈법 하의 보완주의 사상에서 수혜 노인들에 대한 대상 선정의 비합리성, 통제지향성의 수용보호 중심주의, 서비스에 대한 불공평 등으로부터 탈피하고, 시민권의 입장에서 요보호 대상자에 대한 선택의 합리성, 인격 존중, 욕구에 부합하는 서비스의 적절성을 강조한다.

적 · 전 국가적 실체를 의미한다고 할 수 있다. 이것은 노인문제가 전통적인 가족관계에서 해결하기에는 여러 한계가 있다는 의미에서 국가의 역할을 인정하는 국가복지의 중요한 본질로서 간주되고 있다.

경영 주체는 노인복지 서비스를 기술적으로 현실 현장(reality field)에 적용 · 경영 · 운영하는 주체를 의미하는 개념이다. 즉, 노인복지 서비스를 실제로 행하는 시설, 단체, 기관을 의미한다. 다시 이것은 공영과 민영으로 구분하고 있는데, 전자의 경영 주체로서는 국가와 지방자치단체가 직접 노인복지시설, 단체, 기관을 설치하여 서비스를 행하는 것을 말하고, 후자의 경우에는 사회복지법인, 재단법인, 사단법인, 종교법인, 의료법인 등의 공익법인이 시설 등을 설치하여 운영하는 것을 말한다.

한국의 경우 정부나 자치단체가 시설, 단체, 기관을 설치하고, 운영은 민간 부문에 많이 위탁하고 있는 형식을 취하고 있다. 실천 주체는 시설, 단체, 기관 등 노인복지 시설에서 전문적인 서비스를 책임지는 종사자와 사회복지사가 있다.

이러한 배경에서 볼 때, 현재 우리나라의 경우 노인복지의 현실적 주체라고 하면, 국가와 지방자치단체와 같은 기관형, 국무총리의 자문에 응하고 있는 노인복지대책위원회와 같은 위원회형, 노인복지를 위한 상담 및 지도 업무를 담당하기 위해 시 · 군 · 구에 배치하여 근무하는 상담원형 등으로 구분할 수 있다.[9]

노인복지의 객체, 즉 그 대상을 선정하는 문제는 국가의 노인복지 행정의 민주성, 공정성, 능률성과 직결되는 분야다. 현대 사회복지에서 이념적으로는 수혜 대상자의 보편화 경향이 논의되고 있지만, 노인복지의 경우에는 특별한 경우를 제외하고는 아직도 불우노인 계층을 그 대상자로 하고 있다. 따라서 노인복지에서 대상자 선정은 중요한 의미를 갖는다.

---

9) 노인복지 주체로서 ① 기관형은 보건복지부 장관, 서울특별시장, 각 광역시장, 도지사, 시장, 군수, 구청장 등을 말하며, 이들은 노인복지 증진의 책임을 진다고 하고 있다(노인복지법, 제4조 제1항 참조). ② 위원회형은 노인복지 대책에 관한 국무총리의 자문에 응하기 위해 국무총리 소속에 노인복지대책위원회를 설치하고, 그 구성 및 운영에 관한 사항은 시행령으로 정하도록 했다. 다른 사회복지서비스법들에 의한 각종 위원회가 모두 보건복지부 장관 소속인데 비해 1989년 개정된 노인복지법에서 노인복지대책위원회만 국무총리 소속으로 신설 · 운영하고 있다(노인복지법, 제5조 제1항). ③ 상담원형은 노인복지를 위한 상담 및 지도 업무를 담당하기 위해 구(서울특별시 · 광역시에 한함) · 시 · 군 에 상담원을 배치하도록 하고 있으며(노인복지법, 제7조), 특별시장, 시장 · 군수는 소정의 임명 자격과 직무 내용을 근거로 특별한 자격을 갖춘 자 중에서 이들을 임명하거나 위촉하도록 되어 있다(노인복지법 시행령, 제3조).

현행 제도에서 우리의 경우는 원칙적으로 65세 이상의 모든 노인이 일단 그 적용 대상이 되도록 규정하고 있으며, 65세 미만의 노인이라도 그 노화 현상이 현저하여 특별히 보호할 필요가 인정되는 자도 포함되는 것으로 하고 있다.[10] 노인복지의 대상자는 선택주의 사상을 기초로 자산조사(means test)에 의해 선정하는 것이 서비스의 역차별화, 복지비용의 낭비 등을 줄일 수 있고, 나아가 제한된 노인 복지비용으로 요보호자의 확보를 가능하게 할 수 있다. 동시에 과학적이고 합리적인 대상자 선정은 노인들의 욕구 파악에도 도움이 될 것으로 보인다.

3) 욕구의존도

제도적 수준에서 사회복지는 고객의 욕구에 어느 정도 반응하느냐에 따라 그 성패가 좌우된다. 인간의 욕구는 일반적으로 심리학적·사회학적·정치경제학적 측면에서 접근해 볼 수 있다.

노인복지에서 욕구는 이 세 가지 측면의 조합이라고 할 수 있다. 이미 앞에서 논의해 본 것과 같이 특히 노령층이 경험하고 있는 욕구 의존성은 대체적으로 경제적·사회적 욕구, 신체적·심리적 욕구 결핍으로 집약될 수 있기 때문이다.

노인복지에서 욕구를 분배의 개념으로 해석하는 경우, '누가 무엇을' 필요로 하는가를 결정하는 것이 곧 욕구의존도의 분석이다. 여기에서 '누가'에 해당되는 부분은 욕구의 주체적 개념이고, '무엇을'에 해당되는 부분은 욕구의 객체적인 개념이 된다.[11] 이러한 두 가지 차원의 욕구들 간의 관계는 통상적으로 욕구의 주체가 객체를 결정하는 것으로 보인다. 욕구를 가진 개인이나 집단들이 자신들이 필요로 하는 재화나 서비스를 결정하는 것으로 여겨진다. 그러나 종종 욕구의 객체가 욕구의 상황을 규정하거나 때로는 욕구를 창출해 내는 경우도 가능하다(Heider, 2000).

---

10) 노인복지법시행규칙 제8조 참조. 우리나라의 노인복지법상 그 대상자 규정 조항을 보면 개인이나 가족책임주의의 전통을 크게 벗어나지 않는 범위 내에서 국가 책임을 소극적으로만 인정하고 있다고 해석할 수 있는데, 이것은 아직도 우리의 노인복지정책이 잔여적(residual) 모형을 기초로 하고 있다는 것을 입증하는 것으로 볼 수 있다.

11) 욕구의 주체로 빈민, 장애인, 아동, 노인 등과 같은 사회적 약자(social disadvantaged class) 등에 의한 개인적 욕구라든가, 특정 지역이나 집단이 갖는 욕구가 있으며, 욕구의 객체는 의식주, 취업, 의료, 재활, 보육, 양로 등과 같은 재화나 서비스들에 대한 구체적인 소비 욕구를 들고 있다(Hasenfeld, 2003).

노인복지에서 노령층의 사회적 욕구의존도(빈곤, 주택, 환경, 사회적 인식 등), 심리적 욕구 의존도(희망, 만족과 그리고 지위 · 역할 저하 내지 상실에 따른 소외 및 고독문제 등), 그리고 육체적 욕구 의존도(건강보호 문제 등)는 표준화된 욕구 측정에 의해 그 의존도와 충족도를 과학적 · 합리적으로 규명해 내야 한다.[12)]

이 영역까지가 노인복지의 구성 체계에서 목적론적 차원에 해당된다. 이와 같은 목적론적 차원에 해당되는 구성 체계 요소들의 결과에 따라 다음에서 논의될 수단론적 구성 체계의 요소에 포함되는 노인복지 서비스, 노인복지 재정 및 시설, 그리고 노인복지행정 및 정책의 방향이 설정되게 된다.

3 수단과 기술적 측면

지금까지 노인복지를 구성하는 한 측면으로 노인문제의 형이상학적 의미 내지 당위 개념으로 목적 · 규범 · 가치 차원을 논의했다. 결국 현실 내지 서비스 현장(field)에서 우선적으로 노인복지의 시책 및 프로그램을 형성하고, 이를 실현하려는 의도 내지 기준으로서 목적 가치에 초점을 맞추게 되는데, 그 대상은 인간 그 자체로서 노령층이다. 이들 계층의 수혜자들에게 휴먼 서비스의 정신을 정립하기 위한 전제 요소로서 접근한 것이 바로 노인복지 이념, 합리적 · 과학적으로 선정된 노인복지의 주체와

12) 머슬로의 욕구의 계층적 분류에서 나타나는 문제는 이른바 상위 욕구(자아실현 욕구: 기회, 성장; 자아존중 욕구: 인정, 존경, 지위; 소속 욕구: 우정, 애정)로 올라갈수록 욕구들은 점차 추상적이고, 낮은 단계의 욕구(생리적 욕구: 의식주 등 기본적 · 전반적 욕구; 안전 욕구: 안정, 안전)들은 좀 더 실체적이고, 그 해결을 위한 구체적인 전략들에 대해서도 용이하게 일치를 볼 수가 있다는 것이다. 욕구 측정에서는 이상의 욕구들이 현실적으로 관찰된 상태와 원하는 또는 수렴할 만한 상태 간의 차이라고 본다. 노인복지계획에서 욕구를 규범적 · 감각적 · 표현적 · 상대적 범주에서 본다. 또한 보이어(Ruth Boyer)는 다섯 가지 형태의 욕구를 제시하면서, X-A=N이라는 공식을 사용하여 설명한다(Boyer, 2000). X는 달성하고자 하는 상태이고, A는 현존 상태이며, N은 욕구다. 즉, 달성하고자 하는 상태를 무엇으로 설정하는냐에 따라 다음과 같은 다섯 가지 욕구가 있을 수 있다는 것이다. ① 이상적 상태-현재 상태=목적상의 차질, ② 희망하는 상태-현재 상태=소원상의 차질, ③ 기대하는 상태-현재 상태=기대상의 차질, ④ 규범-현재 상태=규범상의 차질, ⑤ 최소한의 충족 상태-현재 상태=본질적인 차질. 그런데 욕구는 가치를 수반하는 개념이다. 특히 노인복지 욕구는 개인과 사회의 가치관 , 문화, 시대, 역사, 경험 등에 따라 다를 수 있기 때문에 단일적이거나 쉽게 식별이 곤란하며 오히려 분산되어 있고, 상호 연관된 역동적인 과정에서 나타나는 실체라고 보아야 할 것이다(Maslow, 1990; Witkin, 2008; Siegel & Varson, 2008).

객체, 수혜 대상자의 현실적·잠재적인 욕구의존성의 문제였던 것이다.

여기에서는 이와 같은 연장선상에서 노인복지의 형이하학적 의미 내지 존재 개념으로 목적 실현을 위한 일련의 수단과 방법 및 기술 차원을 논의하게 된다. 주로 노인복지 서비스의 내용과 전달 체계, 재정 및 시설, 그리고 제도적 지원 메커니즘으로서 노인복지 행정 및 정책 등이 주요 접근 대상이 될 것이다.

1) 노인복지 서비스의 내용 및 전달 체계

사회환경의 산업화·다원화에 따른 노인들의 사회적·신체적·심리적 부적응 현상이 심각한 사회문제로 대두되고 있다. 이들에 대한 사회 적응·인간성 회복을 통한 정상화 실현은 노인복지의 궁극적 목표가 된다.

노인복지 서비스는 그 성격상 좀 더 구체적이고 개별적인 접근을 필요로 한다. 따라서 그 서비스는 노인문제의 유형에 따라 다소 차이는 있겠지만, 대체로 대인적인 서비스가 핵심을 이뤄야 하기 때문에 수혜자의 구체적이고 개별적인 요구에 부응해야 할 필요성이 가장 큰 복지 기능인 것이다(Boyer, 2000). 이러한 면에서 볼 때, 특히 노인복지 서비스는 정책적 기능보다는 집행적 기능이 강하다고 할 수 있다.

여기에서 논의의 핵심은 주로 서비스의 내용 및 전달 체계에 초점이 두어질 것이다. 우리나라의 노인복지 관련 제도에 규정하고 있는 노인복지 서비스의 내용은 상담 및 지도, 시설 입소, 건강진단, 경로 우대, 재가노인복지사업, 경로사업, 노령수당, 직종 개발 및 취업 기회 제공, 생업 지원, 노인복지주택의 건설 분야로 집약된다.[13] 이와 같은 서비스 내용을 실현하는 데 중심 변수가 되는 것이 전달 체계의 영역이다.

우리나라의 노인복지 서비스 전달 체계는 관련 공공기관, 주간보호소, 양로원, 노인연금, 재가서비스로 이뤄지고 있다. 이러한 전달 체계들이 욕구에 적합하게 부응하고 효율성과 균질성을 확보하기 위해서는 무엇보다도 그 구조들이 기존의 위계적 조직 내지 단선적 기능구조가 갖는 한계성을 극복하기 위한 작업이 이뤄져야 한다고 본다. 전형적인 대안이 네트워크의 유지·발전구조를 재설계하여 운용하는 일이다. 노인복지 서비스에 관련된 사회의 기관 대표 모임, 프로그램 실무자들 간의 모임 등

13) 노인복지 서비스의 각각의 내용은 노인복지법 제8조-제17조 참조. 여기에 워커와 클라이언트의 자격, 관계, 상담 및 지도 범위, 급부의 조건, 규모 등이 명시되고 있다.

은 비공식 조직들 간의 유기적인 서비스 활동이 될 수 있다는 것이다. 또한 사회복지관협회, 노인복지시설협회가 간여하는 공식적 협의회 조직의 활동과, 나아가 이들의 협동적 서비스 활동은 노인복지 서비스에 대한 공동의 수단적 장치를 개발하고 선택하는 동기가 될 수 있다.

또한 노인복지 서비스 전달 체계의 영역을 설정하는 데 인간문제 및 관심의 범위, 제공하는 서비스의 내용, 그리고 서비스의 활용도를 측정할 수 있는 과학적 수단이 마련되어야 한다. 이러한 전달 체계의 영역이 합리적으로 고려되고 집행될 때, 비로소 노인층의 욕구 의존도와 욕구 충족도의 상관 관계가 규명될 수 있다고 보여진다(Skidmore, 2005).

2) 재정 및 시설

(1) 재정관리

재정관리는 노인복지시설의 목표 실현을 위해 계획된 방법으로 자금과 비용을 관리하고 사용하는 것을 의미한다(Lohnmann, 2008). 노인복지 재정은 하나의 목적 체계로서 예산 작성 관리, 보조금 신청, 급료 지불, 세금 지출, 금전장부의 항목 설정 등과 관련된 기술적인 작업을 하는 분야가 있다. 이것은 국가의 노인복지 행정의 영역에 해당한다.

그러나 여기에서는 공·사의 전반적인 노인복지의 구성 체계로서 재정과 비용을 논의하려는 것에 초점을 두고 있기 때문에 다만 수단 체계로서의 측면에 한정하려고 한다. 이러한 경우 재정관리는 노인복지시설의 서비스 프로그램을 운영하기 위한 비용의 조달·운용에 한정되는 개념이다(Novick, 2007).

재정관리는 크게 예산 수립, 회계, 지출관리, 재정평가의 과정을 거친다. 재정관리의 각 단계에서 중요한 것은 책임성의 문제인데, 이것은 책임 있는 집행이 전제될 때, 네 가지 과정이 서로 관련성을 갖고 순환적인 틀을 이룰 수 있다(Due, 2000). 또한 비용 조달은 모금운동, 보조금, 수혜자 부담 비용 등을 통해 자금 출처를 식별하고 이를 프로그램의 집행에 따라 활용하게 된다(Novick, 2007). 평가로서 비용 계상(cost accounting)은 서비스 활동에 소요된 자원을 파악하고 계산해 내는 것인데, 일반적으로 노인복지 서비스에서는 급부-비용분석(benefit-cost analysis)이 많이 사용된다.[14] 그 다음으로 제기되는 자금 할당은 예산을 결정하고 이용 가능한 자원을 나눠 다양한 목적들을 위해 분배되는 수단적 차원의 개념이다.

(2) 노인복지시설

현대 사회에서 노인복지시설은 노인들의 욕구를 반영하는 실체적 개념인데, 이러한 욕구가 일반인보다 높은 편이라는 것이 그 특징이다. 그러나 현실적으로 욕구 충족도는 일반인보다 훨씬 낮기 때문에 노인복지시설에 대한 전문가의 참여와 체계적 관리를 필요로 하게 되는 것이다.

일반적으로 노인복지시설은 무료 및 실비노인복지시설, 유료노인복지시설, 노인여가시설 등으로 구분해 운영되고 있다.[15] 무료 및 실비노인 복지시설은 양로시설, 노인요양시설, 실비양로시설, 실비노인요양시설, 노인복지회관, 실비노인복지주택 등이 있다. 유료노인복지시설은 유료양로시설, 유료노인요양시설, 유료노인복지주택 등으로 구분된다. 노인여가시설은 경로당(노인정), 노인교실, 노인휴양소 등으로 운영되고 있는데, 이러한 노인복지시설의 설치 주체와 감독, 종사자의 자격 등은 법률로 규정하고 있다.[16]

3) 노인복지 행정 및 정책

노인복지 행정은 노인복지 정책을 종합적인 서비스로 전환시키는 데 필요한 총체적인 활동을 의미한다. 즉, 노인복지에서 행정과 정책은 광의의 의미로는 목적과 수단 차원을 포괄하는 메커니즘이라고 할 수 있다.

그러나 행정과 정책의 관계를 순수한 관리와 집행의 영역으로 한정하는 맥락에서

14) 급부-비용의 분석은 프로그램 비용과 성과(performance) 간의 관계를 화폐적 단위로 나타낸 것이다. 하나의 프로그램에 소요되는 비용을 화폐 단위로 계산하고, 성과 역시 측정을 통해 화폐 단위로 환산한다. 급부비용 비율은 급부/비용으로 나타내는데, 이 비율이 높을수록 프로그램은 좀 더 효율적인 것으로 평가된다(Gates, 2005).

15) 노인복지시설의 종류 등에 관한 내용은 노인복지법 제18~19조 참조.

16) 노인복지법 제19조 1항 및 2항 참조. 유료노인복지시설에서 가장 대표적인 형태로 실버 서비스(silver services)를 들 수 있는데, 실버 서비스의 형태는 ① 시장 공급형(순수한 상업 기반), ② 상호협조형(회원조직, 유급 자원봉사자의 활용), ③ 행정관여형(제3 섹터형, 비영리단체에의 위탁 운영) 등이 있는데, 물론 각 국의 현실에 알맞은 방식을 채택하겠지만, 미래의 노인복지는 가족구조와 문화 등의 영향으로 실버산업에 의한 수요로 대체될 전망이다.

이해하게 될 때, 일련의 노인복지 문제를 제도적으로 수용하고 정착시키는 보호와 규칙의 영역으로 보아야 한다는 것이다. 노인복지 행정의 과정은 제도, 법규, 조직, 인력, 재정, 평가를 포함한다.

노인복지 정책은 노인문제를 해결하는 메커니즘으로서 제도화·정책화한 단계라고 볼 수 있다. 노령층의 경제적 빈곤문제는 소득보장정책, 주택보장정책으로 제도화하고 있다. 또한 노령층의 신체적 건강보호 문제는 의료보장정책으로 대처하고 있다. 그리고 특히 노인복지에서 관심의 대상이 되는 지위 및 역할 상실의 문제, 소외 및 고독 등과 같은 심리적 문제는 다양한 노인복지 서비스정책을 통해 해결되기를 기대한다 (Hill, 2000). 이 분야는 전문적인 서비스 기술만으로 해결될 수 없는 성격을 갖고 있다.

워커(social worker)가 인본주의에 입각한 사명감을 갖고 서비스를 제공해야 한다. 흔히 사회복지에서 서비스는 기술적 수단으로만 간주되기 쉽다. 노인복지에서 기술적 서비스만이 기계적으로 가치 배제(value-free)의 입장에서 제공되는 경우, 노인들은 사회적 고립, 심리적 공황, 신체적 고통으로 정상화의 방향과는 다른 길을 가게 된다.

따라서 노인복지는 앞에서 이미 언급한 바와 같이 휴먼 서비스의 관점과 입장을 지향해야 한다는 것이다 (Weiner, 2009). 노인복지에서 수단으로서의 행정과 정책이 가치 함의적(value-laden) 휴머니즘에 기반을 둘 때, 서비스의 합목적성이 좀 더 확보될 수 있을 것으로 보인다.

제 16 장 지역복지

지방화 시대에서 주민 욕구를 수용·관리하는 데 필요한 지역복지 분야에 대한 관심이 높아지고 있다. 지역복지는 전문 혹은 비전문 인력이 지역사회 수준에 개입하여 지역사회의 문제를 진단·예방·해결하는 사회적 노력을 의미한다. 지방화는 지방분권과 지방자치를 통해 구성·확립된다. 지방분권은 지역 균형을 전제로 하여 이뤄진다. 지방자치는 분권의 결과적인 개념인 동시에 정치적·행정적 표현으로 좀 더 구체적인 제도의 형태로서 존재하게 된다. 최근 신자유주의의 경향과 더불어 국가복지에 대한 여러 한계가 드러나고 있다. 신자유주의는 사회복지에 대한 국가 책임을 최소화하는 방안으로 지방분권을 추구한다. 이것은 엄격한 의미에서 국가복지의 지방 분담이라 볼 수 있다. 신자유주의 환경에서 중앙정부는 지방자치단체에 예산에 관한 통제를 강화하면서 자치단체로 하여금 복지예산 지출의 감축을 유도한다. 그 대신에 사회복지는 지역 주민들의 자조적 자립과 자원봉사 등의 방식에 의존하게 한다. 따라서 지방분권론은 사회복지에 대한 국가 책임의 지방화를 의미하며, 전체적 맥락에서 볼 때 복지다원주의로 귀착되고 있다. 이러한 경향들은 지역복지에 대한 정체성과 생산적인 역할을 요구하고 있다.

지방자치는 주민의 참여를 바탕으로 그 지역에 적합한 서비스를 창출·제공해 줄 수 있는 실질적 가치를 지니고 있는 정치적·행정적 제도다. 따라서 지방자치는 지역의 균형 개발과 지역사회의 복지 증진이라는 본래의 기능적 일관성을 가지고 있다.

이러한 관점에서 이 장에서 다룰 내용은 다음과 같이 요약할 수 있다.

첫째, 생태론적 측면에서 지역복지를 접근하게 된다. 생태론적 복지는 지역적 자립과 다양한 참여를 통해 연대와 협동의 방식을 존중한다. 이러한 방식은 공동의 지역문제와 가치에 용이하게 접근이 가능한 지역 밀착형 사회복지에 적합하다. 즉, 지역사회에서 공통적으로 고민하는 내용을 가지고 공감대를 쉽게 형성할 수 있다는 것이다.

둘째, 주민 참여의 방식을 근간으로 지역복지를 추진할 수 있다는 것이다. 지방화 시대에 지방자치의 본질은 주민 참여의 문제다. 지역 주민의 생계 유지와 삶의 향상을 위한 주민복지의 증진이라는 측면에서 주민의 참여에 바탕을 둔 지방자치의 의의를 찾을 수 있다. 이렇게 볼 때 지역 주민이 주체가 되는 지방자치제는 주민의 의사 및 욕구가 그들 스스로의 참여 하에 자치복지 활동으로 연결된다는 것이다.

셋째, 지역복지정책과 이를 뒷받침하는 지역사회 복지재원의 확보에 관한 문제다. 지역복지정책은 중앙과 지방행정의 합리적인 역할 분담을 유지하면서 동시에 지역사회 주민의 자율적·민주적 참여를 근간으로 하여 형성·시행되어야 한다는 것이다. 이를 위해 지역복지정책은 기본적으로 현금 서비스에서 인적 서비스로, 단순 보호에서 전문적 서비스로, 사후적 서비스에서 사전적 서비스로, 선별적 서비스에서 보편적 서비스로 방향을 전환해야 한다는 것이다.

지역복지사업은 지역사회 개발사업, 지역사회 조직사업, 지역사회 보호사업으로 분류·제시되고 있다. 지역복지자원의 동원은 일반적으로 민간기관의 자체 운영재원 이외에 민간자원의 동원을 전제로 하고 있는데, 대표적인 복지재원으로는 사회복지협의체에 의한 각종 지역공동모금제가 주요 대안이 되고 있다. 지역복지는 지방화 시대에 보편적인 주민문화의 척도가 되고 있다.

제 1 절 지역복지의 이해

지방화 시대에 전개되는 다양한 담론의 궁극적 지향점은 역시 주민 중심의 지역복지 실현으로 귀착된다. 지방화는 정치·행정의 논거에서 볼 때 지방분권과 지방자치의 개념으로 설명된다. 일반적으로 현대와 같은 산업화 사회에서 지방분권은 지역의 균형 발전이라는 개념과 더불어 현실적인 정치적 수사로 사용되는 경우가 많아 분명한 정의를 내리기가 어렵다. 하지만 지역의 현실 문제를 접근하게 될 때 지방분권이 좀 더 포괄성을 가지며 궁극적인 주제로 볼 수 있다. 다시 말해, 지방분권이 목적적·포괄적 개념이라면 지방자치는 분권의 산물로서 좀 더 구체적인 제도로 나타나게 된다. 지방자치의 이념적 목표가 지방분권이고, 지방분권의 정치적 표현이 지방자치라고 볼 수 있다. 그러나 지방화 시대를 설명하는 지방분권과 지방자치는 굳이 그 개념들의 우선순위를 정할 필요는 없다. 그것은 지방분권을 통해 지방자치를 실현할 수 있으며, 또한 지방자치를 강화함으로써 지방분권을 도모할 수 있기 때문이다.

여기에서 초점을 맞추는 것은 지방화를 구성하는 지방분권과 지방자치는 행정적·정치적 자율성과 책임성을 근간으로 하고 있다는 것이다. 따라서 지방화 시대의 지역복지는 지역 주민의 자율적인 참여를 바탕으로 지역문제를 진단하고 해결할 기회를 가짐으로써 욕구(needs)에 더욱 민감한 서비스를 할 수 있다는 것이다(Dunham, 2003: 122). 이렇게 될 때 이제까지 능률성 위주의 행정 단위 중심의 서비스에서 벗어나 지역 주민의 욕구를 충족시킬 수 있는 복지 고객(welfare client) 중심의 좀 더 책임 있는 공동체 서비스 체계가 가능하게 된다.

따라서 지방화 시대에 지방분권과 지방자치는 지역복지의 안정적 토대가 된다. 지역복지는 자율성과 자립성을 근간으로 주민과 자치체를 중심으로 운영된다. 지역복지는 다양한 지역적 특성 및 문화적 요인 등과 같은 생태적 환경의 영향을 받게 된다. 여기에서는 이 같은 지역복지를 이해하는 데 관련된 이론들을 검토해 본다.

1 지역복지의 개념 및 특성

지역복지의 실체화된 개념에 관한 논거는 '지역사회에 토대를 둔 사회 서비스(commuity-based social services)'에서 찾고 있다. 즉, 이것은 지역 차원에서의 문제 해결을 위한 사회복지라는 의미를 가진다. 이러한 맥락에서 지역복지의 개념적 인식 체계는 지역사회 조직, 지역사회 개발, 지역사회 보호라는 실천적 수단을 그 내용으로 한다.

현대의 복지국가는 개인 간·계층 간 생활 수준의 차이를 재조정하기 위해 정부가

경제적 생산과 분배의 과정에 개입하게 된다. 이러한 차원에서 지역복지는 지역사회의 수준에서 분권과 자치를 통해 지역문제 해결에 개입하는 의미상의 공통점이 있다. 다시 말해, 지역복지는 주민생활을 일정한 지역 차원에서 주민 주체의 시점으로부터 서비스를 통합·전개하는 데 그 특징이 있다.

이와 관련하여 길버트와 스펙트(Gilbert & Specht, 2003: 22-23)는 복지제도에 대해 가족·정치·경제·종교제도 등과 함께 사회구성원 간에 서로 도와 주는 인간 생활의 기본인 상부상조의 공동체적 기능을 담당한다고 말하고 있다. 브랜저(Branger, 2003: 112)는 지역복지를 지역사회를 구성하는 개인과 집단의 사회적 복리를 향상시키는 조직화 활동에 초점을 맞춰 설명한다. 이러한 개념의 관점에서 볼 때 지역복지의 특성은 세 가지로 집약할 수 있다.

첫째, 지역사회를 기본 단위로 하는 사회복지다. 지역사회는 1·2·3차의 생활권으로 설명되는데, 전국적 단위의 사회복지가 가지는 한계를 극복하기 위해 지역사회 단위에서 생활권별로 추진하는 기본적 사회복지를 말한다. 둘째, 주민조직과 민간단체 또는 행정자치기관이 협력 관계를 유지하는 것을 특징으로 한다. 사회복지는 각 집단 주체들이 상호 배타적인 관계에서 이뤄지는 것이 아니라, 독립된 지위와 역할로서 자발적인 주민조직과 전문적인 민간단체 및 행정기관이 책임감을 공유하면서 상호 협력 관계를 유지하는 것을 기본으로 한다. 셋째, 지역복지는 시설 중심의 서비스와 대인 중심의 서비스로 구분할 수 있다. 전자는 종합복지관, 지역사회복지관, 어린이놀이터, 경로당, 고아원, 양로원 등의 시설을 통해 주민복지를 실현한다. 후자는 기초생활보호자에 대한 생계비 지급, 각종 보험, 자원복지 활동 등이 해당된다.

현대 국가는 여러 지역문제로 인해 사회 변동을 초래하는 경우가 많기 때문에 지역사회의 일체화운동과 주민의 공동체 의식이 중요하게 부각되고 있다. 지역복지의 특성은 바로 지역 주민의 공동체 의식 추구와 연대성(solidarity)의 확보에 관심을 두고 있다.

2 지역복지의 이념

지역복지의 기본적 이념을 형성하는 데는 다양한 이론적·실천적 요인들이 영향을 미치게 된다. 지역복지는 사회복지의 한 영역을 차지하고 있으나 그것은 단순히 종적 계열의 맥락으로만 접근할 수 없는 것이다. 우선 이것은 복지 서비스 활동이 이뤄지는 문제 상황을 정형화하기가 용이하지 않으며, 특히 지역 간·주민 간에 가치 지향이 교차하면서 대립과 갈등이 일어날 수 있기 때문이다. 따라서 지역적 특성에 따른 이념 형성이 바람직하다고 보는데 가능한 그 스펙트럼을 자유주의에서 기능주의, 보수주의로 설정해 논의할 수 있다.

초기의 서구 국가의 지역복지의 성격과 역할은 대체로 전문직으로서 사회사업(social work)이 지역사회(community)를 대상으로 개입하는 지역사회사업의 목적과 전통적인 사회운동(social movement)의 정신 등을 통해 어느 정도 규명된다. 우선 지역사회사업은 인간과 환경의 호혜적 교환 관계를 형성·학습·관리하여 인간의 사회적 기능과 지역사회의 능력을 제고 하는 데 있다(Briscoe, 2008: 33-35). 이러한 목적을 실현하기 위해 지역사회사업은 인간의 문제 해결과 욕구 충족에 기여하고, 서비스를 제공하는 지역사회 내의 각 조직 및 기관의 계획·조정을 맡고, 나아가 특정 인구집단의 문제를 해결하기 위해 주민집단을 형성하여 변화를 도모했다.

또한 지역복지의 원형적 배경이 되었던 사회복지관운동은 19세기 말 산업자본주의의 폐해를 시정하고 인간성 회복을 도모하는 사회개혁가들에 의해 시작되었다. 1884년 런던의 동부지역에 처음으로 토인비홀(Toynbee Hall)을 설립한 바넷(Samuel Barnett)을 비롯한 자원봉사자들과 미국의 사회복지관 창설을 주도했던 코이트(Stonton Coit)와 애덤스(Jane Addams) 등도 인도주의 정신에 따라 빈곤계층과 이민자들의 생활환경을 개선하고 각종 사회문제의 원인으로 작용하는 사회제도를 개혁하는 데 앞장섰다. 이와같이 지역사회복지는 인간성 회복을 위한 인도주의 정신에 따라 사회 정의를 실현하고자 하는 가치를 중심으로 전개되어 왔다(Garvin, 2005: 132-133).

그러나 현대의 자유주의적 지역복지는 주민생활을 일정한 차원에서 주민 전체의 참여를 통해 사회복지를 보완·통합·전개하는 데 중심 가치를 두고 있다. 따라서 오늘날의 지역복지는 일정한 지역사회에서 사회적 욕구를 충족시키고, 문제를 해결하는 공·사의 복합적 서비스 공급 체계로서의 역할을 정립하고 있다. 이러한 실천적 역할을 수행하는 데 적합한 이념 체계로 지역성, 사회 통합성, 지역사회의 욕구와 사회문제 해결성, 참여와 협동성, 서비스의 체계화 등이 주로 지적되고 있는데, 다음에서 이들을 중심으로 논의하게 된다.

첫째, 지역성의 가치는 사회복지의 전체성과 통합성, 그리고 획일성이 초래하는 한계를 극복한다. 특히 서비스의 획일적 제공은 보통 욕구의 충족도를 저하시킨다. 대체로 이것은 대상층의 인구학적 특성이나 조건을 상세히 고려할 수 없는 본질적인 한계이기도 하다. 동시에 이것은 현대의 사회복지가 특정 대상 집단의 서비스 프로그램을 설계하는 데 따른 비용-효과분석(cost-benefit analysis)을 너무 단기적으로 파악하는 데도 원인이 있다고 할 수 있다.

지역복지에서 지역성의 개념은 포괄성을 가진다. 지리적 지역성과 문화적 지역성을 중심으로 접근해 볼 때, 전자는 자치권으로 인한 분권형적 서비스 체계가 이뤄짐으로써 어느 정도 확보될 수 있다. 후자는 주민의 문화, 생활 양식 등이 지역사회마다 다양하므로 지역성에 적합한 서비스를 제공할 필요가 있다. 지역복지에서 지역성의 가치를 확보하면 지역 주민의 공동 이익의 증대와 연대성의 강화에도 기여한다(Lindeman, 2009: 53).

둘째, 사회 통합성의 이념으로서 지역사회는 다양한 사회경제적 계층의 주민과 각종 주민집단이 혼재하는 생활의 장이다. 따라서 사회 정의에 입각한 지역복지의 가치를 실현시키기 위해서는 주민 화합과 사회 통합을 위한 노력을 전개해야 한다.

동시에 지역복지에서 통합성의 이념이 갖는 기술적 의미는 장애인이나 노인 등의 보호 대상자가 자신들이 성장한 지역사회에서 일반 주민들과 함께 생활해야 한다는 것이다. 전통적인 사회복지 체계에서는 이들 보호 대상자가 격리된 수용시설에서 특별히 보호받는 것이 일반적이었다. 그러나 현대 복지에서는 인간의 기본적 인권 중시의 입장에서 복지적 처우가 격리적 보호에서 통합적 처우를 중시하는 방향으로 전환되고 있다(최일섭·류진석, 2000: 120-122). 이에 따라 서비스의 형태도 시설보호에서 지역복지를 중심으로 하는 재가복지 등으로 이동하고 있는 것이다. 또한 통합성은 정상화(normalization)의 이념을 실현하려는 데 의미를 두고 있다. 즉, 이것은 지역사회의 보호 대상자들이 가능한 한 지역 주민들과 더불어 생활함으로써 정상적인 사회적 관계를 유지할 수 있도록 하자는 것이다.

셋째, 지역사회의 욕구와 사회문제 해결성이 중시되어야 한다. 사회복지는 기본적으로 욕구와 반응의 관계다. 현대의 사회복지가 지역복지에로의 병렬적 조화 관계를 도모하고자 하는 것도 궁극적으로 다양화된 클라이언트의 욕구에 대한 효율적인 반응 기제를 모색하기 위한 것이다. 또한 이러한 효율적인 반응 기제는 사회문제 해결의 목표이며 동시에 수단적 역할을 하게 된다.

지역복지의 전개 과정은 우선 지역사회의 욕구 파악에서부터 시작된다. 욕구조사는 정책이나 프로그램을 결정할 때, 기본적으로 고려해야 하는 중심 가치가 된다. 따라서 그 내용은 ① 사회적 원조를 필요로 하는 클라이언트와 그 가족의 욕구, ② 지역 주민이 관심을 가지는 욕구, ③ 인적 · 물적인 지역사회 자원, ④ 지역사회의 특성 등으로 구성된다. 이러한 욕구는 개별적 · 총합적으로 파악해야 하고, 서비스 내용, 지역 주민의 자립 의식, 협력 관계, 사회자원에 관한 이해 등도 고려하는 것이 필요하다. 그리고 합리적인 욕구 파악을 위해서는 지역사회복지기관의 전문사회사업가를 통해 광범위한 사회조사를 실시하는 것이 바람직하다(Healy, 1998: 26-30).

다음으로 지역복지의 성격을 고려할 때, 이렇게 파악된 욕구를 공유화하는 조치가 수반되어야 한다. 욕구의 공유화 과정은 조사된 욕구를 지역사회 주민들에게 알리고, 이를 지역 주민들의 문제로 지각 · 인식하며 구체적인 해결 방안을 위한 홍보와 복지 교육을 실시하는 것이다.

현대 산업사회에서 사회복지는 사회문제 해결 장치(social problem solving mechanism)로서 인식되고 있다. 사회적 욕구의 결핍은 사회적 긴장(social tension)과 사회적 갈등(social conflict)을 거쳐 사회문제(social problem)를 형성한다.

일반적으로 지역사회 수준에서 사회문제는 탈선행위와 사회 불평등, 사회 해체의 유형을 가진다.[1)] 지역사회의 복지를 증진시키기 위해 전문 사회사업 실천가는 지역사회의 다양한 문제 상황을 인지(perceptions), 진단(diagnosis), 해결(solving)하는 데 필요한 일련의 대안을 모색해야 한다(Cox, 2006: 223). 전통적으로 지역사회의 복지기관은 산업화에 따른 도시빈민, 청소년, 여성, 근로, 주거환경 등과 같은 여러 사회문제를 해결하기 위해 지역사회조직 등을 통해 직접적인 서비스를 제공했다.

넷째, 주민 참여와 협동은 현대 지역복지가 전문화 · 개방화 · 자율화를 지향하고 있는 경향에 비춰 관심과 지혜를 결집해야 할 문제다. 지역복지에서 주민 참여와 협

---

1) 사회문제는 일반적으로 탈선행위와 사회 불평등 및 사회 해체의 세 가지 형태가 있다. 탈선행위는 범죄, 비행, 자살, 알코올 및 마약 중독과 같은 반사회적 행위를 말하고, 사회 불평등은 빈곤, 실업, 문화적 박탈과 같이 주로 사회구조적 모순으로 생성된 것이며, 사회 해체는 결손가정, 빈민촌 등과 같은 것을 말한다.

동의 의의는 지역 서비스 행정의 민주화는 물론 주민자치 복지의 기반이 되고 있다. 지역복지의 궁극적 목표가 되는 주민자치 복지 시스템은 지역 주민이 서비스의 수혜자인 동시에 제공자가 되기도 한다는 것이다. 따라서 주민 참여와 협동은 연대성을 통해 지역사회의 복지 재화(welfare goods) 동원을 촉진할 수 있다.

지역사회 주민들의 욕구를 충족시키기 위한 복지 재화는 역사적으로 교환(exchang), 호혜(reciprocity), 재분배(redistribution)를 통해 이뤄 왔다. 폴라니(Polayni, 1991: 256)에 따르면, 호혜는 대칭적으로 분류된 집단들 사이에서 발생하는 재화의 이동을 의미하고, 재분배는 법이나 규범, 관습에 의해 창출된 중앙기관을 매개로 한 복지 재화의 분배를 말하며, 교환은 가격기구를 통해 쌍방 간에 이뤄지는 재화의 이동을 뜻한다. 그러므로 호혜는 그것이 존재하기 위한 배경으로 수평적으로 조직화된 여러 집단을 필요로 하며, 재분배는 그 사회에 존재하는 특정한 중심에 의존하며, 교환은 가격 메커니즘이 작동하는 시장 체계를 전제로 한다.

지역복지 조직에서 이러한 세 가지 형태의 복지 재화가 분배되려면 기본적으로 지역 주민의 주체적인 참여와 이를 통한 횡적 협동 시스템이 구축되어야 하고, 이를 바탕으로 행정 · 민간기관 · 기업 등의 연대가 가능하게 되는 것이다.

다섯째, 지역복지에서 서비스 체계화는 시설 서비스와 재가복지 서비스를 일원화하여 지역사회 보호사업과 소득 보장, 고용, 교육, 보건의료, 주거환경, 교통통신 등 주민생활과 직접적으로 관련된 사회 공공정책과 연계 서비스를 실현해야 한다는 것이다. 동시에 다양한 제공 주체와 서비스를 분야별(복지 · 보건 · 의료 · 주택 등), 대상별(장애인 · 노인 등)로 조정하여 제공하기 위해서는 서비스 내용의 확충과 질적 향상, 시설 배치 등을 지역사회의 욕구에 부합하게 체계화해야 한다.

3 지방자치와 지역복지

지방화 시대를 구성하는 지방분권과 지방자치는 지역복지의 안정적 토대가 된다. 지방분권은 지역 균형을 전제로 시도되어야 한다. 지역 불균형을 전제로 한 상태에서 중앙과 지방의 균형을 강조하는 지방분권은 특정 지역에서는 오히려 지방의 소외 현상을 초래하게 된다.

지방분권의 정치적 표현인 지방자치는 국가 및 사회의 여러 제도와 균형적인 관계를 유지하며 발전해야 한다. 동시에 지방자치제도 자체가 중앙집권적인 국가 형태를 지방분권적인 형태로 변화시키는 것이기 때문에 중앙집중적인 여타 제도들과 지방자치의 정신을 통합하여 자치 능력을 확보하는 것이 무엇보다 중요하다. 따라서 이 같은 지방자치의 측면은 지역복지 서비스의 근간이 되는 전체보다는 개체로서 자조력과 자치 능력을 강조하는 점과 일치한다. 지역복지 서비스의 이념은 개체성을 강조하며, 공급 방식도 지역 특성에 따라 주민의 참여와 지원으로 서비스 전달이 이뤄지도록 하고 있다(김익균 외, 2002: 25-32). 이러한 면에서 지방자치는 지역사회의 복지를 활성화시킬 수 있는 좋은 기회가 된다.

결국 지방자치는 지방정부와 지역 주민들이 거주하는 지역의 복지를 스스로가 협력하여 해결해야 한다는 책임 의식을 갖게 한다. 또한 지방자치제가 지방정부의 정책재량권을 좀 더 강화하게 될 것으로 보고 있다. 지방정부는 지역 주민을 위해 형성된 단체이며, 주민의 복지에 관한 업무를 처리할 수 있는 헌법적 기능을 가진 공적인 정책기구다. 지역복지는 지방정부의 정책결정과 집행의 산물이다(정세욱, 2001: 30). 지방자치가 전제되지 않는 지역복지는 외부 혹은 중앙에 의해 타율적으로 모든 문제해결의 과정이 이뤄진다는 점에서 그 의미를 찾을 수 없게 된다. 지방자치는 궁극적으로 지역의 균형적 개발을 통해 지역사회의 복지 증진에 기여할 수 있는 제도적 조건을 갖추고 있다고 볼 수 있다. 따라서 지방자치제가 가지는 이념적 · 기능적 측면은 지역복지와 밀접한 관련을 갖게 되는 것이다(이재완, 2008: 26).

4 생태주의 관점과 지역복지

현대 사회에서 환경과 생태문제는 인간의 삶과 생존에 직결되는 문제다. 생태계는 변화와 안정을 반복적으로 유지하는 순환적 특성을 가진다. 생태주의는 다양성과 동등성을 존중한다. 인간을 비롯한 생명체는 개별적인 존재의 가치를 존중하면서 서로 간에 연결되어 있는 일정한 관계망을 형성하고 있다. 즉, 독자적이면서도 상호 의존적이라는 특성을 가지고 있다. 다양성을 전제로 한다는 것은 자신의 주체성과 자율성을 인정한다는 것이며, 개별 존재의 창조성과 공평성을 존중하는 방법이라고 할 수 있다(Dach, 2004: 86). 따라서 다양성은 획일적이고 보편적인 제도와 정책을 비판하고 새로운 방식으로서 독자적인 특성을 존중하는 것을 의미하며, 거대화·획일화되는 가치와 제도를 부정한다. 생태주의는 지역적인 특성과 자립적인 구조를 강조한다(Ungar, 2002: 112-116). 자립은 지역의 자원을 이용하여 그 지역에 필요한 재화를 생산하고 소비하는 것이 가장 합리적이라는 것을 의미한다. 슈마허(Schmacher, 2002: 36)는 "작은 것이 아름답다"고 하면서 생태적 문제의 해결에는 자립적인 생활, 상부상조하는 생활 방식, 창조적이고 주체적인 사고가 중요하다는 점을 강조한다. 즉, 지역에는 그 지역만의 고유한 문화와 생활 양식이 있으며, 이러한 특성을 최대한 반영하여 자립할 수 있는 구조가 필요하다고 보는 것이다. 특히 인간은 소집단에서만 자신의 정체성을 가장 잘 유지할 수 있으므로 직접적인 관계를 형성하고 있는 생활의 주체성을 형성할 수 있는 것이다. 따라서 생태주의적 생활 방식으로 소규모 기술, 비폭력적인 기술, 공동 소유의 사회구조와 이를 지지하는 환경 방식이 요구된다.

이러한 생태주의 특성과 관점을 통해 미쉬라(Mishra, 2000: 112-126)는 복지국가의 토대로 완전고용을 갖춘 노동시장과 이를 위한 자본주의적 경제의 안정적이고 지속적인 성장을 중시했다. 생태주의자들은 인간의 생존을 위해 '경쟁과 분열'이 아닌 '연대와 협동'의 경제구조를 만들고 자연과의 관계가 '인간의 오만과 남용'이 아니라 '자연에 대한 겸손과 외경'으로 패러다임이 전환되어야 한다고 본다. 이러한 패러다임을 통해 이들은 자율자치와 자립자족의 사회 기반을 구축하고 이웃과 연대하는 네트워크형 자율적 생활공동체를 제안한다(Myerson, 2001: 335-338). 이러한 관점에서 생태주의적 사회복지는 계층이 없는 인간 관계, 분권화된 공동체 사회를 기반으로 자율과 참여가 보장되는 직접 민주주의 형태를 상정하며, 그 실체가 지방화 시대에서 지방자치와 지방분권으로 귀착되고 있다(Ungar, 2002: 33-36).

현대와 같은 지방화 시대는 지역적 자립과 다양성을 근간으로 한 지방분권적인 자치 체계를 지향한다. 이것은 다양한 지역적 특성을 중심으로 다양한 참여가 이뤄지며 다양한 문화를 창출하는 일이 건강한 사회라는 인식 때문이다. 결국 생태주의의 관심은 인간과 인간, 인간과 국가, 중앙과 지방, 인간과 환경의 관계가 지배와 종속이 아닌 협력과 연대, 그리고 공생의 패러다임을 구성해야 한다는 것이다. 이것은 주민 참여와 지역 밀착형 사회복지를 실천하는 중요한 토대가 된다고 보는 것이다. 이상의 논의를 간단히 나타내면 [그림 16-1]과 같다.

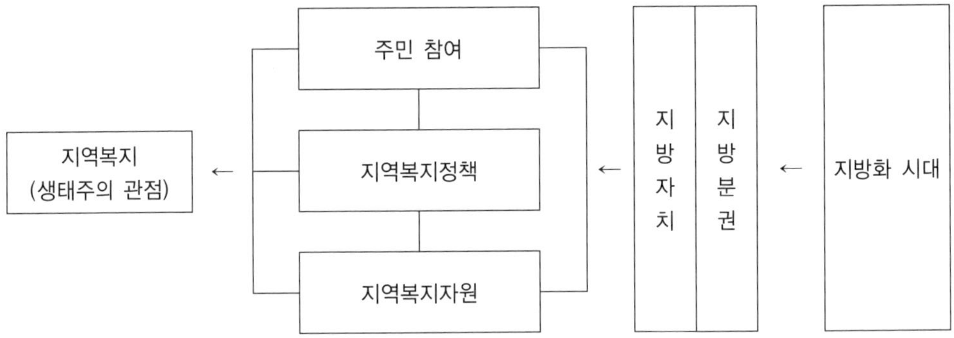

그림 16-1 설명의 틀

제 2 절 주민 참여와 지역복지

지역복지는 지역 주민의 복지를 도모하여 생활 향상을 실현하는 데 있다. 지역복지의 실천에 결정적으로 중요한 것은 그 대상을 명확히 규정하는 것이다. 지역복지는 사회문제로서 지역문제, 즉 주민의 지역생활 문제에 대응한 사회정책의 한 부분으로 인식된다. 따라서 그 대상으로서 주민에 대한 욕구 문제가 기본적 고려 요인이 된다.

지역복지는 기본적으로 주민의 참여가 전제되어야 한다. 물론 지역복지의 효율성과 지속성을 위해 자치체의 조직과 예산이 수반되어야 한다. 그러나 일방적인 관 주도의 복지 수행은 주민 욕구를 간과할 수 있다. 따라서 지역복지는 지역 주민의 공동체 의식 추구와 연대성의 강화에 초점을 맞추면서 지역문화를 바탕으로 이뤄져야 한다. 이를 위해 지방자치체의 효율적인 지원과 주민의 자율적인 참여가 필수적이다.

주민 참여의 가치는 민주주의와 관련하여 정당화된다. 민주주의를 국민에 의한 지배라고 볼 때, 정치적 결정 과정에 누가 참여하는가의 문제는 한 사회 내에서 민주주의의 성격의 문제가 된다(Verba, 2000: 62). 즉, 결정 과정에 주민의 참여 가능성이 높을수록 민주주의가 잘 확보되어 있다고 볼 수 있다. 이와 유사하게 주민 참여는 권력과 참여라는 민주주의 정치의 두 개 극 가운데서 권력 지향의 정치로 현대 정치의 불균형을 시정한다는 의미를 가지고 있다. 또한 주민 참여는 행정국가화 현상과 더불어 나타난 관료제의 병폐를 시정한다는 의미를 지니고 있다. 이것은 행정학의 영역에서 1960년대 이후 대두된 신행정론의 주장에서 그 논거를 찾을 수 있다. 신행정론은 행정의 목표로서 전통적으로 주장되어 오던 능률성(efficiency)과 절약(economy) 외에 사회적 형평(social equity)이라는 원리를 추가하고 있는데, 이것의 실현 방안 중의 하나로서 주민 참여를 제시하고 있다(Frederickson, 1977: 22-25). 여기서 사회적 형평은 정부 서비스의 평등성, 공무원의 책임성, 변화 지향성, 시민 욕구에 대한 대응성, 문제 해결적 행정을 강조하는 것으로 주민 참여 또한 이러한 행정의 목표를 성취하는 하나의 수단으로 간주된다. 요컨대 행정에서 주민 참여는 행정 과정에 대한 주민의 권한 행사로서 행정의 대응성과 책임성을 확보하는 데서 그 필요성이 인정된다.

한편 이러한 맥락에서 일련의 의미를 가지는 것이 지방자치다. 지방자치는 통치 권력의 수직적 분권으로 정치 안정의 기틀을 제공하고 가장 수준 높은 참여적 민주주의 실천을 위한 최선의 정치 형태로서 주민의 참여 욕구를 만족시켜 주는 것이라 볼 수 있다(최창호, 2002: 36-38). 여기에서 주민 참여는 주민이 그 지역사회의 일반적 사항에 관한 의사결정 과정에 참여하여 공적으로 결정권이 부여된 사람들에게 영향력을 미치려고 의도하는 행위로서 주민 스스로의 자각이나 깊은 관심에서 발생한 자율적 참여를 통해 지역 주민의 이익을 창출해 가는 것이다(유종해, 2000: 40). 이러한 맥락에서 지역복지에서 주민 참여를 논할 경우 지방자치에 입각한 주민 참여의 개념이 유효한 준거 논리가 될 것이다.

현대 사회에서 지방자치단체는 복지행정의 일환으로 주민들의 생활 보호와 삶의 질을 향상시키는 기능을 담당한다. 즉, 자치단체는 그 지역 주민들의 복지에 대한 요구와 기대를 수렴하여 이를 토대로 행정 서비스를 제공하게 된다. 따라서 자치단체는 공중보건·위생, 공원의 정비, 무주택자를 위한 공영주택사업, 극빈자를 위한 생활보호, 시·도립병원의 설립·운영, 노인 및 신체장애자를 위한 복지시설의 운영 등을 행할 때에 주민들이 직접적인 혜택을 받을 수 있도록 자발적·적극적인 주민 참여가 요구된다. 이러한 까닭에 지방자치단체의 지역복지 행정조직은 다른 행정조직에 비해 더욱 개방적이어야 하며, 지역 주민의 욕구와 의지가 반영될 수 있도록 행정 권력 구조 내에 주민이 참여할 수 있는 구조적 메커니즘이 마련되어야 할 것이다. 주민들의 행정 참여로 기대되는 효과는 ① 정책결정에 중요한 자료가 되는 아이디어의 개발, ② 행정과 국민과의 거리감 해소, ③ 주민 참여 프로그램의 집행상의 효율성 증진, ④ 행정의 분권화와 일선기관의 강화 등이다(중앙공무원교육원, 2002: 64-66). 또한 지역 주민의 지역복지행정에 대한 참여는 지역 주민의 욕구와 문제를 명확히 해 주고 지역사회 자원의 효율적인 사용을 가능하게 한다는 측면에서 지역복지에서 주민 참여의 논리가 형성된다고 보는 것이다.

이상의 논의에서 나타난 지역복지에서 주민 참여의 논리를 토대로 한 지역복지 활동의 원칙을 살펴보면 다음과 같다. 첫째, 주민 주체 · 주민 참여의 원칙이다. 통치의 주체이면서 권리 주체인 주민이 스스로의 의사와 요구에 기초하여 지역복지정책에 참여하는 권리가 보장되어야 한다(최창호, 2002: 12). 둘째, 민주주의 원칙으로서 주민의 자유스러운 발언과 토론의 장이 보장되고 그 의사결정에 따라 민주적으로 운영되어야 한다(유종해, 2000: 28). 셋째, 민주적 연대 · 지원의 원칙이다. 지역복지 문제를 주민 스스로의 과제로서 제기해 지역 공동의 운동으로 다뤄야 한다. 넷째, 과학적인 접근 원칙에 입각하여 지역의 복지문제를 인식하게 되면 해결 방안의 합리성이 확보된다. 다섯째, 주민교육을 통해 민주적 · 자율적 · 창의적인 문제 해결 능력을 갖추는 일이 중요하다(중앙공무원교육원, 2002: 13).

일반적으로 안정, 배분, 참여를 민주주의 주요 요소로 지목하고 있다. 그러나 조직과 집단의 목표 달성에는 무엇보다도 참여 의식이 가장 직접적인 효과를 가진다. 자의식적인 참여가 이뤄질 때, 갈등 문제가 해소되고, 나아가 국민 형성이 가능하기 때문이다. 이러한 의미에서 지역복지에서 주민 참여는 중요한 부분을 차지하게 된다. 주민 참여는 주민이 지역복지행정의 과정에 직접 개입하는 경우와 지역사회의 성원으로서 자주적으로 복지활동에 참여하는 경우가 있는데, 지금까지의 논의는 두 경우를 모두 전제로 한 것이다. 지역복지 활동은 기본적으로 주민의 상호 부조 정신에서 비롯되기 때문에 지역의 자치단체에서도 이들이 좀 더 적극적으로 참여할 수 있는 동기부여와 유인책을 강구해야 할 것이다.

제 3 절 지역복지정책과 자원

지역복지정책은 중앙 및 지방행정의 합리적인 역할 분담을 유지하면서 동시에 지역사회 주민의 자율적·민주적인 참여를 근간으로 하여 형성·시행되어야 한다. 이것은 생태주의적 복지에서 전제하는 권력집중화(centralization)에서 분권화(decentralization)로, 전문화에서 다양한 영역에서의 다차원적인 종합적 접근 방법으로, 통제와 경쟁에서 협동과 자율을 지향하는 패러다임과 맥락을 같이한다. 지역복지정책은 이 같은 생태주의적 관점에서 정주공동체, 자립공동체를 구상하면서 공동체 공간 내에서 상품과 서비스가 소비되고 재생산되는 지속 가능한 구조로 전개될 수 있어야 한다(Milbrath, 2005: 123-125). 한편으로 이러한 지역복지정책이 지속 가능한 체계로 지역 주민의 삶의 질을 향상시키기 위해서는 무엇보다도 자원의 확보가 필요하다. 재정의 부족으로 중앙의 지원에 의존하게 되면 정부 주도의 사업 추진에서 벗어나기 어려운 문제점이 대두하게 되고, 주민복지도 한계에 직면하게 될 것이다.

이러한 관점에서 여기에서는 지역복지정책의 과제 및 방향성과 이를 뒷받침하는 지역사회 자원의 확보 문제를 중심으로 논의하고자 한다.

1 지역복지정책의 방향성

지역복지정책은 기본적으로 현금 서비스에서 인적 서비스를 중시하고 단순 보호에서 전문적 서비스를 강화하며, 사후 치료적 서비스에서 사전 예방적 서비스를 실시하며, 선별적 서비스에서 보편적 서비스로 패러다임을 전환해야 할 것이다.[2] 그리고 이러한 정책에 담게 될 지역복지사업은 주민을 중심으로 공공기관과 민간이 협동하여 지역 내의 주민 욕구를 찾아내고 그 욕구를 해결할 수 있는 자원을 동원하여 조정하는 민주적 방식에 따라서 시행되어야 한다.

지방자치와 지방분권을 근간으로 한 지방화 시대가 전개됨에 따라 몇 가지 측면에서 지역복지의 여건이 변화되고 있다. 우선 고려될 수 있는 것으로 다양한 복지 욕구가 전보다 훨씬 증대될 것으로 보인다. 지역사회를 중심으로 하는 가정 기능을 강화하고 자립 기반을 기하려는 사회적 욕구를 들 수 있다. 즉, 자녀 양육, 부모 부양, 직

2) 이러한 경향은 사회복지가 잔여적 맥락에서 제도적 수준으로의 전이를 통해 복지다원주의를 지향하는 과정에서 볼 수 있는데, 이것은 지역복지정책의 분야에서도 관련 집단의 이해와 욕구를 적극적으로 반영하는 데 더욱 유리하게 작용할 것이다.

업훈련, 치료, 재활, 취업 등의 복지 욕구가 커질 것이며, 특히 산업화·도시화로 인해 약화된 사회적 연대 의식과 가정 기능을 보완하기 위한 각종의 재가 서비스를 기대하는 노인 및 장애 계층이 증가할 것이다. 또한 문화·교육·환경문제에 관한 욕구가 증대될 것이다. 지역 주민들은 특색 있는 살기 편한 자기 고장을 만들기 위해 지역 내의 문화유산을 발굴하고 이를 다음 세대에 물려 주기 위한 교육적 욕구에 대응해야 할 것이다. 특히 지역 발전에 따른 삶의 질을 높이기 위해 문화적 욕구도 고려해야 할 과제를 갖게 된다. 동시에 지역 주민들의 일상생활과 관련된 생활환경을 개선하기 위해 주택 개량, 도로 개선, 식수 개선 등 편의시설을 향상시키는 욕구가 높아질 것이다(유종해, 2000: 32-35).

이와같이 변화하는 복지 여건에 합리적으로 부응하기 위한 지역복지정책의 방향성을 이론과 실제면에서 살펴보면 다음과 같다.

첫째, 지역사회 개발사업의 추진이다. 지역사회 개발은 그 대상으로서 일차적으로 지역 주민 및 일정한 지역사회를 구성하고 있는 이익집단의 성원이 된다. 개발은 발전을 지향하는 주민의 기능적 자세를 확립하고, 생활의 능력을 배양시키는 데 의미가 있다. 따라서 그 목적은 주민의 공통 욕구(common need)를 기반으로 자조적(self-help) 노력에 의해 생활 개선을 도모하는 데 있다. 이를 위해 ① 주민의 행태 변화가 시도된다. 이러한 행태 변화를 위해서는 그 지역사회의 관습, 규범 및 문화구조를 분석하고 이 결과에 입각하여 주민의 정신 계발에 적절한 사회교육 프로그램을 전개한다. ② 소득 향상을 통해 지역 주민의 물질적 생활을 윤택하게 한다. 소득 향상은 물질적 변화만이 아니라, 주민의 행태 변화에도 영향을 주게 된다. 즉, 소득 향상은 주민의 근로 의욕의 제고와 전체 사회의 경제활동을 활성화시킨다. ③ 생활환경 개선은 지역사회의 하부구조(교통, 통신, 상·하수도 등) 및 주택환경의 변화를 의미한다. 이것은 지역사회 개발의 경제적·사회적 기능과 관련된다. ④ 여가, 오락, 스포츠 등 문화시설의 확충을 통해 사회활동에 필요한 에너지를 충전시킨다.

지역사회 개발은 자조적·기술 지원적·갈등적 접근법을 논거로 하향식·상향식·공동적 개발계획의 체계를 그 실천 방법으로 한다. 이것은 현대의 지역사회 개발이 기본적으로 지역사회의 욕구 충족, 문제 해결, 그리고 자원 동원을 핵심 내용으로 하고 있기 때문이다(Sanders, 2000: 232)).

둘째, 지역사회 조직사업을 들 수 있다. 지역사회 조직사업의 철학적 토대는 민주적 과정과 전문성 간의 실천 관계(working relationship)를 중시한다. 민주적 과정은 지역 주민들의 자발적 참여와 자조(self- direction), 그리고 협동 능력을 개발·강화·유지하도록 도와 그들이 문제 상황에 좀 더 효과적으로 대처할 수 있게 한다. 전문성 간의 실천 관계는 욕구와 자원 간의 조정과 균형을 도모하기 위해 지역사회와 또는 전문집단들 간의 수평적 관계를 통해 의사결정권의 분배에서 합리적 변화를 초래하려고 한다. 지역사회 조직사업은 특히 사회적 불평등을 기초로 배태된 문제 상황에 가장 민감하게 반응한다. 사회적 불평등은 주로 개인적·집단적 관계에서 상충되는 욕구 갈등에서 나타난다. 따라서 그 대상 집단은 욕구 갈등 관계를 형성하고 있는 지역사회 주민 및 이해집단을 포괄하고 있다(Steiner, 2003: 199). 이러한 맥락에서 지역사회 조직의 목적은 지역사회 성원의 공통된 욕구를 해결하여 사회 통합을 실현하려는 데 있다. 이를 위해 자원의 동원 및 조정을 중심 기능으로 설정하고 있다. 그런데 이러한 자원관리를 효율적으로 수행해 내기 위한 방법과 내용으로 중간집단사업과 공동모금, 그리고 협의 조정 및 자원봉사의 형식을 채택하고 있다. 지역사회의 다양한 기능을 수행하고 있는 위원회, 연합회, 협의회, 협회, 연맹 등과 같은 중간집단사업(intergroup work)[3]은 공동모금에 유리한 상황과 조건을 갖추고 있다. 이들 집단의 성격은 지역사회를 망라하는 위치에 있으며, 동시에 기능적으로 유기적 관계를 형성하는 연결망을 갖는데, 이것은 지역사회 복지의 연대성(solidarity)에도 부합한다는 것이다. 이러한 연대성은 협동·협력·통합의 사상과 일치한다. 지역사회 복지조직은 이러한 통합망을 이용하여 프로그램 간의 관계(program relationship)를 유지해 나간다. 즉, 공동모금을 수행하는 중간집단사업은 각자의 집단 프로그램을 활용하는데, 이들 프로그램은 집단의 독자성을 유지하면서 한편으로는 유기적 전체성을 통해 기관의 통합력을 확보하고 있다.

셋째, 지역사회 보호사업이다. 현대의 지역사회보호사업은 사회 통합(integration)과 정상화(normalization) 이념에 기초하여 수급권자의 진정한 사회 보호를 목적으로 재가보호(domiciliary care)와 지역사회 보호(community care), 그리고 자원봉사(vol-

3) 우리나라의 사회복지 분야에서 주요 중간집단으로는 한국사회복지협의회, 종별 사회사업시설연합회, 전국사회복지공동모금회, 외국민간기관연합회, 사회복지관연합회, 한국사회복지관연합회, 한국사회복지사협회, 한국사회복지교육협의회, 전국사회복지대회 등이 있는데, 이러한 중간집단은 모두 전국적인 수준의 성격을 띠고 있다.

untarism) 등의 방법을 통해 서비스를 실천하고 있다.

지역사회 보호는 일반적으로 가족원조 서비스(home help service), 주간보호(day care), 가정보건보호(home health care), 간호사 파견, 교통 서비스, 가정조성 서비스(homemaker service), 상담 등과 같은 서비스를 포함하고 있다. 이러한 서비스를 지역사회나 가정에서 제공하는 것이 단기 또는 장기 보호에 가장 타당하다는 것이다(Laporte & Rubin, 2000: 12). 일반적으로 이러한 서비스를 지원하는 지역사회 보호 시설로는 숙소, 주간보호소(day center), 집단홈 및 거택보호(group home and domiciliary care) 등이 있다(Meacher, 2000: 32).

만성적인 질병과 지능을 갖고 있는 사람들의 육체적 · 사회적 · 정신적 기능을 최대로 활용할 수 있도록 장기보호 정책도 수립하여 이들을 보호하기도 한다. 이것은 개인이 독립하기 위한 능력을 갖도록 돕는 것을 목적으로 개인에게 가장 적절한 지역사회환경에 적응하게 하는 수단이 된다.

2 지역복지자원의 동원

지역사회의 복지 수요를 충족시키기 위해서는 무엇보다도 자원 동원의 문제가 중요하게 부각된다. 대체로 지역사회 내에 있는 공공의 복지기관들은 중앙의 재정적 지원과 함께 지자체의 재원으로 운영된다. 그러나 독립된 전문기관으로서 정부의 다른 부처와의 경쟁, 주민들로부터의 증대된 서비스의 요구로 인해 공공의 사회복지기관들의 재정 확보는 여러 한계를 갖고 있다. 이들 공공복지기관에 비해 민간복지기관들의 자원 동원은 더욱 어려움을 겪고 있다.

일반적으로 민간복지기관의 운영 재원은 자체자산, 자체사업수입, 정부의 보조, 주민들의 지원으로 이뤄진다. 이 가운데서 지방화 시대에서 특히 중요한 것은 주민들의 참여를 통한 재정 지원이라고 할 것이다. 현대의 산업사회에서 민간복지기관에 대한 주민 참여의 조직적인 형태의 하나가 이른바 지역공동모금제(community chest 혹은 united way)다. 그러나 지역복지에서 주민 참여가 아직 정착되지 못한 상황에서 여기에 의존할 수만은 없는 것이다.

또한 여기에 신자유주의 경향과 함께 국가복지(state welfare)에 대한 여러 회의와 한계가 드러나고 있다. 이에 대한 대안으로 복지다원주의의 맥락에서 가족과 같은 비공식 부문, 민간자선조직 또는 시장의 역할이 다시 강조되고 있는 추세다. 즉, 민간부문의 역할이 다시 부각되면서 민영화와 관련하여 사회복지 서비스 분야에서도 급여의 전달 주체와 재정 조달에서 국가와 민간의 역할 및 기능이 재조정되고 있다. 이에 따라 지역복지에서도 욕구 수준 및 지역사회의 환경 변화에 부응하여 민간복지자원의 활용에 대한 접근이 본격적으로 시도되고 있다. 이러한 맥락에서 여기에서는 지역복지 운영 시에 민간복지 자원의 활용에 관한 내용을 중심으로 논의를 전개하게 된다.

기본적으로 지역복지에서 민간자원의 활발한 동원은 기존의 사회안전망의 대안으로서, 그 역할을 수행할 수 있다고 보고 있다. 공공자원은 균등주의 성격을 띠고 있는 반면에 민간자원은 다양성과 선별성을 가진다는 것이다. 또한 자원의 접근성에서도 공공자원은 수혜자의 자격 심사와 같은 장애 요소가 있지만, 민간자원은 수혜 조건에 대한 탄력성과 즉시성을 가지고 있어 좀 더 실용성과 효율성이 크다는 것이다. 결국 변화하는 복지환경에서 민간자원은 공공자원의 한계를 보완 내지 극복해 주는 역할을 한다는 것이다.

구체적으로 민간 복지자원은 인적 활용으로 자원봉사자의 활동과, 민간재정의 동원으로서 사회복지사업 모금, 후원금, 종교단체의 재원, 그리고 기업복지 자원 등으로 구성된다. 민간 부문이 복지사업에 참여하는 형식으로 재정적인 측면에서 민간기업들이 공익재단법인을 설립하여 사회복지사업을 실시 또는 지원하는 방법이 있다. 인적인 측면에서는 일반인이나 각종 단체가 사회복지사업에 참여하는 자원복지 활동이 있다. 특히 자원복지 활동은 자발적인 참여를 통해 복지공동체를 형성하는 순수 민간자원으로 볼 수 있다(Ostrander, 1990: 63).

자원복지 활동의 내용은 ① 사회복지시설, ② 사회복지사의 업무 보조, ③ 생활보호대상자를 위한 활동, ④ 아동 및 청소년복지를 위한 활동, ⑤ 노인복지를 위한 활동, ⑥ 장애인복지를 위한 활동, ⑦ 부녀복지를 위한 활동, ⑧ 보건위생활동 등이 있다.

기업복지는 증대하는 복지 수요에 대응하기 위해 정부가 민간 부문의 자발적인 지원과 협력을 확보해 내는 역할 분담의 한 형태다. 민간복지의 중요한 영역을 차지하고 있는 기업복지의 활성화 방안으로 다음과 같은 것이 고려될 수 있다. ① 기업으로 하여금 민간복지재단의 설립, 종합사회복지관의 설립, 탁아소의 설립 등을 하도록 제도적인 장치를 마련한다. ② 단위 기업에서 구성원을 대상으로 복지 프로그램을 개발하여 수행할 수 있도록 사회사업가를 채용한다. ③ 경제단체가 사회복지 전담부서를 설치·운영하여 민간 사회복지 프로그램을 개발·보급하도록 한다. ④ 복지산업(welfare industry)을 개발하여 기업의 이익과 공공의 편익을 확보하도록 한다. 복지산업이란 민간 영리복지조직들이 고객을 대상으로 영리 목적의 사업을 하는 것으로, 그 분야는 서비스산업(service industry), 보건관리사업(health care business), 주거사업(housing business), 복지상품 판매사업(sales of goods for the welfare)으로 분류하고 있다(Butler, 2004: 83-85)). 이와같이 사회복지 분야에서 민간의 자원을 활용하여 역할 분담을 시도하는 것은, 공공 부문의 특성상 접근하기 어려운 영역을 민간 부문이 보완해 주는 수단적 의미를 가지는 것이다.

이와 같은 민간복지 자원을 좀 더 효율적으로 활용하기 위해서는 제도적·조직적·인력적·재정적 측면에서의 접근이 필요하다고 보는 것이다.

첫째, 제도적인 면에서 현재 공공 부문과 민간 부문의 전체를 통할하는 법으로 사회복지사업법이 제정되어 있다. 이 사회사업법 내에 지역복지관 및 사회복지협의회에 관한 규정이 있으며, 재정적인 측면은 사회복지공동모금법이 시행되고 있다. 사회복지사업법에서는 지방사회복지협의회의 독립법인에 의한 법정단체화를 규정하여 지역 차원의 사회복지 및 관련 기관 간의 자율적인 협력과 조정활동의 활성화를 촉진하고 있다. 사회복지공동모금법에서는 중앙과 시·도공동모금회의 독립법인에 의한 법정단체화를 규정하고 있으며, 이것은 사회복지사업법에서 규정된 시설평가제 도입과 함께 민간기관으로 하여금 재정수입의 원천을 다양화하고 프로그램별로 재정을 지원받기 위한 노력으로 보고 있다.

둘째, 조직적인 면에서 대표적인 민간 자원조직으로는 사회복지관 및 사회복지협의체를 들 수 있다. 사회복지관은 지역 주민들에게 종합적인 서비스를 전달하는 기능을 한다. 사회복지기관의 자원 활용을 보면, 사회자원이란 생활상의 모든 요구의 충족과 문제 해결을 목적으로 이용되는 각종의 제도, 시설, 기관, 단체 및 사람들의 지식, 기술 등의 물적·인적 요소를 총칭하는 개념이다. 구체적인 사회복지 자원은 각종 물품, 후원금 등의 물적 자원과 자원봉사자, 이사회, 위원회, 후원자 등의 인적 자원으로 분류되는데, 이러한 자원은 사회복지관의 운영에 매우 중요한 역할을 한다. 사회복지협의체는 대표적인 민간 행정조직으로서 복지와 보건에 관한 지역사회의 문제 해결에 필요한 계획의 수립과 사업의 추진에 관여하는 사회기관들 간의 연합체(association)라고 볼 수 있다. 이러한 사회복지협의체는 사회복지협의회, 사회복지관협회, 사회복지사협회 등이 있다. 사회복지협의체는 회원들 간에 법적 권한 내지 강제력이 없고 협력적 과정만 존재하는 특징이 있다(성규탁, 2003: 113).

셋째, 인력적 측면으로서 인적자원의 개발은 지식, 기술 및 개개인의 잠재 능력을 증진하는 것으로 경제적인 면에서는 양질의 인력 확보, 정치적으로는 건전한 정치 참여를 위한 인재를 확보하는 데 있다. 지역복지 분야에서 주민 참여를 위한 사회화 능력의 제고, 자원봉사 활동을 위한 학습 능력을 배양하고 있다(한국여성개발연구원, 2002: 16).

넷째, 재정적인 면으로 효율적인 민간재원의 조달과 관련된다. 민간재원을 조달하는 방법으로 조직적인 모금활동을 들 수 있다. 우리나라에서도 지역사회, 직장, 학교 등을 통해 적십자회비, 수재민돕기, 크리스마스 실, 불우아동 결연사업, 원호가족돕기, 불우이웃돕기 등의 모금활동을 전개하고 있다(한국사회복지협의회, 2000: 75). 이 같은 모금활동은 기업의 후원금 제도나 민간 운동 차원에서 사회 각 분야의 참여의식을 고취하며 전개한다면 중요한 복지 재원이 될 것이다.

참고 문헌

국내 문헌

감정기 외(2001). 「사회복지의 역사」. 서울: 나남출판사.

강욱모 외(2005). 「사회복지정책론」. 서울: 청목출판사.

경제기획원(1982-1986). 「제5차 경제사회발전 5개년계획」.

———(1987-1991). 「제6차 경제사회발전 5개년계획」.

국민복지기획단(1996). 「삶의 질 세계화를 위한 국민복지의 기본 구상」.

김경동(2000). 「사회학」. 서울: 박영사.

김경호 외(2009). 「노인시설관리론」. 서울: 곽문사.

김기덕 외(2005). 소득보장정책의 소득재분배효과. 「사회복지연구」.

김기원(2000). 노동 연계복지 정책과 생산적 복지정책에 관한 고찰. 「한국사회복지정책학회」.

김기태 외(2009). 「사회복지의 이해」. 서울: 박영사.

김동건(1999). 복지재정의 확충과 조세정의 실현. 새천년을 향한 생산적 복지의 길 토론회.

김동욱(1999). 정보화 관점에서의 생산적 복지정책의 시론적 검토. 「행정논총」.

김만두(2003). 「현대사회복지개론」. 서울: 홍익재.

김연명(1998). 저성장 · 고실업 사회에서의 사회안전망의 구축. 「사회복지」. 136.

김영모(1999). 「사회복지학」. 서울: 한국복지정책연구소.

김영순(1998). 사회민주주의와 신자유주의 사이에서: 제3의 길 이후의 스웨덴 복지국가. 「한국정치학회보」. 29.

김영종(1998). 「복지정책론」. 서울: 형설출판사.

김영종(2000). 「사회복지행정론」. 서울: 학지사.

김영호(1997). 「자원복지활동의 활성화방법」. 서울: 학문사.

김익균 외(2002). 「한국지역사회복지론」. 서울: 서울대출판부.

김종해(2002). 지역복지에 있어서 주민참여 방안. 「상황과 복지」. 3.

김진수(1997). 외국의 생산적 복지사례. 「사회복지」. 134.

김태성(2003). 분배정책의 유형과 장점. 서울대학교 사회복지연구소.
———(2004). 「사회복지정책」. 서울: 청목출판사.
김태성 외(2003). 「복지국가론」. 서울: 나남출판사.
김필두(1999). 「읍・면・동 기능 전환에 따른 주민자치센터 도입 방안 연구」. 한국지방행정연구원.
김필두 외(2009). 「읍・면・동 기능 전환 방안」. 한국지방행정연구원.
김해영(1985). 「영국의 사회복지」. 서울: 서울대출판부.
김호진(1997). 「한국정치체제론」. 서울: 박영사.
노인철(1998). 생산적 복지의 의의와 정책 방향. 「사회복지」. 134.
류만희(2003). 지역복지 활성화를 위한 주민참여운동에 관한 연구. 한국지역사회복지학회.
변재관 외(2009). 공공복지 전달체계 구축 방안. 한국사회복지학회.
보건복지부(1988-1997).「보건사회통계연보」.
———(1993-1999). 「보건사회백서」.
———(1995-1999). 「보건사회백서」.
———(1995). 「시범보건복지사무소 설치・운영 개요」.
———(1998). 「보건복지통계연보」.
———(2009a). 「보건복지통계연보」.
———(2009b). 「노인복지사업지침」.
삶의 질 향상기획단(1999). 「새천년을 향한 생산적 복지의 길」.
———(2000). 「새천년을 향한 생산적 복지의 길」.
삼성경제연구소(2000). 생산적 복지와 중산층 육성 방안.
삼성경제연구소(2009). 생산적 복지의 의미와 영향.
성규탁(2003). 「사회복지행정론」. 서울: 법문사.
송호근(2002). 「국가경영과 복지정책」. 서울: 나남출판사.
심재호(2009). 사회복지 전달체계의 변화와 개편 논의. 「월간복지동향」.
안병영(1993). 복지다원주의에 관한 연구. 「연세대행정논총」. 18.
유길상(2003). 적극적 노동시장정책의 추진. 「사회복지」.
유엔통계국(2009). 「인구보고서」.
유종해(2000). 지방자치와 주민참여. 「지방행정」. 11.
이계탁(1998). 「복지행정학강의」. 서울: 나남출판사.
이인재 외(2003). 「사회복지 전달체계의 쟁점」. 한국사회복지학회.
이장원(1998). 실업과 사회문제. 「한국사회정책」. 5.
이재완(2008). 지방자치시대 지방정부의 복지불균형 실태에 관한 연구. 한국지역사회복지학회.
이태건 외 옮김, Lester W. Milbrath 지음(2001). 「지속 가능한 사회」. 서울: 인간사랑.
재정경제부(1998). 「경제백서」.

정세욱(2001). 지방자치제도의 발전 방향. 한국지방자치학회.
주성수(2000). 「생산적 사회복지정책」. 서울: 한양대학교출판부.
중앙공무원교육원(2002). 「신임관리자과정」.
총무처(1971-1997). 「대한민국 관보」.
최성재 · 최일섭(2000). 「사회문제와 사회복지」. 서울: 나남출판사.
최일섭 외(2000). 「지역사회복지론」. 서울: 서울대출판부.
최창호(2002). 「지방자치론」. 서울: 삼영사.
한국개발연구원(1999). 실업복지대책의 향후 운영 방안: 생산적 복지를 중심으로.
한국보건사회연구원(2009). 생산적 복지의 정책목표.
한국사회복지협의회(2000). 사회복지를 위한 민간자원 동원의 가능성에 관한 연구.
한국여성개발연구원(2002). 자원활동 수요개발에 관한 연구.
행정자치부(2008). 「읍 · 면 · 동의 기능전환 기본계획」.

●···· 국외 문헌

Adams, Robert(2006). *The Personal Social Services: Clients, Consumers or Citizens.?.* London: Longman.

Alder, A.(1990). *The Practice and Theory of Individual Psychology*. New Jersey: Littlefield, Adams.

Aldrich, H.(2000). *Organizations and Enviroment*. Englewood Cliffs, New Jersey: Prentice-Hall Press.

Anthony, R. N.(1995). *Planning and Control System*. Havard University.

Arblaster, A.(2003). *The Rise and Decline of Western Liberalism*. New York: Basil Blackwell.

Arnstein, Sherry R.(2000). A Ladder of Citizen Participation. *Journal of the American Institute of Planner*. Vol. 35.

Attali, Jacques(1997). The Crash of Western Civilization: the Limits of the Market and Democracy. *Foreign Policy*. 107(Summer).

Austin, David M.(2001). *Understanding the Service Delivery System*, MD: NASW Press.

Austin, M. J.(1997). Service Integration: Introduction. *Admintration in Social Work*. Vol. 21.

Bailey, Darlyne & Kelly McNally Koney(2002). Interorganizational Community-Based Collaboratives: A Strategic Response to Shape the Social Work Agenda. *Social Work*. Vol. 41.

Barbalet, J. M. (2004). *Citizenship*. Minneapolis: University of Minnesota Press.
Barker, R.(2005). *The Social Work Dictionary*. Washington, D. C.: NASW Press.
Barr, N.(2000). Economic Theory the Welfare State. *Journal of Economic Literature*. 30.
Barvill, G. & B. Munday(1984). *Volunteers in the Personal Social Service*. Tavistock Publications.
Beckerman, W.(2008). *The Labour Governmental Economic Record*. London: Duckworth.
Ben-Hur, R. B. (1985). *Real Crises: Unattainable Goals and Moral Vagueness*. London and Sidney: Croom Helm.
Bernstein, Gail S. & Judith A. Halaszyn(1990). *Human Services: That must be so rewarding*. Baltimore, Maryland: Paul H. Brookes Publishing Co., Inc.
Betson, D. N. & J. H. Bishop (2002). *Wage Incentives and Distribution Effect*. Washington D.C.: The Brookins Institute.
Beveridge, William H.(1942). *Social Insurance and Allied Service*. London: Her Majesty's Stationary Office.
Biklen, Douglas(2005). *Community Organizing: Theory and Practice*. Englewood Cliffs, New Jersey: Prentice-Hall.
Binstock, Robert H.(2008). *Aging and Social Science*. New York: Van Nostrand Reinhold Company.
Birren, J. E. & K. Warner Schaie(1987). *Handbook of the Psychology of Aging*. Van Nostrand Reinhold Company.
Blair, Tony(1998). 옛 좌파와 새 우파를 넘어. 「한겨레 21」. 229.
Blau, P. M.(1980). *Exchange and Power in Social Life*. New York: John Wiley.
Blenker, M.(2009). *Environmental Change and the Aging Individual*. Gerontologist.
Botwinick, Jack(2009). *Aging and Behavior*. New York: Springer Publishing Company.
Bowers, S.(2000). The Nature and Definition of Social Case Work. *Social Case Work*. Vol. 30.
Boyatzis, R. E.(2008). *The Competent Manager*. John Wiley.
Boyer, Ruth(2000). *An Approach to Human Services*. San Francisco: Canfield Press.
Boyle, P. G.(1981). *Planning Better Programs*. New York: McGraw-Hill.
Bradshaw, J.(2011). The Concept of Social Needs, in Gillbert, N. & H. Specht(eds.). *Planning for Social Welfare*. N. J.: Prentice-Hall.
Branger, G. & H. Specht(2003). *Community Organizing*. New York: Columbia University Press.
Brasnett, M. (2000). *Voluntary Social Action*. Bedford Square London WCI.

Brieland, D., L. B. Costin, & C. R. Atherton(1995). *Contemporary Social Work: An Introduction to Social Work and Social Welfare*. New York: McGraw-Hill.

Briggs, Asa(1961). The Welfare State in Historical Perspective. *Europen Journal of Sociology*. 2.

———(1987). *A Social History of England*, Harmondsworth: Penguin.

Briscoe, C.(2008). Community Work and Social Work in United Kingdom, in Specht, H. & A. Vickery (eds.). *Integration Social Work Methods*, London: Allen and Unwin.

Brittain, Samuel (1975). *The Economic Consequences of Democracy*. London: Temple Smith.

Brown, M. K. (2000). *Remaking the Welfare State*. Philadelpia: Temple University Press.

Brown, H. & H. Smith(2000). *Normalization: A reader for the nineties*. London: Routledge Publications.

Buchele, L. & P. Scherer.(2003). Putting Social Policy to Work. *The OECD Observer*. No. 212. Paris.

Butcher, T. (1995). *Delivering Welfare: The Governance of the Social Services in the 1990's*. Buckingham: Open Univercity Press.

Butler, S.(2004). *Privatization for Public Purposes*. Madison. WI: University of Wisconsin Press.

Butterworth, Eric & Robert Holman (1975). *Social Welfare in Modern Britain*. Fontana.

Challis, Linda(2010). *Organizing Public Social Services*. Essex: Longman.

Clarke, John(1987). *Ideologies of Welfare: From Dreams to Disilluion*. London: Hutchinson.

Clayton, R. & J. Pontusson (2002). Welfare State Retrenchment Revisited. *World Politics*. 51.

Clyde, White R.(2000). *Administration of Public Welfare*. New York: Amercian Books.

Connecticut Department of Labor(2000). *Work Opportunity and Welfare to Work*. Tax Credit Programs, Connecticut Department of Labor.

Couhlin, R.(2003). *Ideology, Public Opinion and Welfare Policy*. Berkeley: University of California Press.

Cox, F. M.(2006). Community Problem Solving: A Guide to Practice wth Comments. *Itasca*,Ⅱ.

Crosland, C. A. R.(1990). *Socialism Now*. Cape.

———(2001). *The Future of Socialism*. Cape.

Croziger, Michel & Samuel Hamtinton(1975). *The Crisis of Democracy: Report on the*

Governablility of Democracies to the Trilateral Commission. New York: New York University Press.

Dach, M. C.(2004). *Fundamental of Ecology*. New Delhi: Tata McGraw-Hill Publishing, Co. Ltd.

Dahrendorf, Ralph(1970). *Class and Class Conflict in Industrial Society*. London: Routledge and Kegan Paul.

Darvill, G. & B. Munday (2000). *Volunteers in the Personal Social Service*. Tavistock Publications.

Day, P. J.(1989). *A New History of Social Welfare*. Englewood Cliffs, New Jersey: Prentice-Hall.

———(2010). *The Welfare State*. Pluto Press.

Derthick, M.(2008). *Policy-Making for Social Secuity*. Washington DC: Brookings Institute.

Dimock, Marshall E. & Gladys O. Dimock(1980). *Public Administration*. New Delhi: Oxford and IBH Publishing Co.

Dixon, John (1981). *The Chinese Welfare System*. New York: Preaher.

Dobbin, F.(2000). The Origins of Private Social Insurance: Public Policy and Fringe Benefits in *America*. *Journal of Sociology*. Vol. 97.

Doeringer, P.(2000). *Internal Labor Market and Manpower Analysis*. Lexington Books.

Donnison, David(1972). Ideologies and Policies. *Journal of Social Policy*. Vol. 1. Cambridge University Press.

Donovan, John G.(1946). *Politics and Social Welfare*. New York: Free Press.

Dornbusch, S. & W. R. Scott(1990). *Evaluation and The Exercise of Authority*. San Francisco: Jossey-Bases.

Due, J. E.(2000). *Government Finance: An Economic Analysis*. Homewood IL: Irwin.

Dunham, Arthur(2003). *Commmunity Welfare Organization*. New York: Thomas Y. Crowell Co.

Dunn, Patricia C.(2000). volunteer Management. *National Association of Social Workers. Encyclopedia of Social Work*. Washington. DC: NASW Press.

Easton, David(1957). *An Approach to the Analysis of Political System*. World Politics.

Ehlers, W. H. & M. J. Austion(1995). *Administration for the Human Services*. New York: Harper and Row.

Esping-Anderson, Gosta(ed).(2000a). *Welfare States in Transition: National Adaptation Global Economics*. London: Sage Publications.

———(2000b). *After the Golden Age? Welfare State Dilemmas in a Global Economy*.

London: Sage Publications.
Evers, A. (1997). The Welfare Mix Approach Understanding. The Pluralism of Welfare Systems, in Evers, A. & I. Svetlik (eds.). *Balancing Pluralism: New Welfare Mixes in Care for the Ederly*. Adershot: Advebury.
Fagence, Michael (2000). *Citizen Participation in Planning*. New York: Pregamon Press.
Fink, A. E.(1990). *The Field of Social Work*. Holt, Rinerhart and Winston, Inc.
Flora, Peter(1981). Solution or Source of Crisis? The Welfare State in Historical Perspective. *The Emergence of The Welfare State in Britain and Germany*. London: Croom Helm.
Flora, Peter & Alber Jenes(1985.). *Modernizational Democratization and the Development of Welfare States in Western Europe*. London: Transaction Books.
Flora, Peter & A. J. Heidenimer(2001). *The Historical Core and Changing Boundaries of the Welfare State*. New Brunswick: Transaction Books.
Forder, A. (2000). *Theories of Welfare*. London: RKP.
Titmuss, R. M.(1990). *Commitment to Welfare,* London: Allen and Unwin.
Frederickson, H. G.(1977). *New Public Administration*. Albama University Press.
Freeman, H. E.(2000). *Evaluation: System Approach*. Beverly Hills, C.A.: Sage Publications.
Friedlander, W. A. & R. Z. Apte(2000). *Introduction to Social Welfare*. New Jersey: Prentice-Hall.
Friedman, Milton(2002). *Capitalism and Freedom*. Chicago: University of Chicago Press.
Furniss, Norman & Timothy Tilton(1980). *The Case for the Welfare*. Bloomington: Indiana University Press.
Garret, Annette(2002). *Interviewing: Its Principles and Methods*. New York: Family Welfare Association of America.
Garvin, C. D. & F. M. Cox(1995). *A History of Community Organization Since the Civil War with Spcial Reference to Oppressed Community*. Itasca, IL: Peacock Publishers.
Gates, Bruce C.(2005). *Social Program Administration*. New Jersey: Prentice-Hall.
Gates, H.(1980). *Social Program Administration: The Implementation of* Social *Policy*. The Rand Corporation.
George, Vic & N. Manning(1998). *Socialism, Social Welfare and the Soviet Union*. London: RKP.
George, Vic & Wilding, Paul(1984). *The Impact of Social Policy*. London: RKP.
———(1986). *Ideology and Social Welfare*. London: RKP.

Giddens, Anthony(1994). *Beyond Left and Right: The Future of Radical Politics.* Polity Press.
———(2002). *The Third Way*. Polity Press.
Gilbert, Neil(2000). *Capitalism and the Welfare State.* New Haven: Yale University Press.
Gilbert, Neil & B. Gilbert(2000). *The Enabling State.* New York.
Gilbert, Neil & H. Specht(2003). *Dimensions of Social Welfare Policy*. Englewood Cliffs, N.J.: Prentice-Hall, Inc.
Gilbert, Neil & Paul Terrell(1998). *Dimensions of Social Welfare Policy*(4th ed.). Boston: Allyn and Bacon.
Ginsburg, Norman(1979). *Class, Capital and Social Policy*. London: Macmillan Press Ltd.
Glazer, N. (2000). *Education and Training Programs and Poverty*. Cambridge: Harvard University Press.
Glennerster, H. (2005). *Paying for Welfare*. Oxford: Basil Blackwell.
Goodin, R. E. (1982). *Not Only the Poor*. London: Allen and Unwin.
Gordon, M. (2003). *Social Security Policies in Industrial Countries* New York: Cambridge University Press.
Gough, Iar(1985). State Expenditure in Advanced Capitalism. *New Left Review*. 92.
———(2009). *Political Economy of the Welfare State*. London: Macmillan Press.
Gould, Alvin (1993). *A Capitalist Welfare System: A Comparism of Japan, Britain and Sweden*. London: Longman.
Greve, B. (1996). *Welfare States Research Core: Overview and Synthesis,* in Greve, B. (ed.). *Comparative Welfare Systems: Scandinavian Model in a Period of Change.* Macmillan Press.
Habermas, Jürgen(1985). *Legitimation Crisis*. Boston: Beacon.
Hage, J. & M. C. Aiken(2003). *Social Change in Complex Organization.* New York: Random House.
Hall, Penelope(1982). *The Social Services of Modern England.* London: Routledge.
Hamilton, Gordon(1960). *Theory and Practice of Social Casework.*.
Hansenfeld, Y.(1980). Implementation of Change in Human Service Organization. *Social Service Review*. 54.
———(1992). *The Nature of Human Service Organization.* Newbury Park. CA: Sage Publications.
———(1996). The Administration of Human Services; What Lies ahead?, Raffoul, Paul

R. & C. Aaron McNeece, *Future Issues for Social Work Practice*, Massachusetts: Allyn and Bacon.

———(2003). *Human Service Organizations*. Englewood Cliffs, New Jersey: Prentice-Hall.

Harper, B. Ernest & Arthur Dunham(1980). *Commumity Organization in Action*. New York: Association Press.

———(1990). *Community Organization in Action*. New York: Association Press.

Harris, David(2000). *Justifying State Welfare: The New Right Versus The Old Left*. Oxford: Basil Blackwell.

Haveman, R. & B. Wolfe(2003). Welfare to Work in the U.S.: A model for other nations?. *Discussion Paper*. Institute for Research on Poverty. University of Wisconsin at Madison.

Healy, J.(1998). *Welfare Option: Delivering Social Service*. Sidney: Allen and Unwin.

Heckscher, G.(2004). *The Welfare State and Beyond: Success and Problems in Scandinavia*. Minneapolis: University of Minnesota Press.

Heclo, Hugh (1984). Towards a New Welfare State?, in Flora, P. & J. Heidenheimer (ed.)(2000). *The Development of Welfare State in Europe and America*, Tranction. 2nd.

Heffereman, W. Joseph(1980). *Introduction of Social Welfare Policy*. Illinois: F.E. Peacock Publishers, Inc.

Heffernan, Joseph(1992). *Social Work and Social Welfare: An Introduction*. New York: West Publishing Co.

Heider, F.(2000). *The Psychology of Interpersonal Relations*. New York: Wiley.

Henrekson, M.(2000). Sweden's Relative Economic Performance Lagging Behind or Staying on the Top. *The Economic Journal*. Vol. 106.

Hershey, P. & K. H. Blanchard(2007). *Management of Organizational Behavior*. NJ: Englewood Cliffs, New Jersey: Prentice-Hall.

Hill, M.(2000). *Understanding Social Policy*. Oxford: Basil Blackwell.

Hobbes, Thomas(1990). *Libiathan*. Indianapolis.: Bobbes-Merrill Co.

Hodge, B. J. & William P. Anthony(2008). *Organization Theory*. Boston: Allyn and Bacon, Inc.

Hodgkinson, Christopher(1982). *Towards a Philosophy of Administration*. New York: St. Martin's Press.

Hoffer, J. R.(2007). PERT: A tool for managers of human service programs. *Tactics and Techniques of Community Practice*.

Hoshino, G.(1998). *Social Service: The Problem of Accountability*. New York: Haworth

Press.

———(2003). *Community Welfare Service: The Problem of Accountability*. New York: Haworth Press.

Houle, C. O.(2000). *Continuing Learning in the Professions*. San Francisco. C.A: Jossey-Bass.

Ilsley, Paul J.(2003). *Enhancing the Volunteer Experience*. San Francisco: Jossey-Bass Publishers.

Ilsley, Paul J. & John A. Niemi(2009). *Recruting and Training Volunteers*. New York: McGraw-Hill Book Co.

Imre, R.(2005). The Nature of Knowledge in Social Work. *Social Work*. 29.

Jessop, B. (1994). *The Transition to Post-Fordism and Schumpeterian Workfare State*. London: Routledge.

———(1999). The changing Governace of Welfare: Recent Trends in its primarcy Functions, *Social Policy and Administration*. 33.

Johnson, N. (2007). *The Welfare State in Transition: The Theory and Pratice of Welfare Pluralism*. Ann Herst : The University of Massachusetts Press.

Jones, C.(2000). *Patterns of Social Policy: An Introduction to Comparative Analysis*. London: Tavistock Publications.

Jordan, Bill (1987). *Rethinking Welfare*. Oxford: Basil Blackwell.

Judge, K. (1990). *Modern Welfare State*. Wheatsheaf Books. Ltd.

Kaim-Caudle, P. R. (2003). *Comprative Social Policy and Social Security*. London: Pitman.

Kalgren, Joyce K.(1989). *Social Policy in Communist States*. Problems of Communism.

Kerr, C. (2000). *Industrialism and Industrial man*. New York: Oxford University Press.

Kidneih, J. C. (2009). Administration of Social Agencies, *Social Work Year Book*.

King, Anthony(1975). Overload: Problems of Governing in the 1970's. *Political Studies*.

Kiresuk, T. J. & S. H. Lund(1997). *Program Evaluation and Management of Organizations*. Washington D. C: International City Management Association.

———(2003). *Program Evaluation and Management of Community Welfare Organization*. Washingtin D.C.: International City Management Association.

Klein, R & M. O'Higgins(1988). Defusing the Crisis of the Welfare State: A New Interpretation, in Marmor, T. R. & J. L. Mashaw, *Social Security: Beyond the Rhetoric of Crisis*. Princeton University Press.

Knowles, Malcoms(2010). Motivation in voluntarism: Synopsis of a Theory, *Voluntarty Action News*. Voluntary Action Center.

Knox, A. B.(1996). Continuous Program Evaluation. *Administration of Continuing Education*. New York: Association Press.

Kraner, R. M.(2001). *Voluntary Agencies in the Welfare State*. University of California Press.

Laporte, V. & J. Rubin(2000). *Reform and Regulation in Long-Care*, Praeger.

Lauffer, A.(2000). *Social Planning at the Community Level*. Englewood Cliffs. NJ: Prentice-Hall.

Levin, H. M. (2003). *A Decade of Development in Improving Education and Training for Low-Income Population*. New York: Academic Press.

Levinson, P.(2002). *Goal-Model and System-Model Criteria of effectiveness*. Chicago: Markham.

Lindeman, E. C.(2009). *The Community*. New York: Association Press.

Loavenbrack, G. & P. Keys(1987). Settlement and Neighborhood Centers, in Ann Minaham(ed.). *Encyclopedia of Social Work*. Silver Specing, M.D.: NASW Press.

Lohnmann, R. A.(2008). *Breaking Even*. Philadelphia: Temple Unversity Press.

Lowy, Louis(1980). *Social Policies and Programs on Aging*. Lexington, Mass: Lexington Books.

Lucas, J. (2000). *Equality: Concepts in Social and Political Philosophy*. New York: Macmillan.

Macarov, D. (2001). *Social Welfare: Structure and Pratice*. Thousand Oaks: C.A: Sage.

MacPherson, Stewart(1982). *Social Policy in the Third World*. New Jersey: Allanheld Qismun.

Marsh, D. C. (2002). *Welfare State*. London: Routledge.

Maslow, Abraham H. (1990). *Motivation and Personality*. New York: Harper and Broders.

McMillen, W.(1980). *Community Organization for Social Welfare*. University of Chicago Press.

Meacher, M.(2000). *New Method of Mental Health Care*, Oxford: Pergamon Press.

Mead, L. M.(2004). *From Welfare to Work: Lessons from America*. London: Institute for Economic Affairs.

Mellor, H. W.(2005), *The Role of Voluntary Organizations in Agency of Social Welfare*. London. Sydney. New Hampshire.

Merton, Robert K.(2000). *Contemporary Social Problems*. New York: Free Press.

Midgly, James(1984). Social Welfare Implication of Development Paradigms. *Social Service Review*.

Miliband, R. (2000). *The State in Capitalist Society: An Analysis of the Western System of Power*. New York: Basic Books.
Milbrath, Lester W.(2005). *Envisioning a Sustainable Society: Learning Our Way Out*.
Mills, John(1990). *Utilitarianism*. London: J. M. Dent and Sons.
Milner, H. (2005). *Sweden: Social Democracy in Practice*. New York: Oxford Univ. Press.
Mintzberg, Henry(1980). *The Nature of Managerial Work*. New York: Harper and Row.
Mirengoft, M. L. (2009). *Management in Human Service Organization*. New York: Macmillan.
Mishra, Ramesh(1984). *The Welfare State in Crisis: Social Thought and Social Change*. Brighton: Wheatsheat.
———(1986). *Society and Social Welfare: Theories and Practice of Welfare*. London: Macmillan.
———(1993). The British Welfare State: Retrospect and Prospect. *Presented at International Conference on Social Welfare*. Seoul: Korea.
———(1998). *The Welfare State in Capitalist Society*. New York: Harvester Wheatsheaf.
———(1999). *Towards a Global Social Policy*. 이혁구 · 박시종 옮김(2003). 「지구적 사회정책을 향하여」. 서울: 성균관대학교출판부.
———(2000). *Society and Social Policy*. London: Macmillan.
Moore, S.(1993). *Social Welfare Alive*. Cheltenham: STP.
Morris, R.(2007). *The human Service Function and Local Government*. Washington D.C: International City Management Association.
Moynihan, D. P.(2000). *The Politics of Guaranteed Income*. New York: Vintage Books.
Myerson, George(2001). *Ecology and End of Postmoderity*. 김완구 옮김(2003). 「생태학과 포스트모더니티의 종말」. 이제이북스.
Myles, J. (1998). How to Design a Liberal Welfare State: A comparision of Canada and United States. *Social Policy and Adminstration*. 32.
Nakamura, Robert T. & Frank Smallwood(2009). *The Politics of Policy Implementation*. New York: St. Martin's Press.
Neuber, K. A.(1980). *Needs Assessment: A Model For Community Planning*. Beverly Hills, C. A: Sage.
Newstetter, W. I.(1990). *The Social Intergroup Work Process*. Proceedings of the National Conference of Social Work.
Niskanen, Jr., William A. (1971). *Bureaucracy and Representation Government*. Chicago: Aldine.
Noel, Alain(2002). *The Politics of Welfare*. Montreal: The Institute for Research on

Public Policy.
Norton, William J.(1990). *The Cooperative Movement in Social Work.* New York: The Macmillan Co.
Novick, D.(2007). *Program Budgeting.* The Rand Corpiration.
O'Conner, James(1983). *The Fiscal Crisis of the State.* New York: St, Martin's Press.
OECD(2010). *Society at a Glance: OECD Social Indicators.* Paris.
Offe, Clause(2004). *Contradictions of the Welfare State.* Cambridge: MIT Press.
Olsson, Sven E. (1990). *Social Policy and Wellfare State in Sweden.* Ithaca and London: Cornell University Press.
Ostrander, Susan A.(1990). Voluntary Social Service Agencies in the United States. *Social Service Review.* Vol. 59.
Palmore, Erdman(1980). *International Handbook on Aging.* Macmillan Press.
Parker, Julia (1983). *Social Policy and Citizenship.* London: Macmillan Press.
Patti, Rino J.(2000). *Social Welfare Adminstration: Manging Social Programs in a Developmental Context.* Englewood Cliffs. New Jersey: Prentice-Hall, Inc.
Perlman, Robert & Arnold Gurin(1990). *Community Organization and Social Planning.* New York: John Wiley and Sons.
Perlman, Robert(2001). *Consumers and Social Services.* New York: John Wiley.
Perrow, Charles(1990). The analysis of goals in complex organization. *American Sociological Review.* Vol. 26.
Pierson, C.(2001). *Beyond the Welfare State? The New Political Economy of Welfare.* Cambridge: Polity Press.
Pierson, P.(2003). The New Politics of the Welfare State. *World Politics.* 48.
Pines, A. & D. Kafry (2000). Occupational tedium in the social service. *Social Work.* Vol. 23.
Pinker, Robert(1973). *Social Theory and Social Policy.* Heinemann Educational Books Ltd.
———(1979). *The Idea of Welfare.* London: Heinemann Educational Books Ltd.
Piven, France F. & Richard A. Cloward(2000). *Regulating the Poor: the Functions of Public Welfare.* New York: Random House.
Plough, N. & J. Kvist(2000). *Social Security in Europe: Development or Dismamtlement*? The Hague, Netherlands: Kluwer.
Polayni, H.(1991). *Participation Welfare,* New York: Association Press.
Pressey, S. L.(2000). *Psychological Development Through the Life Span.* New York: Happer and Row.

Pross, A. Paul (1986). *Group Politics and Public Policy*. Toronto: Oxford University Press.
Raia, A. P.(2000). *Managing by Objectives*. Glenview, IL: Scott, Foresman, and Co.
Rawls, John(2000). *A Theory of Justice*. Cambridge, Mass: HVP.
Rein, Martin(1990a). *Social Policy: Issue of Choice and Change*. New York: Random House.
———(1990b). Social Planning: Welfare Planning. *Introduction Encyclopedia of the Social Sciences*: New York: The Macmillan Company and Free Press.
Rejda, G. E.(2004). *Social Insurance and Economic Security*. New Jersey: Prentice-Hall, Englewood Cliffs.
Richard, P. J. & A. M. Thomson(2005). *Basic Need and the Urban Poor*. London: Coroom Helm.
Richmond, Mary(1965). *What is Social Casework?*.
Rimlinger, G.(1990). *Welfare Policy and Industralization in Europe America and Russia*. N\ew York: Wiley.
Ringen, Stein(2000). *The Possibility of Welfare Politics*. London: Clarendon Press.
Robson, W. (2000). *Welfare State and Welfare Society*. London: George and Unwin.
Romanyshyn, J. M.(1990). *Social Welfare*. New York: Random House.
Room, Graham(1993). *The Sociology of Welfare*. Basil Blackwell and Martin Robertson.
Rose, R. (1989). *Welfare: The Public and Private Mix in Kamerman*. New Jersey: Princeton Univercity Press.
———(2003). *Social Welfare: The Public and The Welfare State*. New Jersey: Princeton Univ. Press.
Rosenblatt, Aron, & Diana Waldfagel(1983). *Handbook of Clinical Social Work*. Jossey Base Publisher.
Ross, Murray G.(2005). *Community Organization: Theory, Principles, and Practice*. New York: Harper and Brothers.
Routen, T. A.(1990). *The Volunteer and Community Agencies*. Springfield: Charles C. Thomas Publisher.
Ruggles, Patricia & M. O'Higgins (1987). *Retrenchment and the New Right*. New York: M. E. Sharpe.
Sanders, I. T.(2000). The Concept of Community Development. Lee J. Cary(ed.). *Community Development as a Process*. Universit of Missouri Press.
Sanders, Irwin(2003). *The Community: An Introduction to a Social System*. New York: Ronald Press.
Sarri, R. C.(1987). Administration in Social Welfare. *Encyclopedia of Social Work* (18th

ed.). Vol. 1.
Savas, E. (2009). *Privatizing the Public Sector*. Chathan: Chatham House.
Saville, John(1980). The Welfare State. *New Reasoner*, Vol.3.
Schippe, Pierre(1995). Theory of Community Development. Ponsioen, J. A. (ed.). *Social Welfare Policy*, Mouton Co.
Schmaher, Ernst F. *Small is Beautiful*. 이상호 옮김(2002). 「작은 것이 아름답다: 인간 중심의 경제를 위하여」. 서울: 문예출판사.
Sherrard, T.(1982). Community Organization and Community Development.: Similarities and Difference. *Community Development Review*. Vol.7, No.1.
Siegel, L. M. & D. C. Attkisson(2008). Needs Indentification and Program Planning in the Community Context. *Evaluation of Human Services Programs*. New York: Academic Press.
Siperin, M.(2011). *Introduction to Social Work*. New York: Macmillan.
Skidmore, R. A.(2005). *Social Welfare Administration: Dynamic Management and Human Relations*. Englegood Cliffs, New Jersey: Prentice-Hall.
Slavin, Simon(2005). *An Introduction to Human Services Management*. New York: The Haworth Press, Inc.
Sleeman, J. E.(1987). *The Welfare State*. London: Allen and Unwin.
Smith, D. H. (2000). *Voluntary Action Research*.
Smith, G. (1980). *Social Need Policy*. Practice and Research. Routledge and Kegan Paul.
Statistical Division(2002). *Social Insurance Statistics*. National Social Insurance Board.
Steiner, Jesse F.(2003). *Community Organization*, New York: Century Company.
Stenberg, C. W.(2005). Citizen and Administrative State. *Public Administrative Review*. Vol. 32.
Stephens, J. K. (1996). The Scandinavian Welfare States: Achievement, Crisis and Prospects, in Esping-Anderson, G. (ed.). *Welfare State in Transition*. London: Sage.
Streeck. W. & P. Schmitter(1985). Community, Market, State and Associations?. *Private interest Government: Beyond Market and the State*, London: Sage.
Suchman, E. A.(1997). *Evaluation Research; Principles and Practice in Public Service and Social Action Program*. New York: Russell Sage Foundation.
Tawney, R. H.(1990). *The Acquisitive Society*. Fontana.
———(2000). *Equity*. London: Unwin.
Taylor-Gooby, P. (1989). The Politics of Welfare Privatisation: The British Experience. *International Journal of Health Service*. Vol. 19.

———(1991). *Social Change, Social Welfare and Social Science.* London: Aaruester Weatsheaf.

———(1994). *Welfare Future Social Policy in Transition.* Adershot: Avebury.

Taylor, S. H. & R. W. Roberts(2000). *Theory and Practice of Communuty Social Work.* New York: Columbia University Press.

The National Volunteer Center(2001). *Voluntary Action Leadership.* Fall.

The Swedish Institute(2000). *Fact Sheets on Sweden.* Sweden: the Swedish Institute.

Therbon, G.(1996). Karl Marx Returning: The Welfare State and Neo-Marxist, Corporatist and Statist Theories. *International Political Science Review.* 7.

Tilton, Timothy & N. Furniss(2000). *The Case for the Welfare State.* Bloomington: India University Press.

Titmuss, R. M.(1969). *Essays on the Welfare State.* Boston: Beacon Press.

———(1974). *Social Policy.* London: Allen & Unwin.

———(2000). *Commitment to Welfare.* London: Allen and Unwin.

Townsend, Peter(1975). *Sociological and Social Policy.* London: Penguin Books.

———(1989). *Poverty in the United Kingdom.* London: Allen Lane.

Tripodi, T. & P. Fellin(2008). *Social Program Evaluation.* Citasca, JL: F. E. Peacock.

Tropman, John E. & Elmer G. Tropman(1993). Community Welfare Councils. *Encycolpedia of Social Work.* New York: National Association of Social Workers.

U.N.D.P.(1989). *The Meaning and Measurement of Development Correspondence Course in Social Planning.* New York: ESA/SD/CCSP.

Ungar, Michael(2002). A Deeper, More Social Ecological Social Work Practice. *Social Service Review.* September.

United Nations(1990). *Social Progress Through Community Development.* New York: United Nations.

———(2009). *Problems of the Elderly and the Aged.* New York: U.S.A.

Verba, Sidney(2000). Democratic Participation. *The Journals of the American Academy of Political and Social Science.* Sept.

Walker, A.(1982). *Community Care.* Martin Roberston, Basil Black Well.

Ward, Russell A.(2000). *The Aging Experience.* J. B. Lippincott Company.

Warren, R. L.(2005). *The Community in America.* Chicago: Rand McNally and Co.

Weale, Albert(1990). Paternalism and Social Policy, *JSP.* Vol. 7.

Webber, Melvin M.(1980). Systems Planning for Social Policy, in Kramer, Ralph M. & Harry Specht(ed.). *Readings in Community Organization Practice.* Englewood Cliffs, New Jersey: Prentice-Hall, Inc.

Weil, M.(2002). Model Development in Community Practice. *Journal of Community Practice*. Vol. 3.

Weiner, Myrom E. (2009). *Human Services Management: Analysis and Applications.* Belmont, CA: Wadsworth Publishing Co.

Weir, M., A. Orloft & T. Skocpol (1988). *The Politics of Social Policy in the United States*. Rinceton University Press.

Whitfield, Dexter(1996). *The Welfare State*. Pluto Press.

Wilding, V. & George Paul(1980). *Ideology and Social Welfare*. London: Routledge and Kegan Paul.

Wilensky, Harold L. (1975). *The Welfare State and Equality: Structural and* Ideological *Roots of Public Expenditures*. Berkeley: University of California Press.

Wilensky, Harold L. & Charles N. Lebeaux (1990), *Industrial Society and Social Welfare*. New York: The Free Press.

Wilson, Marlence(2011). *The Effective Management of Volunteer Programs*. Boulder: Volunteer Management Associations.

Witkin, B. R.(1984). *Incentive Conditions in Social Welfare*. San Francisco, CA: Jossey-Bass.

———(2002). *Assessing Needs in Community Welfare Programs*. San Francisco, C.A.: Jossey-Bass.

———(2008). *Assessing Needs in Education and Social Programs.* San Francisco, CA: Jossey-Bass.

Wolf, Jr., Charles(1988). *Markets or Governments: Choosing Between Imperfect Alternatives*, Cambridge, MA: MIT Press.

Wolfensberger, W.(2002). *Normalization: The principle of normalization in human service*. National Institute on Mental Retardation.

Yuste, A., D. Foden, & L. Vegel(2004). *Globalization, Deregulation and Employment: A Contribution to the Debate*. European Trade Union Institute.

찾아보기

ㄴ

ㄷ

ㅅ

ㅊ

ㅋ

ㅌ

저자 소개

이인희

성균관대학교에서 행정학 박사학위를 받고, 호서대학교 행정학과 전임강사, 조교수, 부교수, 교수(현재)로 재직하고 있다. 주요 저서 및 논문으로는 『즐거운 행정학』(공저), 「현대 관료제의 정치적 가치 정향에 관한 연구」, 「지역사회복지의 인식체계 연구」, 「사회복지 서비스 제공의 역할분담모형」, 「정부관료제의 운영메카니즘에 관한 연구」, 「현대 산업자본주의 체제의 복지 패러다임 연구」 등이 있다.

현대 국가와 복지행정학

펴낸날 / 제1판 제1쇄 2012년 8월 30일

지은이 / 이인희

펴낸이 / 임춘환

펴낸곳 / 도서출판 대영문화사

주소 / 서울 용산구 청파동 1가 178-2 ㊕ 140-869

등록 / 1975년 12월 26일 제3-16호

전화 / (02)716-3883, (02)714-3062

Fax / (02)703-3839

홈페이지 / http://www.dymbook.co.kr

ISBN 978-89-7644-415-8

〔값 15,000원〕